古典文獻研究輯刊

五 編

潘美月・杜潔祥 主編

第 18 冊

皇侃《論語集解義疏》研究

高荻華 著

林兆恩《四書正義》研究

吳伯曜 著

國家圖書館出版品預行編目資料

皇侃《論語集解義疏》研究 高荻華著／林兆恩《四書正義》
研究 吳伯曜著 — 初版 — 台北縣永和市：花木蘭文化出版社，
2007〔民96〕
目 2+100 面＋目 2+166 面：19×26 公分
（古典文獻研究輯刊 五編：第 18 冊）
ISBN：978-986-6831-45-4（全套精裝）
ISBN：978-986-6831-63-8（精裝）
1. 論語 2. 四書 3. 研究考訂
121.222   96017613

ISBN - 978-986-6831-63-8

9 789866 831638

古典文獻研究輯刊
五 編 第十八冊   ISBN：978-986-6831-63-8

皇侃《論語集解義疏》研究
林兆恩《四書正義》研究

作 者 高荻華／吳伯曜
主 編 潘美月 杜潔祥
企劃出版 北京大學文化資源研究中心
出 版 花木蘭文化出版社
發 行 所 花木蘭文化出版社
發 行 人 高小娟
聯絡地址 台北縣永和市中正路五九五號七樓之三
        電話：02-2923-1455 ／傳眞：02-2923-1452
電子信箱 sut81518@ms59.hinet.net
初 版 2007 年 9 月
定 價 五編 30 冊（精裝）新台幣 46,500 元

皇侃《論語集解義疏》研究

高荻華　著

作者簡介

高荻華，台灣台北人。國立台灣師範大學國文所博士生。曾任中央研究院史語所及資訊所語料庫計畫助理，現任台北科技大學、長庚技術學院兼任講師。著作有《皇侃論語集解義疏研究》、〈論葉適道統重構〉、〈論《禮記》「樂和」〉、〈論王國維《人間詞話》評夢窗詞〉等。

提　　要

　　關於皇侃《論語集解義疏》的研究，一直較偏向於外圍的考據以及認為其雜染佛、老思想所起之批評。有鑑於此，本文所採取的方法乃是直接解讀原文，並與邢昺、朱熹之注疏作比較，以「性」、「命」、「仁」、「道」、「德」等概念為探討核心，觀察皇侃《論語集解義疏》對《論語》的詮釋是否適當，並藉以分析皇侃解經背後的思想特色。

　　首先，本文藉由歸納與分析皇侃對於《論語》中幾個主要概念（「性」、「命」、「仁」、「道」、「德」）的詮釋與思考，來釐清學者對於皇侃《論語集解義疏》中玄學化、揉雜佛道、虛誇浮誕部分的批評與質疑。其次，皇侃在《論語集解義疏》一書中展現了相當獨特的氣性人性觀與德行價值的要求。此種氣性人性觀與德行價值的要求，深究其基源，乃是來自於對和諧秩序的追求以及關於個體生命安頓的思考。關於個體生命安頓方面，可以分為個體自身的理想追求與個體處於群體間的互動關係。這是皇侃面對時代問題所展現出的思考與反省。

　　整體來說，皇侃《論語集解義疏》的基本思考點是放在個體理想實現與在群體中的立身處世來看，而其最後所關懷的，是理序世界的實現。理序世界不只是聖人治世，同時還是一個每個個體都能實現自己、都能完成自己的理想世界。我們從皇侃對「道」的詮釋中即可看出此一期待。這種期待呈顯出魏晉南北朝長期的政治紛亂中，人們對自我與世界的期待與思考。皇侃的《論語集解義疏》不僅表現出一個經學家的思想，同時也呈現出對時代的關懷，這是其可貴之處，也是本文極力想說明的部分。

　　最後，本文通過對於皇侃《論語集解義疏》的內部分析與探討，發現皇侃透過氣性人性觀，突顯出德行的價值，從另一個角度來說明道德的意義。以這樣的思考進路來詮釋《論語》中的「性」、「命」、「仁」、「道」、「德」等概念，有別於宋明清以來，《論語》學的權威，朱熹《論語集注》的觀點。透過皇侃與朱熹兩種不同詮釋觀點的比較，也提供了我們多元的思考方向。

目

錄

第一章　緒　論

第一節　皇侃其人與《論語集解義疏》

一、皇侃其人

有關皇侃生平的記載，主要見於《梁書卷四十八‧列傳》：

> 皇侃，吳郡人，青州刺史皇象九世孫也。侃少好學，師事賀瑒，精力專門，盡通其業，尤明三《禮》、《孝經》、《論語》。起家兼國子助教，於學講說，聽者數百人。撰《禮記講疏》五十卷，書成奏上，詔付秘閣。頃之，召入壽光殿講《禮記義》，高祖善之，拜員外散騎侍郎，兼助教如故。性至孝，常日限誦孝經二十遍，以擬觀世音經。丁母憂，解職還鄉里；平西邵陵王欽其學，厚禮迎之。侃既至，因感心疾。大同十一年，卒於夏首，時年五十八。所撰《論語義》十卷，與《禮記義》並見重於世，學者傳焉。

皇侃生於南齊武帝永明六年（西元 488 年），卒於梁武帝大同十一年（西元 545 年），其生年橫跨齊、梁二朝。《南史‧儒林傳序》對梁、齊二朝交際間經學傳承情況的描述是：「是時鄉里，莫或開館，公卿罕通經術；朝廷大儒，獨學而弗肯養眾；後生孤陋，擁經而無所講習。大道之鬱也久矣。」這樣的情況直到梁武帝天監年間才有改變。梁武帝天監四年「詔開五館，建立國學，總以五經教授，置五經博士各一人。」（《南史‧儒林傳序》）當時皇侃的老師賀瑒即在五經博士之列。

據《梁書‧列傳》的記載，賀瑒「祖道力善三《禮》」、「少傳家業」，南齊時由劉巘薦為國子生，舉明經，為揚州祭酒。不久又兼國子助教，歷奉朝請為太學博士、太常丞。後來遭母憂，去職。直到梁武帝天監初年，復為太常丞，「有司舉治賓禮」，

武帝召見，賀瑒爲武帝說《禮》義，武帝異之。後來天監四年武帝詔開五館，即以賀瑒兼五經博士，並別詔爲皇太子定禮，撰五經義。「瑒悉禮舊事。時高祖方創定禮樂，瑒所建議，多見施行。」《梁書‧列傳》並評曰：「昔叔孫通講論馬上，桓榮精力兌荒；既降平定，自致光寵，若夫崔伏、何嚴互有焉。曼容、佟之講道於齊季，不爲時改。賀瑒、嚴植之之徒，遭梁之崇儒重道，咸至高官。稽古之力，諸子各盡之矣」。

綜觀以上記載，皇侃生長的背景，相較於漢代來說，是一個經術不舉的時代。經術研究氣氛低迷，主要也和當時政治局面不穩定有關。雖說南朝偏安，但綜觀歷史，六朝興替的速度仍是快得驚人。社會政治一直處於不安定的狀況，經術又如何能發達？而相對於政治不穩定、經術不易發達的大體背景，南梁武帝天監年間置五經博士、振興儒術的舉動，可以稱得上是動亂大時代裡的小小太平局面。經術得到一點點發展的空間和鼓勵，皇侃的學術生命也就在這塊小樂園裡開花結果。由《梁書》的記載可以知道，皇侃精三《禮》、《孝經》、《論語》，其生平活動即以講學爲主。如果據《梁書》的說法，那麼皇侃在當時學界應該極富盛名，乃至「於學講說，聽者數百人。」、「平西邵陵王欽其學，厚禮迎之」。

二、關於《論語集解義疏》

皇侃的著作，《梁書》記載有《禮記講疏》五十卷及《論語義》十卷。關於《論語義》一書，《經典釋文》、《隋志》皆稱爲《論語義疏》，敦煌殘卷則曰「論語疏」，日人武內義雄所見日本古抄本，也作《論語義疏》。而這種情形，在《禮記講疏》上一樣可見。可知至少在宋代之前，「義」、「義疏」、「疏」乃至「講疏」，都是互通不拘的同義辭而已。《禮記講疏》一書現已不存，只能在孔穎達《禮記正義》中窺其概略。以《論語集解義疏》觀之，「義疏」這種體例，和「注」並無太大分別，主要是撰著者選取既有注釋之底本來加以說明經義。方式類似現今教授上課時，選取好的上課用書，以方便講解。因此，「義疏」的重點是在疏解經文，而不是「爲注作疏」；他雖不是直接面對經文（因爲其選取的是有「注」之底本，透過「注」方面講解之故），但卻是直接以經文爲對象來作解釋，以詮釋經文爲主要。我們如果比較邢昺《論語注疏解經》一書，就可見「義疏」體與「疏不破注」、「爲注作疏」之「疏」體的差別。

我們以皇侃及邢昺對「子貢欲去告朔之餼羊」〔註 1〕章的解釋爲例來說明。在這一章的疏解裡，皇侃《論語集解義疏》舉鄭玄注《詩》之例作爲說明，鄭注云：「牛、

〔註 1〕 參見《論語‧八佾第三》「子貢欲去告朔之餼羊」章。

羊、豕爲牲，繫養者曰牢，熟約饔，腥曰餼，生曰牽。」很明顯，所謂的「餼」應該是指「腥」的意思，那麼爲什麼鄭玄卻說「牲生曰餼」〔註2〕呢？皇侃說：「而鄭今云牲生曰餼者，當腥與生是通名也。」皇侃推論，同是鄭玄所說，則理應無二解才是，所以腥與生應該是通名。但依皇侃的進一步推斷，應該是指腥才對，怎麼說呢？皇侃的理由非常簡單：「猶生養，則子貢何以愛乎？政是殺而腥送，故賜愛之也。」也就是說，如果是活羊，那麼子貢有什麼好可惜的呢？所以國之舊官應該是進已經宰殺了的羊以供告朔之用。但魯君又久已不行告朔之禮，而已經宰殺的羊放久就會腐壞，因此子貢看在眼裡，覺得很可惜，所以才會主張不要進告朔之羊了。簡單地說就是，皇侃認爲子貢覺得食物浪費了很可惜，而孔子卻告訴子貢，人文的禮消失了更可惜。其實皇侃並沒有解決「牲生曰餼」和「腥曰餼」兩者之間的矛盾，而是理路一轉，改以人性之常的訴求來疏解經文。

而在《論語注疏解經》中，邢昺也必然發現，如果依皇侃所引，以鄭《詩》注來解釋這句話，那麼兩相矛盾的情況依舊存在，因此他勢必需要尋找更多的引證才能解決這個問題。所以在《論語注疏解經》這一章裡，邢昺一反常態，完全不採皇侃之說而另找《左傳》爲證，得出與皇侃不同的結論：

> 正義曰：云牲生曰餼者。僖三十三年《左傳》曰：「餼牽竭矣。」餼與牽相對，牽是牲可牽行，則餼是已殺。殺又非熟，故解者以爲腥曰餼，謂生肉未煮者也。其實餼亦是生。哀二十四年《左傳》云：「晉師乃還，餼臧石牛。」是以生牛賜之也。此及〈聘禮〉注皆云「牲生曰餼」也。由不與牽相對，故爲生也。

其實邢昺在這裡的引證仍是不足以證明「牲生曰餼」是對的，最多只能說，邢昺所引的證據較皇侃爲多而已。如果就《左傳》的原文來看，則筆者竊以爲「腥曰餼」的說法還是較爲正確的。如果餼與牽皆爲生，那麼《左傳》又何必累言「餼牽竭矣」呢？如果牲生曰餼，那麼《左傳》又怎麼會特別說明「臧石牛是以生牛賜之」呢？而如果解釋成「腥曰餼」的話，那麼上面這兩則《左傳》引文就沒有什麼問題了。但值得我們注意的是，即使如此，邢昺因爲《左傳》注與〈聘禮〉注都說「牲生曰餼」，所以就依二注，斷定「牲生曰餼」，這麼一來，才能幫鄭玄注做說明。這種詮釋的方式和對證據的抉擇，突顯出皇侃和邢昺在疏解經書的態度上，有非常不一樣的地方。

邢昺的疏像是嚴謹的案頭著作，舉例周詳，經文不解者缺，而從注之可知者。

〔註2〕　同註1。

也就是說，雖然邢昺舉了這兩則《左傳》的例子來引證說明，但他還是無法從《左傳》原文中明確得知「牲生曰餼」和「腥曰餼」哪一個解釋才是對的，所以便依《左傳》注與〈聘禮〉注來斷定「牲生曰餼」，而對「餼牽竭矣」的解釋加以忽略。邢昺在解釋《左傳》「餼牽竭矣」這句話時，說：「餼與牽相對，牽是牲可牽行，則餼是已殺。殺又非熟，故解者以為腥曰餼，謂生肉未煮者也。」他自己都認為在「餼牽竭矣」這句話中，餼牽是相對的意思。但最後下結論時他卻以注為是，就憑著《左傳》與〈聘禮〉的注是這麼解的，而肯定「牲生曰餼」是對的，出現完全推翻自己推論結果的有趣情況。這和皇侃義疏的態度大不相同。皇侃即使到最後仍無法解決鄭注內部的相互矛盾問題，但他卻依憑自身閱讀經文的推論結果，作最後的論斷。其訴諸人性之常的判斷則顯得可愛與合理－雖然他也無法找到強有力的證據來證明「腥曰餼」絕對沒錯。不過他不怕抵觸鄭玄注的解經態度，和邢昺是大大不同的〔註3〕。

因此，我們會發現，邢昺的疏對典章制度的說明非常詳細而繁複，簡直就是一本案頭著作。而皇侃的疏對典章制度的考定並不那麼感興趣，反而是在解釋經文大義時，相當注重多元的說法。因此皇侃的疏並不是針對注而作，「義疏」的目的在於疏解經文大義，而不在於對經注做解釋。皇侃的《論語集解義疏》是講學的內容，而邢昺的《論語注疏解經》是案頭著作；南北朝的「義疏」體應該是疏解經文本身為主，附帶說明「經注」，由此可見一般。因此，「義疏」不同於後世以為的「為注做疏」。此外，由《論語集解義疏》一書中以「義疏」為先，後選錄各家注解，最後才是對《論語集解》所選的「注」的說明來看，「義疏」體的目的應該是直接疏解經文才是。

又以「管氏有三歸」〔註4〕為例，苞氏曰：「三歸者，娶三姓女也。婦人謂嫁為歸。」皇侃《論語集解義疏》曰：「三歸者，管仲娶三國女為婦也。婦人謂嫁曰歸也。禮，諸侯一娶三國九女。以一大國為正夫人，正夫人之兄弟女一人，又夫人之妹一人，謂之姪娣，隨夫人來為妾；又兩小國之女來為媵，媵亦有姪娣自隨。既每國三人，三國故九人也。大夫婚不越境，但一國娶三女，以一為正妻，二人姪娣從為妾也。管仲是齊大夫，而一娶三國九人，故云有三歸也。」而疏苞氏注則曰：「然媵與夫人與大國宜同姓，今雖三國，政應一姓，而云三姓者，當是誤也。」皇侃先用古

〔註3〕　朱熹的《論語集注》對於「餼」的解釋只有簡單一句：「餼，生牲也。」完全忽略邢昺疏中的矛盾，不多做其他可能的說明與選擇這個意思的理由，其作法也是與皇侃、邢昺二人迥然不同。

〔註4〕　見《論語・八佾第三》「管氏有三歸」章。

禮〔註5〕解釋「三歸」的意思，認為「管氏有三歸」乃是大夫僭越諸侯之禮。此外，也由此判斷苞氏注應為有誤。

而邢昺《論語注疏解經》曰：「禮，大夫雖有妾媵嫡妻，唯取一姓。今管仲娶三姓之女，故曰有三歸。」疏苞氏注曰：「婦人謂嫁曰歸者，隱二年《公羊傳》文，何休曰：『婦人生以父母為家，嫁以夫為家，故謂嫁曰歸。』明有三歸之道也。」邢昺此處完全忽略皇侃對「三歸」的說明，而另舉一禮，認為「管氏有三歸」是破壞大夫之禮，同時證明苞氏注無誤。邢昺之疏雖舉「禮，大夫雖有妾媵嫡妻，唯取一姓。」為說明，但這一條禮制對「三歸」的解釋卻不足以證明「三歸」即是娶三姓女，因此不能作為解釋的直接證據。反觀皇侃所舉之禮制，則很清楚地點出「管氏有三歸」的重點所在：在春秋時代，即使是諸侯，「媵與夫人與大國宜同姓，今雖三國，政應一姓。」而邢昺不理會皇侃強有力的說明與舉證，逕自找了一條不夠有說服力的證據來解釋，深究起來，應是不願「破注」的關係吧？

由以上可知，後代之「疏」以不超過「注」為解釋範圍，因此才會說是「疏不破注」或「為注做疏」。但以《論語集解義疏》來看，「義疏」體的範圍卻不限於「為注作疏」，而是直接疏解經文、針對經文來說明。我們必須先瞭解「義疏」體和後代「疏」體的不同，如此在看待皇侃的《論語集解義疏》時才能有比較適當的理解角度。

第二節　皇侃對《論語》的定位

一、關於《論語》立經的問題

對《論語》的研究自漢代以來不曾斷絕。漢代時候，《論語》的流傳與講述有三家，所謂：「魯論」、「齊論」和「古論」。《論語》的講說與注疏亦不曾間斷，據皇侃《論語集解義疏》序所言：

> 「古論」為孔安國所注，無其傳學者；「齊論」為琅琊王卿等所學；「魯論」為太子太傅夏侯勝及前將軍蕭望之少傅夏侯建等所學，以此教授於侯王也。晚有安昌侯張禹就建學「魯論」，兼講齊說，擇善而從之，號曰「張侯論」，為世所貴。至漢順帝時，有南郡太守扶風馬融字季長、建安中大司農北海鄭玄字康成，又就「魯論」篇章，考齊驗古，為之注解。漢鴻臚卿吳郡苞咸字子良，又有周氏，不悉其名。至魏司空潁川陳群字長文、大常東海王肅字子雍、博士燉煌周生烈，皆為義說。魏末吏部尚書南陽何晏

〔註 5〕皇侃精通三《禮》，但此處無由得知此「禮」所指為何。故以「古禮」稱之。

字平叔，因「魯論」集季長等七家，又採古論孔注，又自下己意，即世所

重者。今日所講，即是「魯論」，爲張侯所學，何晏所集者也。

由皇侃所言我們可以知道，目前最通行的何晏《論語集解》乃是集合了三家《論語》及漢代魏晉以來通行的注解而成，而魏晉以前諸家《論語》注解已不可全見，因此我們只能從何晏的《論語集解》中窺其大概面貌。

既然自漢至南梁皇侃，有這麼多的學者對《論語》這本書耗費大量精力，從事講學的工作及爲之注解，那麼《論語》在唐代以前的整體學術觀中，究竟擺在什麼樣的位置？他們又是從什麼樣的角度來看待《論語》這本書呢？毫無疑問地，清代以來，所有經學史都承認《論語》絕對是經學重要的一部份，但如果我們觀察《論語》立經的過程，可以發現其實並不那麼理所當然。皮錫瑞在《經學歷史》〔註6〕中說：「《論語》記孔子言而非孔子所作，出於弟子撰定，故亦但名爲傳。漢人引論語多稱傳。……漢人以《樂經》亡，但立《詩》、《書》、《易》、《禮》、《春秋》五經博士，後增《論語》爲六，又增《孝經》爲七。」可見在漢代就曾經對《論語》一書能不能立經的問題有過考慮。邢昺《論語注疏解經》序「魯共王時嘗欲以孔子宅爲宮，壞，得古文論語。」一段也說：

於其壁中得古文經傳。即謂此《論語》及《孝經》爲傳也。故漢武帝謂東方朔云：「傳曰：『時，然後言，人不厭其言』。」又，成帝賜翟方進策書云：『傳曰：『高而不危，所以長守貴也』。』是漢室通謂《論語》、《孝經》爲傳。以《論語》、《孝經》非先王之書，是孔子所傳說，故謂之傳。所以異於先王之書也。

但爲什麼後來漢人又改變主意把原先稱爲傳的《論語》立爲經呢？這顯示漢人必定有另外的觀點足以支持《論語》立經。而到了唐代立九經，《論語》一書又被摒除於外。顯然，到了唐代，唐人對《論語》的看法有所改變（或者應該更準確地說，是他們對「經」的定義有了改變）；仔細觀察唐人所立九經，主要的核心仍然是以漢代初立的五經爲主，這一點我們可以從孔穎達所編的《五經正義》中看出來。然而同時立三《傳》三《禮》爲經，亦顯示了唐代立經的標準與考量比漢代五經寬鬆許多，對所謂「傳」的看法也有改變。到了宋代，宋人在九經的基礎上才又增《論語》、《孝經》、《孟子》、《爾雅》爲十三經。於是我們發現，從漢代以來，《論語》立經的問題一直有紛爭，一直到宋代，十三經的經學範圍才大致底定，沿用到清代，乃至於今。

那麼，《論語》究竟是什麼樣性質的一本書，能使得漢代以來的經學家們猶疑不

〔註6〕《增注經學歷史》清・皮錫瑞撰，藝文印書館印行，1996年8月初版3刷。

定，無法達成一致的共識呢？如果以經學的立場來看《論語》，那麼《論語》相對於其他的經書以及在經學的脈絡裡，它的位置又在那裡呢？我們要用什麼樣的觀點來發現它的意義呢？姑且不論解釋的觀點是遵照傳統還是揉合了時代潮流的思想，唯有找出對《論語》的定位，我們才能看出《論語》之所以爲《論語》的理由與價值。如果將《論語》視爲經書，那麼一個所謂的「經學家」，是如何通過對《論語》的經學定位來詮釋或講述《論語》呢？他的解釋和看法在他的時代以及整個經學史的脈絡裡又有什麼樣的獨特性和意義呢？我們應該能透過一個經學家對《論語》的經學定位，來檢查他對《論語》的詮釋與瞭解恰當與否，並且看出此經學家的經學思想。因此，我們要討論皇侃《論語集解義疏》之前，就必須先從他對於《論語》的定位與對《論語》在經學脈絡裡所展現的意義與獨特性的看法著手。

二、皇侃對《論語》的看法

皇侃《論語集解義疏》敘云：

> 《論語通》曰：「論語者，是孔子沒後七十弟子之門徒共所撰錄也。」
> 夫聖人應世，事跡多端，隨感而起，故爲教不一。或負扆御眾，服龍袞於廟堂之上；或南面聚徒，衣縫掖於黌校之中。但聖師孔子，符應頹周，生魯長宋，遊歷諸國；以魯哀公十一年冬，從衛反魯，刪詩定禮於洙泗之閒，門徒三千人，達者七十有二。但聖人雖異人者神明，而同人者五情。五情既同，則朽沒之期亦等。故歎發吾衰，悲因逝水，托夢兩楹，寄歌頹壞。至哀公十六年，哲人其萎，徂背之後，過隙巨駟，門人痛大，山長哀毀，梁木永摧。隱几非昔，離索行淚，微言一絕，景行莫書。於是弟子僉陳往訓，各記舊聞，撰爲此書，成而實錄，上以尊仰聖師，下則垂軌萬代。

由以上這段話，我們可以歸納出一個重點：皇侃認爲《論語》這本書是孔子弟子「僉陳往訓，各記舊聞」所寫成的實錄，他的目的是爲了「上以尊仰聖師，下則垂軌萬代。」因此《論語》這本書可以說是孔子起居言行的實錄。對孔子的弟子們而言，是爲了紀念孔子並且彰顯孔子之道，但對後世的人來說，此書卻是足以「垂軌萬代」的。但是《論語》並不像《詩》、《書》、《易》、《禮》、《春秋》等五經可以議禮、議政，作爲施政治國之用，皇侃憑什麼說他可以「垂軌萬代」呢？這是因爲皇侃把孔子視爲聖人，認爲從聖人的言行起居實錄中，展現了聖人對人世秩序的理想以及立身處世的道理。所謂「聖人應世，事跡多端，隨感而起，故爲教不一。或負扆御眾，服龍袞於廟堂之上；或南面聚徒，衣縫掖於黌校之中。」皇侃認爲，這種人世秩序的終極理想就是禮興樂和的治世。對一般普通人而言，《論語》的功能是指導人們如

何表現良好得宜的行為和如何判斷事理、與人相交；對士人而言，《論語》就是個人與社會之間互動的理想和道理；對在上位者而言，《論語》所展現的是經國濟世的原理和原則。

因此，相對於漢代「以《論語》、《孝經》非先王之書，是孔子所傳說，故謂之傳。所以異於先王之書也。」這樣的判別方法，皇侃選擇《論語》、《孝經》與所謂「先王之書」的五經相通之處來作連結，使《論語》能名正言順地稱為經。所謂「先王之書」的五經與《論語》相通的地方在那裡呢？漢代有所謂：「以《春秋》決獄，以〈禹貢〉治河，以三百五篇當諫書」的說法與運用，這是實際地將五經拿來作為治國的工具。而皇侃認為，《論語》是聖人之書，聖人之書對個人能作為立身處世的指導，對於國家，則是經國濟世的原理原則。這樣的原理原則透過不同身份的人的實現，能使國家和人世達到合乎秩序的理想。這和五經的功能是相同的，因此在這個層面上，五經與《論語》是一致的。也就是說，五經除了有實際治國的功用以外，最重要的是，五經和《論語》中都有達到和諧秩序的理想，這種和諧秩序的要求才是經學最重要的目的。不論是在個人與社會的對應上或者國家政治上。這也是皇侃《論語集解義疏》一書中，非常特別的思想。經學的意義是在實現人世的和諧秩序，這種和諧秩序如果想達到最大的實現範圍，就是使這種理想貫徹在政治上，也就是我們常說的「通經致用」。關於這一點，我們後文會有較為詳細的討論。

如皇侃所言：「既方為世典，不可無名，然名書之法，必據體以立稱。猶如以孝為體者，則謂之《孝經》；以莊敬為體者，則謂之《禮記》。」《論語》的面貌既是如此多樣，我們要如何找出它的中心主旨，為他定名呢？「此書之體，適會多途，皆夫子平生，應機作教，事無常準。或與時君抗厲，或共弟子抑揚，或自顯示物，或渾跡齊凡。問同答異，言近意深。詩書互錯綜，典誥相紛紜。」既稱其為《論語》，那麼「論語」二字正顯示此書的主旨所在。如果依據皇侃《論語集解義疏》敘中所言，南梁時對《論語》書名的解釋有好幾種：

> 先儒後學，解釋不同。凡通此論字，大判有三途。第一，捨字制音，呼之為倫；一捨音依字，而號曰論；一云倫論二稱，義無異也。第一捨字從音為倫，說者乃眾，的可見者，不出四家。一云倫者，次也，言此書事義相生，首末相次也。二云倫者，理也，言此書之中，蘊含萬理也。三云倫者，綸也，言此書經綸今古也。四云倫者，輪也，言此書義旨周備，圓轉無窮，如車之輪也。第二捨音依字為論者，言此書出自門徒，必先詳論，人人僉允，然後乃記。記必已論，故曰論也。第三云倫論無異者，蓋是楚夏音殊，南北語異耳。南人呼倫事為論事，北士呼論事為倫事，音字雖不

同，而義趣猶一也。

　　首先就「論」字來講，有幾個意思：次也、理也、綸也、輪也、論也。不論是捨字制音或捨音制字，都著重於說明《論語》一書蘊含事理，義旨周備，可以經綸今古。唯一例外的是讀作「論」（ㄌㄨㄣˋ）時，是作動詞解釋，「言此書出自門徒，必先詳論，人人僉允，然後乃記。記必已論，故曰論也。」這是說明《論語》一書非出自一人之手。因此對《論語》的釋名大致上分為兩方面：一方面說明《論語》一書的內容特質，另一方面說明《論語》的成書特質。

　　面對眾說紛紜，皇侃認為：

　　　　三途之說，皆有道理，但南北語異如何似未詳，師說不取，今亦捨之。而從音依字二途，并錄以會成一義。何者？今字作論者，明此書之出，不專一人，妙通深遠，非論不暢。而音作倫者，明此書義含妙理，經綸今古，自首臻末，輪環不窮。依字則證事，立文取音則據理為義。義文兩立，理事雙該，圓通之教，如或應示。

首先，對於南北語異的說法，皇侃認為南北語音的差異究竟如何，果真「倫」與「論」「音字雖不同，而義趣猶一」，其實並不清楚，無從考證其正確性，同時「師說不取」，所以不予考慮。其次，「論」字究竟是用來說明《論語》一書的內容特質，或者應該說明《論語》的成書特質呢？皇侃認為此二者並不衝突。《論語》一書既是義含妙理，同時也是經過多人審慎討論而成，「理事雙該」正可以說明《論語》一書的珍貴性與可信性。因此皇侃「從音依字二途，并錄以會成一義」，認為正是「理事雙該，圓通之教，如或應示。」

　　其次，關於「語」的討論，皇侃《論語集解義疏》敘中說：

　　　　語者，論難答述之謂也。《毛詩》傳云：「直言曰言，論難曰語。」鄭注《周禮》云：「發端曰言，答述為語。」今按此書，既是論難答述之事，宜以論為其名，故名為「論語」也。然此「語」是孔子在時所說，而「論」是孔子末後方論。論在語後，應曰「語論」，而今不曰「語論」，而云「論語」者，其義有二。一則恐後有穿鑿之嫌，故以語在論下，急標論在上，示非率爾故也。二則欲現此語非徒然之說，萬代之繩準，所以先論已，以備有圓周之理。理在於事前，故以論居語先也。

如果根據皇侃的分析，《論語》一書應該定名為「語論」才對，可是之所以不定名為「語論」而定名為「論語」，乃是因為「一則恐後有穿鑿之嫌，故以語在論下，急標論在上，示非率爾故也。二則欲現此語非徒然之說，萬代之繩準，所以先論已，以備有圓周之理」。筆者竊以為第一個理由稍嫌勉強，但第二個理由卻足以清楚表示皇

侃對《論語》的看法。皇侃認為《論語》乃是經過孔子弟子討論而成，其內容展現了孔子生前有關論難答述之事。而從這些孔子弟子記述下來的事件中，我們可以找到聖人應物處世的道理，而這些道理是可以作為萬代之準繩的。因此「論」為理，「語」為事，理在事前，理事雙該，所以稱為「論語」，而不是「語論」。

因此他說：

> 故蔡公為此書為圓通之喻，云物有大而不普，小而兼通者。譬如巨鏡百尋，所照必偏；明珠一寸，鑒包六合。以蔡公斯喻，故言《論語》小而圓通，有如明珠；諸典大而偏用，譬若巨鏡。誠哉是言也。

皇侃認為以明珠、巨鏡來比喻《論語》和諸典，正足以說明《論語》的獨特性質以及它與其他經典之間的關係。如果說諸典所展現的是致用之學，那麼《論語》所呈現的就是致用之學的原理原則。此種原理原則之教和致用之學不同的地方在於，《論語》乃是說明、展現事物最根本的道理，通過對道理和原則的掌握與瞭解，我們才能恰當合宜地去發揮致用之學。因此，《論語》雖小，然道理圓通；諸典雖大，而所用有偏。明珠與巨鏡的譬喻非常清楚而生動地說明了《論語》本身的獨特價值以及它在經學之中的地位。

綜合以上關於時說的紛紜，對照皇侃的解釋與抉擇，我們可以發現，皇侃認為《論語》一書所展現的，是一種蘊含萬理、義旨周備，足以經緯古今的圓通之教。這種「經緯古今」具有永恆有效性的道理，正是《論語》立經最充足的理由。他認為聖人同人者五情，但異人者神明；聖人以神明智慧處世，《論語》一書記載了聖人的起居言行，正包含了神明智慧在裡面。所以我們透過《論語》一書所能得到的，不是在議政或議禮乃至治河、決獄等政治實用層面的好處，而是可以作為立身處世、為學進仕，以及治國安民的原理原則。這樣的說法乍看之下與漢代以來認為經學乃經國濟世之學之說並無兩樣，但仔細思究，皇侃可貴的地方乃在於，他通過解經與疏經的工作，把「經國濟世」這樣空泛的說法確實地展現出來。同時，若就皇侃解經的實際內容來看，皇侃並不認為聖人與凡人，臣子與君王的責任相同。也就是說，他並不認為《論語》一書只能作為經國濟世之學；相反的，他認為普通人有作為普通人該盡的本分，士人君子也有士人君子的本分，君王有君王的責任。不同的人盡不同的社會責任。正因為《論語》所揭示的乃是事物的原理原則，所以包含的道理是圓通無限的，而《論語》對士人君子的意義必然也和君王不同。

此亦如我們先前所言，《論語》的功能是指導人們如何表現良好得宜的行為和如何判斷事理、與人相交；對士人而言，《論語》就是個人與社會之間的理想和道理；對在上位者而言，《論語》所展現的是經國濟世的原理和原則。因為《論語》的面相

是可以如此多樣與豐富，所以在解釋與瞭解上就必須保持一定的彈性與空間；在定位《論語》為經並加以闡釋時，就更應該著重它的獨特性。總括以上所言，通過皇侃對《論語》價值與定位的瞭解方式，我們不難發現，皇侃對《論語》的看法恐怕並不是漢代純粹在政治上通經致用的經學思想所能說明的。通過《論語集解義疏》，我們將可以發現，皇侃認為和諧秩序才是最重要的理想，而政治則是此種理想展現最強而有力與有效的方式。

此外，我們由皇侃對《論語》二字的分析、取捨的理由、定義，也可以看出他對《論語》一書所持的主要解讀角度，以及他對《論語》一書作為經書的看法與解釋。皇侃的《論語集解義疏》本是講學之作，講學之前必先明其大義，然後才能選擇某一角度切入來瞭解經典，如此對經典的解釋才能內在一致，也才能構成其思想脈絡。因此說明如何取捨以及何以如此取捨實是重要且必要的。皇侃除了注何晏之敘外，尚在何晏敘前先作自敘，可見得，皇侃選用何晏《論語集解》作為講學的底本，所以理應為其敘作說明。但皇侃又並非以注疏何晏《論語集解》為其目的，而是以講疏《論語》本身為目的，所以在何晏敘前先置自敘，以區別二者之不同以及己身之立場與觀點。

但以上皇侃所做的種種區別與動作，我們在邢昺的序中卻完全看不到。邢昺不另外作序，而是以何晏之敘為序，正顯示出邢昺的目的即是為何晏《論語集解》作疏。此外，因為皇侃的敘中對《論語》的流傳已另有交代，因此當皇侃在注何晏之敘時，簡明不繁，反觀邢昺疏何晏之敘則是詳細而繁瑣。這樣的對照比較，不僅讓我們瞭解皇侃和邢昺作疏的立場截然不同之外，我們也可以看出，皇侃的《論語集解義疏》作為講學之作，其目的是為了講疏《論語》一書，申明《論語》大義，而邢昺則純粹為注作疏，是另一種靜態的學術式的案牘文章。兩者相較之下，邢昺對《論語集解》的序疏大抵刪取皇敘，但皇敘中對《論語》定義的分別取捨的部份邢昺卻隻字不提。但那卻是皇敘中最重要的一部份。比如皇侃注何晏敘中言包氏、周氏之處，皇侃雖不知周氏究指何人，但他能將周氏與周生烈二人分明；邢昺於此卻私作臆解，將周氏與周生烈混而不分。因此兩者相較，可以看出皇侃的態度大致上是比較客觀而謹慎的，而邢昺雖然疏注繁詳，但卻不太能看出他的立場與觀點。也就是說，如果同為學術著作，皇侃和邢昺的目的與成果都是截然不同的。

第三節 前人研究之成果與檢討

歷來關於皇侃《論語集解義疏》的研究並不太多。造成這種情況的原因可能有

幾點：一、南北朝一直是經學研究較忽略的部分，這可能是因爲典籍亡佚的關係導致。二、皇侃《論語集解義疏》一書雖流行於南朝，歷唐至宋，但到了南宋卻亡佚不見，直至清乾隆年間才又由商人從日本帶回。因爲失而復得，所以相關研究也許就較爲稀少。三、宋代以後，研究《論語》者，莫不以朱熹《論語集注》爲主宗，對於他家的注疏研究也就較爲忽略。四、就整體的經學思想來看，魏晉南北朝時代因爲佛學傳入兼之談玄興盛，因此對於此時期之思想研究也就偏重於佛學與玄學的部分，而較忽略了經學的傳承。一論到南北朝經學，便說是「玄言浮誕」，一言以蔽之。因此，針對經學思想方面的研究也就更加稀少了。

陳金木先生在《皇侃之經學》一書中也說：「以經學史之觀點而言，漢魏之經注，宋代之新注，清朝之新疏等較爲學者所留意。鄭玄、孔穎達、朱熹等大家，尤爲學者研究之歸趨。南北朝時代之經學，因文獻散佚，缺乏巨著大家，以致學者較少留意。」〔註7〕南北朝義疏之學固然十分發達，但流傳下來的卻只有皇侃《論語集解義疏》一書。但《論語集解義疏》卻又於南宋之後在中國亡佚，一直到清乾隆年間才由日本傳回。此間流傳過程甚爲繁複，而傳回中國後，經學家們對於此版本的爭論與考定也眾說紛紜，所以對《論語集解義疏》一書也多有爭議，甚足以做爲專題討論。幸而陳金木先生在《皇侃之經學》一書中已眾採前人說法，蒐羅詳盡，並且參考日人武內義雄先生的研究資料，做了非常詳細的說明；因此在《論語集解義疏》的版本考據研究方面，現今已經有了十分詳盡的成果。

民國以來關於皇侃《論語集解義疏》的思想內容研究並不太多，不過民國以前的評論卻不少。綜觀各家評論，主要集中在皇侃《論語集解義疏》博採眾說及多玄虛之語兩方面。關於前者，乃眾評論一致肯定爲《論語集解義疏》的貢獻；至於後者，則是一般批評皇侃者最主要的焦點。不僅宋、清兩代學者如此，民國以後戴君仁幾位先生的研究也主要著重在這方面。

關於前者的討論，宋《國史志》稱曰：「皇侃雖實有鄙近，然博及群言，補諸家之未至，爲後學所宗。」〔註8〕晁公武《郡齋讀書志》曰：「世謂其引事雖時近詭異，而援證精博，爲後學所宗云。」〔註9〕盧文紹曰：「若夫皇氏此疏，固不全美，然十三家之遺說，猶有託以傳者。爲醇爲疵，讀者當自得之。」〔註10〕珪文燦曰：「此書軼事舊聞，多資考訂；文字異同，多可遵從。且徵引遺說至數十家，博采兼收，

〔註7〕 《皇侃之經學》陳金木著，國立編譯館印行，1995年8月初版。
〔註8〕 參見王應麟《玉海》卷四十一，頁809。
〔註9〕 參見《郡齋讀書志》卷四，頁2。此據王先謙校刊本。
〔註10〕 參見《皇侃論語集解義疏》序。《論語集解義疏》廣文書局印行，1991年9月再版。

網羅富有；洵何氏之功臣，而後學之津梁已。」〔註11〕以上所舉諸說，大抵是針對皇侃採羅眾家遺說，徵引廣博而言。這固然是皇侃《論語集解義疏》之功，但主要是在體制方面的說明，並未涉及對其解經適當與否的看法。至於認為皇侃玄言浮誇的部分，雖涉及其思想內容的討論，但卻偏於單點逐句的批判，而看不出來對皇侃《論語集解義疏》有較為整體的瞭解。如陳澧《東塾讀書記》裡就說：「皇氏玄虛之語尤多。」〔註12〕吳承仕於《經典釋文序錄疏證》中也說：「自何氏集解，以訖梁陳之間，說《論語》者，義有多家。大抵承正始之遺風，標玄儒之遠致，辭旨華妙，不守故常。不獨漢師家法無復存，亦與何氏所集者異趣矣。皇氏本通三《禮》，尤好玄言，故其為《論語疏》，頗采華辭以飾經說。」〔註13〕

　　宋、清學者如此認為，近人研究皇侃《論語集解義疏》者也大多不脫於此範圍。如戴君仁先生〈皇侃論語義疏的內涵思想〉一文說：「他們講孔子的思想都基於道經佛典，說些虛空寂靜的，玄遠的，消極的，無為無事的話，而不在人倫日用之間，說切切實實至當應為的道理，發揮『知其不可而猶為』的積極剛健的精神。」〔註14〕而董季棠先生在〈評論皇侃義疏之得失〉文中，大抵也是延續戴君仁先生的說法，認為：「兩晉名士清談，以老莊之說為憑依。沿及南朝，餘波未息。故皇氏亦受薰染。」〔註15〕簡博賢先生於《今存南北朝經學遺集考》一書中也說：「夫《論語》一書，多言禮樂；蓋亦貴尚徵實矣。皇侃為疏，徒衍玄旨；而於諸宮室衣服禮制，皆闕略不具，宜其見疵後世也。」〔註16〕至陳金木先生《皇侃之經學》一書、牟鍾鑒先生〈魏晉南北朝時期的經學〉、張恆壽先生〈六朝儒經注疏中之佛學影響〉及孫述圻先生〈論皇侃的《論語義疏》〉等文，均是承自戴君仁先生的說法而下或者說是十分相近的觀點。

　　以上所舉諸位先生的文章，主要都針對皇侃「多玄虛之言」的部分加以批判。不可諱言地，皇侃《論語集解義疏》中的確偶爾會出現一些佛學道家的用語或類似的說法；而《論語集解義疏》中所收錄的各家遺說中，的確也有一部份的疏解觀點相當傾向於佛家或道家的角度，甚至還有相關用語的出現。針對這個部分，我們必須從幾個方面來加以考量。

〔註11〕　參見珪文燦《論語皇疏考證》自序，卷一，頁1。
〔註12〕　參見陳澧《東塾讀書記》卷二，頁12。
〔註13〕　參見吳承仕《經典釋文序錄疏證》頁146～152。
〔註14〕　〈皇侃論語義疏的內涵思想〉戴君仁撰，「孔孟學報」第二十一期，1971年4月。
〔註15〕　〈評論皇侃義疏之得失（上）〉董季棠撰，「孔孟學報」第二十八期，1974年9月。
〔註16〕　《今存南北朝經學遺籍考》簡博賢著，黎明文化事業股份有限公司，1975年2月出版。

　　首先，我們必須明白，皇侃《論語集解義疏》一書固然收錄了各家說法，但這不表示皇侃即完全認同這些說法。如果就《論語集解義疏》對這些說法的保留態度來看，皇侃對於絕大部分的說法就如皇侃自己在《論語集解義疏》敘中說的：「侃今之講，先通何集；若江集中諸人有可採者，亦附而申之。其又別有通儒解釋於何集無妨者〔註17〕，亦引取爲說，以示廣聞也。」我們前面說過，皇侃解釋經文時，是先述己見，然後附列他說，最後講解注意。如此一來，皇侃所附列之他說，並不能視爲皇侃自己的意思和想法，只能當作自己說法之外的其他客觀資料的鋪排，就如所說是「以示廣聞」而已。我們舉個例子，就可以明白皇侃的作法了。

　　對於《論語·衛靈公第十五》「民之於仁也，甚於水火」章，皇侃的解釋是：

　　　　仁、水、火三事，皆民人所仰以生者也。水火是人朝夕所須，仁是萬
　　　　行之首。故非水火，則無以食；非仁，則無有恩義。若無恩及飲食，則必
　　　　死無以立世，三者並爲民人所急也。然就三事之中，仁最爲勝，故云甚於
　　　　水火也。……水火乃能治民人，民人若誤履蹈之，則必殺人，故云「水火
　　　　吾見蹈而死者」也。而仁是恩愛，政行之故，宜爲美。若誤履蹈之，則未
　　　　嘗殺人，故云「未見蹈仁而死者」也。

皇侃認爲所謂「民之於仁也，甚於水火」，是因爲「非水火，則無以食；非仁，則無有恩義。若無恩及飲食，則必死無以立世，三者並爲民人所急也。然就三事之中，仁最爲勝，故云甚於水火也。」從這一段解釋看來，應該可以算是十分樸實而恰當，並沒有什麼玄虛之言以致誤解《論語》之處。但更重要的是，皇侃於自己的解釋之後，還附加了王弼的解釋。王弼的解釋是：

　　　　民之遠於仁，甚於遠水火也。見有蹈水火死者，未嘗見蹈仁死者也。

我們比較王弼和皇侃兩人的解釋，可以發現兩人對「水火」的解釋已經完全不同了，更不要說對「甚」的看法，以及對整章的詮釋。既然王弼的解釋和皇侃不同，何以皇侃還是將其附錄於文後呢？這就是皇侃自己說的：「以示廣聞」。又或者像是《論語集解義疏·公冶長第五》「子張問曰令尹子文」章，皇侃於這章末同時收錄了李充的說法，但卻又對其做出評斷曰：「侃案：李謂爲不智，不及注也。」既然李充的解釋不及注，何以還要將之收羅章末呢？自然，應該還是爲了：「以示廣聞」。

　　如果我們瞭解皇侃這種保留他說、同時陳列多種說法以資參考的作法，那麼對

〔註17〕廣文書局版本作「於何集無好者」。《中興書目》曰：「梁國子助教皇侃，以何晏集解
　　　　去取爲疏十卷。又列晉衛瓘……等十三人爵里于前，云此十三家是江熙所集，其解
　　　　釋於何集無妨者，引取以廣異聞。」以此考彼，並觀文義，則「無好者」應爲「無
　　　　妨者」之誤。今據此訂正之。

於這些「他說」，自然就不能將之視爲皇侃的思想。不過，有時候皇侃也會採取「他說」來佐證自己的看法。按行文上下文脈語氣來看，最明顯的標記即是在引文之前加個「故」字。碰到這種情況，我們才能將這條附錄當作引證、進而認定此說法必是皇侃也認同的。因此，從這個角度來檢視歷來批判皇侃《論語集解義疏》的「玄虛之言」，就會發現其實大部分都是截自皇侃所採錄之「他說」。我們如果明白皇侃《論語集解義疏》一書的習慣作法，自然不能將他人之說就當作皇侃之說來討論。

其次，我們也不能否認的是，即使是皇侃本人在闡述己意、解釋概念時，偶爾還是會有近於佛學、道家的說法或用詞出現；甚至，有些概念也藉助佛學或道家的觀念加以說明。不過，我們也不能說，用了佛學或道家的觀念來輔助說明自己的想法就表示是陽儒陰佛老。皇侃身在佛學興盛、玄談流行的南朝，用當時代習慣的思考方式或概念來說明解釋事理，這也是無可厚非、甚至是必然的。再者，經學家受到時代風氣的薰襲，對經文做出揉合時代思考與特色的解釋，更是應該的。就如李威熊先生在《中國經學發展史論》中所說：「群經乃是人生的指導原則，說經難免隨時代、政局、學術思潮等改變，而有不同的解說。」如果如孔穎達評皇侃《禮記義疏》一書所言：「皇氏雖章句詳正，微稍繁廣。又既遵鄭氏，乃時乖鄭義，此是木落不歸其本，狐死不守其丘。」那麼經學史上就只要一本鄭玄注即可，又何需其餘呢？

不同的時代有不同的思考方向與需要面對的問題，因此對於經典的詮釋也會跟著時代的轉變、人們面臨的問題而有不同的方向。如此一來，所謂經學才不會是死的考據學問。因此，我們必須要能瞭解，即使皇侃《論語集解義疏》中參雜了部分的佛學或道家說法，只要在詮釋《論語》時不偏離《論語》範圍，那麼應該都是可以接受的。關於這一點，就必須仔細地深入文句中，考察上下文脈與整體觀念，才能做評斷，而不能只是因爲在用語上用那時代習慣的說法就將之視爲叛經離道。比如以「照了」來說明「智」這個概念。「照了」的確是佛家用語，但皇侃說「智者，以照了爲用」時，眞的就參雜了佛家的思想嗎？我們檢其上下文及相關章節來看，所謂「照了」，要說明的是「洞察事理」、「明白事理」而不惑。皇侃借用當時人人都能瞭解的語詞來說明《論語》中的概念，這應該是合法而可以接受的。因爲如果眞要說佛家所謂的「照了」之智，那麼內容就複雜深奧多了。因此，我們應該也就能明白，借用他種思想的語詞及思考方式並不代表即是違背了經典本來的意思。

再者，董季棠先生在〈評論皇侃義疏之得失〉文中舉《論語·憲問第十四》「原壤夷俟」章及《論語·公冶長第五》「公冶長可妻也」章，也是古今眾家批評皇侃《論語集解義疏》時所「津津樂道」的兩個例子。我們以下就這兩個例子來看看諸家的批判是否適當。在《論語集解義疏·憲問第十四》「原壤夷俟」章中，皇侃說：

> 原壞者，方外之聖人也，不拘禮敬，與孔子爲朋友。……孔子，方內
> 聖人，恆以禮教爲事。

皇侃此說還可與《論語集解義疏·先進第十一》「季路問事鬼神」章中，皇侃的解釋一起來看。皇侃曰：

> 外教無三世之義，見乎此句也。周孔之教唯說現在，不明過去、未來。

批評者以爲《論語集解義疏》「原壞夷俟」章中所謂「方內」、「方外」語出《莊子》，是皇侃用莊子道家思想之證；而「季路問事鬼神」章所說的「三世」是佛家用語，且「外教」之說亦是佛家口氣。

我們就文解文，皇侃在「原壞夷俟」章中說原壞是「方外聖人」，孔子是「方內聖人」，其重點乃是在說明，孔子是禮教社會中的聖人，而原壞則不屬於禮教社會的範疇。所謂「方內」、「方外」，是以禮教社會爲標準，這凸顯出皇侃明白孔子的意義是在於禮教文化之中。如此一來，皇侃雖然借用了《莊子》的用語，但在解釋孔子和原壞的區別時，並沒有一起沿用《莊子》的思想；其解釋：「言壞年已老而未死，行不敬之事，所以賊害於德也。」也是樸實而無玄誇。戴君仁先生於〈皇侃論語義疏的內涵思想〉一文中說：「原壞之跡近老氏，皇氏之譽壞或以此。」董季棠先生在〈評論皇侃義疏之得失〉文中說：「然尊原壞爲聖人，指孔子拘禮教，亦言之過份矣。」兩位先生的說法實在都是過度詮釋，從《論語集解義疏》原文來看，並看不出有這層意思。

而至於「外教無三世之義」一句，其理亦同。皇侃說：「外教無三世之義，見乎此句也。周孔之教唯說現在，不明過去、未來。」應該是相當客觀的說法。先說「外教」一詞，皇侃篤信佛教，佛教爲宗教，以自己之宗教信仰爲本教，應不爲過，也是人之常情。畢竟儒家本就不是宗教。其次說「三世」，「三世」固然是佛家用語，但皇侃此處借用來說明子路之問，十分清楚而易解。皇侃認爲子路問事鬼神、問死後之事，這都不是「周孔之教」所關心的範圍。「周孔之教」所關心的是現世的、當下的生命，是人的世界、人的社會，所以才會說：「周孔之教唯說現在，不明過去、未來。」所謂「明」者，恐怕不是不明白，而是不說明的意思。

由此看來，皇侃對「周孔之教」的瞭解是適當的，所謂「周孔之教」即是堯舜文武乃至周公、孔子所傳承代表的禮樂文明文化，他並沒有強將佛教「三世」的思想內容套進《論語》的解釋裡，而只是借用佛家「三世」的說法來解釋孔子何以不答子路之問而已。董季棠先生在〈評論皇侃義疏之得失〉中說：「此何以指儒家爲『外教』？又何以以敵對之地位，指儒家爲『周孔之教』？『不明過去、未來』，意譏孔學有缺，不如佛說圓到也。」就《論語集解義疏》原文分析起來，實在看不出董先

生的指控由何而生？

　　再來說《論語・公冶長第五》「公冶長可妻也」章的例子。《論語集解義疏・公冶長第五》「公冶長可妻也」章，皇侃在解釋這一章末後，附錄了一則由《論釋》這本書摘錄下來的故事，作爲公冶長解鳥語乃至獲罪的補充說明，並於故事後註明:「然此語乃出雜書，未必可信，而亦古舊相傳云冶長解鳥語，故聊記之也。」也就是說，皇侃雖然認爲這個故事「未必可信」，但基於「以示廣聞」的立場，故「聊記之也」。雖然皇侃無法判斷是否足以採信，但因爲「古舊相傳」有云，所以皇侃也就將之載錄，留給讀者自行判斷，這樣的作法並無什麼不妥。但董季棠先生〈評論皇侃義疏之得失〉一文卻認爲「所解怪異不經」，完全忽略皇侃載錄這個故事的用心。

　　更甚者，孫述圻先生在〈論皇侃的《論語義疏》〉一文中還將之比爲「佛教譬喻諸經的體例」，認爲皇侃「引用神話物語來詁釋《論語》」:「皇侃採錄這一生動故事以喻公冶長『行正獲罪，罪非其罪』。後來，邢昺斥皇疏爲不經，劉寶楠也說『傅會之過』，殊不知這正是佛經中譬喻（阿波陀那）法，是『以了知之法，顯未了知之法。』陳寅恪曾論及皇侃的這段疏文，他說:『南北朝佛教大行於中國，士大夫治學之法亦有受薰習者。……惟皇侃《論語義疏》引《論釋》以解『公冶長章』，殊類天竺《譬喻經》之體，殆六朝儒學之士漸染於佛教者至深，亦當襲用其法，以詁孔氏之書耶？』陳寅恪先生的論斷是完全正確的。」

　　邢昺斥皇疏爲不經可以理解，因爲到了宋代，「疏」的功能不是直接詮釋經典，而是「爲注做疏」，力求「尊注」。因此認爲皇侃載錄這個故事「不經」是可以理解的。劉寶楠以爲「傅會之過」，是忽略了皇侃文末附加之說明。而孫述圻先生及陳寅恪先生卻完全忽視皇侃的說明，直指是受佛教薰習，比爲「佛教譬喻諸經的體例」。諸如此類的誤解，在歷來批判皇侃《論語集解義疏》的文章中實在不少。但這也是過去對皇侃《論語集解義疏》的研究中所普遍存在的現象。

第四節　本文研究範圍與方法

　　上一節我們提到諸位先生對皇侃《論語集解義疏》的研究成果，並對其成果作了概略的檢討。整體來看，對皇侃《論語集解義疏》一書的研究成果，在版本考據方面應該是最爲豐碩。就這方面來看，目前最完整的研究，應屬於陳金木先生《皇侃之經學》一書。我們前面說過，皇侃《論語集解義疏》流傳過程甚爲繁複，因此歷來研究此書之版本考據者也多有爭議，資料之多，足以做爲專題討論。幸而陳金木先生在《皇侃之經學》一書中已眾採前人說法，蒐羅詳盡，並且參考日人武內義

雄先生的研究資料，做了非常詳細的說明。因此本文也就不再針對此書之版本考據加以贅述，而主要以思想內容的部分爲主要的研究對象。

關於思想內容部分，雖然前面幾位先生也有許多的研究成果，但整體來看，這些研究主要集中在對皇侃《論語集解義疏》一書參雜的玄學與佛學思想成分作檢討，同時以批判爲多。但當筆者一邊閱讀《論語集解義疏》一邊翻看前人研究的成果時，每每發現其中矛盾不能理解之處。偶或有小得，卻不能與諸先生之研究成果相印證。因此筆者竊以爲關於皇侃《論語集解義疏》一書，還需要採取另一種角度切入，作比較正面的思想內容的疏通，作爲研究皇侃《論語集解義疏》一書的進路。

本文題目訂爲「皇侃《論語集解義疏》研究」，但研究的範圍主要圍繞在皇侃《論語集解義疏》一書對「性」與「命」、「仁」、「道」、「德」等幾個《論語》裡的重要概念來進行討論。筆者之所以選擇這幾個概念作爲討論的重點，首先是因爲這幾個概念原本就是《論語》一書中的重點思想，當我們要討論皇侃對《論語》的詮釋是否恰當時，應該順著被詮釋對象—《論語》的主要思想來觀察，才能看出詮釋的適當與否。而觀察皇侃《論語集解義疏》的詮釋是否適當關係到歷來對皇侃解經的評論是否恰當公允的問題，也關係到皇侃及《論語集解義疏》一書在經學史上的意義與價值，同時更可以與前人之研究作爲對照。其次，當筆者開始深入觀察皇侃的《論語集解義疏》時，發現皇侃對「德行」十分重視，此「德行」的觀點細究之下，導因於皇侃《論語集解義疏》中所表現出來更爲特別的人性觀。而筆者也發現，此種人性觀可以說是秦漢以來的氣性人性觀的進一步發展，同時還揉合了魏晉人物品評的部分觀點。順著《論語集解義疏》中的人性觀與德行觀繼續觀察，筆者發現皇侃對「仁」的解釋，非常特別，與宋代朱熹、邢昺等人的看法都不相同，自然，這是因爲他背後有自己一套特殊的人性觀與德行觀。

基於以上理由，所以本文將範圍設定在「性」、「命」、「仁」、「道」、「德」這幾個重要概念的討論上。而皇侃對這些概念的思考的背後，所呈顯出的思想，也幾乎可以涵蓋、通論整本《論語集解義疏》，因此本文論題訂爲「皇侃《論語集解義疏》研究」，而研究範圍則鎖定在皇侃《論語集解義疏》對「性」、「命」、「仁」、「道」、「德」這幾個重要概念的說明上。

不過，在我們進一步觀察、討論皇侃《論語集解義疏》中的詮釋觀點與思考之前，筆者必須先釐清筆者在本文中對於皇侃的定位問題。原因在於「性」、「命」、「仁」、「道」、「德」這些概念在皇侃《論語集解義疏》中可以看出環環相扣的關聯與思考，但卻無法將之視爲一嚴格的哲學思想系統論述。因此，就皇侃《論語集解義疏》研究來看，筆者將之定位爲經典的詮釋者，而非思想家。而本文所討論的重點集中在

皇侃對「性」、「命」、「仁」、「道」、「德」這幾個重要概念的說明以及提出與邢昺、朱熹注疏的比較，便是源自於希望釐清及說明皇侃作為一個經典的詮釋者，其詮釋的觀點及特殊所在。

本文在第一章「緒論」中，主要交代說明皇侃《論語集解義疏》的一些相關問題，包括對《論語集解義疏》體制的概略討論、《論語》的立經問題、皇侃對《論語》的觀點等等。在這些問題當中，關於《論語集解義疏》的「義疏」體制問題，也是研究《論語集解義疏》一書的學者常會涉及的。但本文基於希望討論重點能集中的立場，只好忍痛割捨。其次，對「義疏」體的討論牽涉到整個南北朝經疏的問題，皇侃《論語集解義疏》只能說是現存最完整的資料而已，這個論題的研究對象不限於《論語集解義疏》一書，所以並不符合本文論題。因此本文「緒論」只就研究皇侃《論語集解義疏》一書的思想內容時會遭遇到的一些關於「義疏」體的既定看法作澄清，而不深入詳細討論。

本文第二章開始進入重點概念討論。第二章先論皇侃《論語集解義疏》中的「性」與「命」，是針對皇侃「稟氣性定」的人性觀及皇侃在解釋「性命」時所獨有的「分限」觀念來進行討論。因為皇侃獨特的人性思考，影響到他對「仁」及「德」的思考，因此優先說明。在皇侃獨特的人性觀之後，本文第二章定為「論『仁』」，主要討論皇侃對「仁」的理解。本章先討論「仁」的兩種面相，接著再討論皇侃對「行仁」的偏向，以及對「仁功」、「仁德」的思考。對皇侃而言，「仁」是五德中最特殊的行為表現，同時「仁」在《論語》中也是至為重要的概念，因此本章即據此在論「性」與「命」後討論「仁」。此章一方面可以作為皇侃人性觀的印證說明，也可以作為討論「德」這個普遍概念的前導。論「仁」之後就接著討論「道」與「德」。本文第四章將「道」與「德」一併討論，乃是基於對皇侃《論語集解義疏》思想脈絡觀察後所做的決定。在皇侃《論語集解義疏》一書中，「道」與「德」互為表裡，難以單論；同時在這一章裡面也可以整體地用普遍概念來討論「德」的問題，作為概念原則的說明，因此將之至於「仁」之後討論。

在研究方法方面，本文首先以皇侃《論語集解義疏》原文入手做第一手資料，希望直接透過對皇侃原文的分析與整理，而能比較貼合皇侃《論語集解義疏》思想的原貌。接著，筆者再透過其他《論語》注本或疏本的對照比較，來呈顯出皇侃《論語集解義疏》解經的特色與思考。

在對照本方面，本文選擇朱熹《論語集注》為主要對比。這是因為皇侃以前關於《論語》的注疏，只存何晏《論語集解》一書，此書同時也是皇侃《論語集解義疏》的底本，因此本文探討皇侃《論語集解義疏》一書的思想特色時固然將之作為

皇侃詮釋的對照與參考，但因資料過少、年代過於相近，很難清楚比較出皇侃思想的特色。而南北朝以後之《論語》注疏，以宋邢昺之《論語注疏解經》、宋朱熹之《論語集注》及清代劉寶楠之《論語正義》幾本較爲主要與著名。其中宋邢昺之《論語注疏解經》一書雖然大抵襲抄皇侃《論語集解義疏》而成，但其中還是有些地方與皇侃不盡相同；不過，因此本過於專注對典章制度的考據，因此本文雖也將之列爲重要對照版本，但此書在思想內容的對照上仍稍嫌不足。而清代劉寶楠之《論語正義》雖然收集了多家的說法，然而卻過於龐大繁雜與缺乏明顯思想特色，因此雖然極有價值，在《論語》學的領域裡也很重要，但筆者竊以爲如果要作爲皇侃《論語義疏》思想研究的對照本是不如朱熹《論語集注》適合的。

南宋以後，明、清兩代乃至民國現代的《論語》研究，主要都以朱熹的《論語集注》爲權威，在對《論語》的解釋上，大致也都以朱熹《論語集注》之說爲主。雖然皇侃《論語義疏》在成書時代上先於朱熹，但近代幾百年來之《論語》學卻是以朱熹《論語集注》爲宗。因此在選擇對照本時，筆者認爲拿朱熹《論語集注》作爲主要對照本可以明顯比較出宋代以前，南北朝時代對《論語》的思考方向與解釋有何特色。而且透過朱熹《論語集注》中明顯且有系統的超越心性論與德性論，可以更清楚地看出皇侃氣性論的人性觀與德行實踐觀的特色。

本論文捨棄前面諸位先生的研究方式，決定直接以探討皇侃如何詮釋《論語》來作爲瞭解《論語義疏》的方法。透過分析皇侃如何理解《論語》中最主要的幾個概念：「性」、「命」、「仁」、「道」、「德」等概念，來討論皇侃在《論語集解義疏》中的詮釋適當與否？有何特色？並進一步試窺皇侃《論語集解義疏》的整體經學思想核心。此是本論文之目標，也是自我期許。筆者認爲對於「存漢晉經學之一線」的《論語集解義疏》，除了批判之外，應當還要有正面的、思想的分析和瞭解，有深入的瞭解才能有深刻的評論和認知。同時，瞭解南北朝時代不同於漢代及宋、清兩朝的經學思想，也能間接幫助我們更多元地思考當代的經學研究及經學的時代意義。經學必須活在時代的脈動裡，不能只供在案牘文章之間。

第二章　論「性」與「命」

在我們打算用另一種角度來瞭解皇侃的開始，我們不得不注意到皇侃對於「性」與「命」的看法。「性」與「命」在《論語》裡並沒有凸顯的、決定性的地位，「性」與「命」也不像「仁」、「道」、「德」等概念，是《論語》極力說明的重點，也是歷來研究《論語》的專家關注的焦點。〔註1〕綜觀《論語》一書，孔子談到「命」的部份只有寥寥數則，而談論「性」的地方，更只有唯一一處。那麼，爲什麼本篇論文必須把對「性」與「命」的討論單獨提出，放在「仁」與「德」之前呢？這是因爲皇侃詮釋《論語》的「仁」與「德」時，背後有一個完整的「性命論」作爲基礎。皇侃在架構《論語》裡「仁」、「德」的關係時，是用另外一套有別於朱子《論語集注》的「性命論」詮釋觀點，來作爲理解的背景。經由對皇侃「性命論」的整體瞭解，我們才能看出「仁」、「德」的價值。所以我們首先必須先討論皇侃《論語集解義疏》裡的「性」與「命」。

第一節　「稟氣性定」的人性觀

在《論語》中，孔子幾次提及「命」或「天命」如何，卻極少說「性」。就《論語》的內容而言，「命」或「天命」的思考理應重於「性」；孔子對「知天命」或「知命」的強調更加重其重要性。但在皇侃《論語集解義疏》中，皇侃對「性」的解釋顯然重於「命」。這是皇侃詮釋《論語》時，很重要的內在轉變。子貢說：「夫子之文章可得而聞也，夫子之語性與天道，不可得而聞也已矣。」（《論語・公冶長第五》）是千眞萬確且十分銳利的發現。

〔註1〕 如陳大齊先生在《孔子學說》一書中，就將《論語》的中心概念分爲：「道」、「德」、
　　　　「仁」、「義」、「禮」。

孔子在《論語》中提及「性」的地方只有一處：「子曰：『性相近也，習相遠也。』子曰：『惟上智與下愚不移。』」（《論語·陽貨第十七》）我們從這唯一一處提及「性」的章節中，很難看出孔子對「性」的想法。這有兩種可能：其一，當時沒有「性」的概念；其二，「性」並不是《論語》的重點，也不是孔子所要傳達的重點。子貢發現孔子很少提及「性」與「天道」這件事，顯然表示當時的人並不是不曾思考過「性」這個概念，而是「性」並不是孔子學說的重點。那麼，皇侃何以能把「性」轉成詮釋《論語》的重要概念之一呢？究其根底，是為了凸顯「仁」與「德」的可貴。

皇侃在解釋「性相近也，習相遠也。」與「惟上智與下愚不移。」時，對「性」的解釋是：

> 性者，人所稟以生也。習者，謂生後有百儀常所行習之事也。人稟天地之氣以生，雖復厚薄有殊，而同是稟氣，故曰性相近也。及至識，若值善友，則相效為善；若逢惡友，則相效為惡。惡善既殊，故云相遠也。

就皇侃的解釋來看，「性」是人所稟以生，所稟的內容則是天地之氣。因此，人性在本質上只有稟氣厚薄的差異，並沒有善惡的分別。也就是說，「性」是稟賦不同，形成每個人天生的特質差異；就稟氣而生之「氣性」而言，「氣性」本身並沒有善惡的價值判斷。那麼，善惡從何說起呢？皇侃認為，善惡的形成是後天學習與環境造成的；在行為事理的判斷上才講善惡，在「氣性」的本質內容上不講善惡。因此，人性在本質上是相近的，縱然有稟賦的氣質不同，但沒有價值差別。所謂善惡，是建立在「事理」上，建立在行為表現是否合乎「事理」而言。進一步說，「善」、「惡」並不是形容詞，而是名詞，只有「為善」、「為惡」的行為事實才有價值判斷的意義。

> 然情性之義，說者不同，且依一家舊釋云：「性者，生也；情者，成也。性是生而有之，故曰生也。情是起欲動彰事，故曰成也。」然性無善惡，而有濃薄；情是有欲之心，而有邪正。性既是全生而有，未涉乎用，非唯不可名為惡，亦不可目為善。故性無善惡也。所以知然者，夫善惡之名，恆就事而顯。故老子曰：「天下以知美之為美，斯惡已；以知善之為善，斯不善已。」此皆據事而談。情有邪正者，情既是事，若逐欲流遷，其事則邪；若欲當於理，其事則正。故情不得不有邪有正也。

所謂「善惡之名，恆就事而顯」，皇侃非常清楚善惡屬於價值判斷，價值判斷是隨著事情、隨著「用」而產生；「性」是靜態的氣質不同，不屬於價值判斷的範疇。因此，皇侃所說「性無善惡」的意思，也不同於歷來人性論所討論的「性善」、「性惡」、「性善惡混」等等說法。

在中國的人性論中，無論是主張「性善說」、「性惡說」或「性善惡混說」，事實

上都認爲「性」是有善惡可說的。「性」有善惡之說,是屬於心性論的理解方式,基本上可以說是就人的共性而言。不過,自漢代以來,一直有另一種「用氣爲性」的思考。這種「用氣爲性」的人性論焦點著重在人的個別差異性,而不只就共性論。董仲舒在《春秋繁露‧實性第三十六》對性的說明是:

> 如其生之自然之資謂之性。性者,質也。

就形式上來說性,性是自然之資,是生之自然;就內容來說,性是「質」,是「仁、貪之氣兩在於身」。在《春秋繁露‧深察名號第三十五》中說:

> 人之誠,有貪有仁。仁、貪之氣,兩在於身。身之名取諸天,天有陰陽之施,身亦有仁貪之性。……性待教而爲善,此之謂眞天。天生民性,有善質而未能善。……民受未能善之性於天,而退受成性之教於王。王承天意,以成民之性爲任者也。

董仲舒雖然認爲「仁貪之氣,兩在於身」,有了「用氣爲性」的思考,但就「天有陰陽之施,身亦有仁貪之性」的說法看來,董仲舒的人性論也是偏向就普遍的共性而言。不過值得注意的是,即使董仲舒認爲「人之誠,有貪有仁」,他卻不認爲天生之「性」是完成的。「性待教而爲善,此之謂眞天」、「天生民性,有善質而未能善。」這些都說明了「性者,質也」的看法。就這一段話來看,董仲舒認爲「性」是消極的、靜態的善質,所以說「民受未能善之性於天,而退受成性之教於王。」善質只是一種質性,充其量只能說有爲善的可能性,卻不能說「性是善」。對於董仲舒而言,「善」顯然必須有積極的理由才能成立,因此,教化的功能就在「成民之性」。經過教化,「未能善之性」才有爲善的能力,也才能爲善。善質只是代表一種可能性,並不表示即是善,更不能作爲爲善的保證。所以在《春秋繁露‧深察名號第三十五》中才又說:「今萬民之性,待外教然後能善;善當與教,不當與性。」董仲舒這種「仁貪之氣,兩在於身」的說法,可以視爲「用氣爲性」的初步思考。

東漢的王充雖然也講性有善惡,但王充論性時卻是將人性有善惡與人才有高下對舉。《論衡‧本性篇》:

> 實者,人性有善有惡,猶人才有高有下也。高不可下,下不可高。謂性無善惡,是謂人才無高下也。稟性受命,同一實也。命有貴賤,性有善惡。謂性無善惡,是謂人命無貴賤也。……人稟天地之性,懷五常之性,或仁或義,性術乖也。……面色或白或黑,身形或長或短,致老極死,不可變易,天性然也。余故以孟軻言人性善者,中人以上者也。孫卿言人性惡者,中人以下者也。揚雄言人性善惡混者,中人也。

王充用「人才有高下」這個概念,來證明人性有善有惡,同時更進一步說明性不僅

有善惡，還有性質表現的不同：「人稟天地之性，懷五常之性，或仁或義，性術乖也。」不論這樣的比對是否恰當，或者是否符合這兩組概念的基本特性，但相對於先前我們說董仲舒仁貪兩氣的說法仍是針對人性普遍的共通性而言，王充的「性成」觀念顯然開始偏向個人稟性差異方面。這是漢代人性觀的轉變。

就王充的說法，所謂「稟性受命，同一實也。命有貴賤，性有善惡。謂性無善惡，是謂人命無貴賤也。」是將「性」與「命」的來源等同看待。「性」之善惡就如同「命」之貴賤－「稟性受命，同一實也。」因爲將「性」與「命」等同看待，所以才能接著說：「人稟天地之性，懷五常之性，或仁或義，性術乖也。」如此一來，「性」便從原本董仲舒所說的最初始的共通氣性，轉而成爲差異氣性。這樣的轉變意味著對「性」的思考焦點由探討共通層面的人性，轉成強調個人特質差異的氣性。這裏所說的善惡，很顯然地與「性善」、「性惡」之說中的善惡不太相同，這種意義的「善惡」只是一種客觀的評價。就「用氣爲性」言，王充在「用氣爲性」的思考上有很重要的突破。

回過頭來看皇侃「稟氣性定」的人性觀。異於董仲舒與王充皆言性之善惡，皇侃並不說性善或性惡，而是就「稟天地五常之氣」的不同來說明每個人稟天之性的差異。皇侃認爲人生而有不同的氣質；所謂性，便是天生的、每個人稟賦的不同氣質。在《論語集解義疏‧爲政第二》「子張問十世可知也」章中，皇侃對五常的解釋是：

> 五常謂仁、義、禮、智、信也。就五行而論，則木爲仁、火爲禮、金爲義、水爲信、土爲智。人稟此五常而生，則備有仁、義、禮、智、信之性也。

人天生備有「仁」、「義」、「禮」、「智」、「信」等共通之質性，每個人的稟性氣質不同，表現出來的行爲以及可能性都不同。這一點和王充的看法十分相似。所謂的「五常」，只能說是人天生的氣質，人人都有，但非人人都能表現出來。有天生性仁之人，當然也有天性純智之人。在「子路無宿諾。」一章中，皇侃的解釋是：「子路性篤信，恐臨時多故，曉有言不得行，故不逆言許人也。」朱子的解釋是：「子路之所以取信於人者，由其養之有素也。」邢昺則認爲：「言子路有明斷篤信之德。」依皇侃的想法，子路之所以無宿諾，乃是天性篤信使然。果斷、篤信是子路天生的性格特質，子路是因爲好好地發揮了他這樣天生的性格特質，使其實現在人世裡，成爲一種良好的行爲表現。朱子認爲這是涵養所致，反倒是由後天外在的行爲表現達成內在德性的完成。

就皇侃來說，性只有不同，沒有善惡；只有順性發而爲其所應然，並沒有成就

內在德性的思考。值得稱許的是德行，而非稟性。因此才會接著說：

> 人有博愛之德謂之仁，有嚴斷之德爲義，有明辨尊卑敬讓之德爲禮，
> 有言不虛妄之德爲信，有照了之德爲智。此五者是人性之恆不可暫捨，故
> 謂五常也。

「博愛」是行爲表現，「嚴斷」、「明辨尊卑敬讓」、「言不虛妄」、「照了」等，都是行爲表現，唯有將這些天生的特質與不同的潛能實現在現實裡，才能稱之爲「德」。前面一段「稟此五常而生」所指的「仁」、「義」、「禮」、「智」、「信」是指天生而有的氣質，後面論「博愛之德謂之仁」的「仁」及其他，指的就是實現的德行。因此，就皇侃《論語集解義疏》來看，「性」作爲質性而言，是談不上什麼先天超越的意義，也沒有什麼道德意味可言。所謂「稟性不同」，是從氣質方面的差異來說明：

> ……又知其有濃薄者。孔子曰：「性相近也。」若全同也，相近之辭
> 不生；若全異也，相近之辭亦不得立。今云近者，有同有異。取其共是無
> 善無惡，則同也；有濃有薄，則異也。雖異而未相遠，故曰近也。(《論語
> 集解義疏・陽貨第十七》「性相近」章)

皇侃認爲，如果人性全同，那麼孔子不可能說「性相近」，因此人性中必有不同的部份。但人性如果完全沒有共通點，那麼就「性相近」這句話來說也是解釋不通的。所以，孔子說「性相近」，一定表示在某個層面上談共通性，在另外的層面上談差異性。因此，就皇侃《論語集解義疏》所論之「稟氣之性」來看，在共通層面上，「性相近」應是指人性無善無惡而只是「氣質之性」；就共通下的差異部份來說，則是此天生稟氣之性的厚薄不同。前者在心性論中原本是「性」的討論重點所在，但皇侃卻不認爲「性」有善惡，而認爲所謂「性」只是「稟氣而定」。所以，皇侃論「性」的重點，便從超越的共通心性轉移到「用氣爲性」的「稟氣之性」上。

因此，皇侃最大的轉變乃是保留「氣性」的思考觀點，進而轉出對個人特質的思考。也就是說，在皇侃《論語集解義疏》所呈顯出的人性論中，皇侃認同「氣性」是人性基本普遍的共通點；人稟氣而生，因此「稟氣性定」便是人性的共通。這種人性之共通的質性，如皇侃所言：「就五行而論，則木爲仁，火爲禮，金爲義，水爲信，土爲智。人稟此五常而生，則備有仁、義、禮、智、信之性也。」「五行」本是漢人自然主義觀點下對世界的說明，而皇侃在這裡則是將「五行」與人性的討論結合，用來說明人性的「本質」組成。雖然我們沒有積極的證據證明皇侃認爲人性的組成和禽獸不同，但從皇侃此處的解釋來看，皇侃顯然是認爲「五常之性」是「人性之恆」，屬人所有。就這一點而言，我們說皇侃對「人性」的觀點，乃至「人性」本質的看法，是趨向於物理性的、客觀性的說法，將「仁」、「義」、「禮」、「智」、「信」

等「五常之性」視爲人性中的組成成分。

進一步地說，在此共通的「質性」之下，皇侃更強調的是每個個人「稟氣性定」的差異。此種對差異的思考並不離「氣性論」的範疇，而是將善、惡等人爲概念摒除於外，更客觀、純粹地討論人性組成乃至展現的不同。董仲舒或王充等雖然也說「用氣爲性」，但畢竟還是用價值判斷的觀點來討論，使得人性無法脫離善、惡評判。以善惡論的角度來討論人性，固然非常值得注意也有其重要價值，但在這只有善惡判別的思考模式下，卻容易忽略了人天生的特質差異與後天的學習教化，同時，也容易湮滅了人性其他的層面。

皇侃言性，就共通面來說，即是採用「氣性」的思考內容，以「稟氣性定」爲思考點來論人性的共質，認爲人「稟天地五常之氣而生」，生而有「仁」、「義」、「禮」、「智」、「信」之性。但如我們前面所說，「仁」、「義」、「禮」、「智」、「信」等「人性之恆」、「五常之性」，就人性的層面來說，卻和董仲舒、王充所說的具有價值判斷的「仁」、「義」、「禮」、「智」、「信」之性不同。因此，雖然董仲舒、王充等漢代思想家及皇侃討論人性時，都是以「用氣爲性」的思考角度切入，但兩者之間最大的不同即在於，皇侃「稟氣性定」下，對人性的思考傾向客觀事實的描述與組成內容的說明，同時在這個基本人性思考下，進一步提出人性中的不同差異，而這種差異是程度上的不同，而不是基本性質上的不同。這樣的觀點之於漢代或宋代，都迥然不同。

無論是認爲「性善」、「性惡」或「性善惡混」或有善有惡，都是在超越的主觀前提下討論；而皇侃認爲「性」沒有善惡，將之視爲一種客觀的氣質之性，此是和心性論完全不同的思考方式。就「性善」的觀點看來，性的價值來自於天生的善。但在氣質之性的思考方式下，「性」本身沒有價值可言，無善無惡，只是一種客觀的存在。如果硬要說，只能如董仲舒所說的，是「有善質而未能善」。但皇侃並非認爲人性是「有善質而未能善」，因此只能說，人性中有某些組成特質，有利於學習某些良好行爲，具備這些特質的人或本性中此種特質佔得比例較大者，在學習並實踐某些德行時，佔比較大的優勢。這種種不同的生命組成特質的展現與差異並沒有超越的價值，某些組成特質能獲得較大的肯定，那是因爲在實踐「善行」上有較大的意義。

皇侃認爲代表「善行」之「德」才是價值所在，才是可貴之處；而「德行」、「善行」也不是天生就會、就能表現出來，是需要經過學習、教化才能達到。所以皇侃在解釋「性相近，習相遠」時，才會引范甯之言：

> 故范甯曰：「人生而靜，天之性也；感於物而動，性之欲也，斯相近也。息洙泗之教爲君子，習申商之術爲小人，斯相遠也。」

這種「性」有待學習與教化的思考方式，與董仲舒、王充的思考路線是相當一致的。

我們也可以進一步說，皇侃稟氣性定的人性觀應該可以算是漢代以來「用氣爲性」思考較成熟的呈現。在「用氣爲性」的思考角度下，「性」只是天生的實質或特質，雖有稟氣不同的差異，但無法有道德評價。倫理道德的價值不在「性」上顯現，而是在學習或教化後，「爲善」的實踐上講。這是和道德先驗的心性論不同思考方式的一套倫理道德標準。

也就是說，皇侃並不認爲「性」具有先驗的道德意義，這一點和告子：「性無善無不善。」的觀點是一致的。但是告子論「生之謂性」時，指的是「食色性也」動物本能的人性。這種天生自然之性雖然也不說善惡，但皇侃所論之「性」卻不止指這個層面，這是必須注意的一點。前面說過，將「性」視爲自然之資、生之自然，是就形式上來說，告子所說「無善無不善」，指的即是這個層面。但皇侃認爲的「性無善無惡」卻不止就形式上說，還就本質內容上說，這是皇侃人性論特殊之處。從告子「生之謂性」到漢代董仲舒、王充的「用氣爲性」觀，是從形式到內容的開發，但董仲舒和王充即使論「氣性」，還是就善惡的觀點來思考。皇侃「稟氣性定」的人性論則能同時就形式和內容上一致客觀地說「性無善無惡」，並且轉而從客觀事實的角度來思考人性，所以可以說是「用氣爲性」人性論較成熟的呈現。

皇侃「用氣爲性」的思考路線，形成一種「稟氣性定」的人性觀，進而發展出一套以「德行」實踐爲標準的倫理道德觀。也就是因爲這樣，皇侃在詮釋《論語》時，才會將「性」當成重要的概念加以闡發。因爲如果不說「性定」，那麼就無法顯出「德行」的意義與價值，那麼對《論語》的詮釋便會失當。而更重要的是，皇侃《論語集解義疏》對「性」的思考關係到他對《論語》中「德」的闡釋，以及就「德行」的詮釋角度而言，道德的價值。同時更關乎他對《論語》一書的意義認定。這是一套完整而緊密相連的思考進路，也是何以本文必須先強調說明皇侃在《論語集解義疏》中對「性」的看法的原因。

第二節 「性分」與「分限」

上一節我們討論過皇侃「稟氣性定」的「氣性」概念，接著我們要來說明另一個和「稟氣性定」概念平行進行的「分限」概念。「分限」的概念並不是皇侃首先提出，如果按思想發展與皇侃《論語集解義疏》的引文來看，「分限」的觀念應該是來自郭象《莊子注》裡頭用來詮釋「逍遙」時，提出所謂「各守其性，各安其份」的「性分」思考。不過，雖然「分限」觀念出自郭象的「性分」，但皇侃詮釋《論語》時，並非使用《莊子注》的思想，而是將郭象「性分」的觀念加以轉化，創造積極

的作用，而不是郭象在《莊子注》中較消極的欣趣層面。因此，我們先來看看郭象
在《莊子注》中對「性分」的說明，然後再來看看皇侃《論語集解義疏》中對「分
限」的思考。

　　關於郭象《莊子注》中「性分」的概念，我們可以從《莊子注・逍遙遊》中對
「學鳩與大鵬」故事的詮釋來說明。首先，郭象在《莊子・逍遙遊》〔註2〕篇名注
解中說：

　　　　夫小大雖殊，而放於自得之場，則物任其性，事稱其能，各當其份，
　　逍遙一也，豈容勝負於其間哉！

又在鵬與學鳩的故事後注曰：

　　　　苟足於其性，則雖大鵬無以自貴於小鳥，小鳥無羨於天池，而榮願有
　　餘矣。故小大雖殊，逍遙一也。

　　　　對大於小，所以均異趣也。夫趣之所以異，豈知異而異哉？皆不知所
　　以然而自然耳。自然耳，不為也。此逍遙之大意。

分析這三段話，我們可以發現，郭象《莊子注》其實是通過小大之異的取消來達到
自然自得，通過各當其份、各任其性的說明來詮釋「逍遙」。因此在郭象《莊子注》
中，「小大雖殊，而放於自得之場，則物任其性，事稱其能，各當其份，逍遙一也。」
鵬與學鳩雖有小大之分，但二者之「性分」不同。大鵬與學鳩苟足於各自不同的性
分，則大鵬有大逍遙，學鳩亦有小逍遙，雖有小大之分，但因為能順於自然而不為，
所以二者之逍遙意義不二，「大鵬無以自貴於小鳥，小鳥無羨於天地」。這樣的詮釋
非常奇妙地提點出萬物異趣的思考，通過小大之異的取消達到自然自得，通過各當
其份、各任其性的說明來詮釋「逍遙」。

　　　　夫物未嘗以大欲小，而必以小羨大，故舉小大之殊各有定份，非羨欲
　　所及，則羨欲之累可以絕矣。夫悲生於累，累絕則悲去，悲去而性命不安
　　者，未之有也。

郭象認為，生命的不安起於「悲」，而悲則生於「累」，因此只要「累」絕，那麼生
命自然就「安」了。然而何以會有「累」呢？他認為，「累」起於不明「小大之殊，
各有定份，非羨欲所及」，是一種分別心所引起的多餘的外求，因此只要明白了自然
性分非人力所能更改，去除羨欲比較之心，那麼「則羨欲之累可以絕矣」。因此此處
性命的「安」，則變成明白且自得於其自然性分，不作比較所得到的寧靜。所以，郭
象可以說是通過認清自然性分的殊異與不可變動，取消萬物小大之分，轉而以一種

〔註2〕　《莊子集釋》清・郭慶藩撰，華正書局有限公司發行，1979年出版。

欣趣的觀點來個個呈顯萬物之自然，由這種自然的呈顯與對象自得於自然來講「逍遙」。這是郭象提出「性分」觀念的目的。

因此我們可以明白，如果單就「性分」義來說，其實和我們上一節提到的「稟氣性定」的思考路線是一致的，這是就每個人天生的特質差異與不可變易的角度著眼，來看待每個不同的生命展現。皇侃所說的「分限」，就「分」的部份來說，和「性」的思考方式是一致的。我們一開始說，「稟氣性定」與「分限」是平行進行的意思即在於此。就「性」的共通來說，「性」是質性、氣性；就「共性」的殊異來說，則是稟氣厚薄不同，稟氣不同的結果是人的特質展現不一。不過特質的不同並非指材能的差別，一個人的稟性跟材能不能混為一談，二者有關連，卻不等同。談論「分限」的目的，即是要說明「稟氣性定」之外的另一個天生既定的部份。

在《論語集解義疏・為政第二》「十有五而志於學」章中，孔安國對「知天命」的解釋是：「知天命之始終也。」皇侃則用「分限」來解釋「始終」：

> 終始即是分限所在也。天命謂窮通之分也。謂天為命者，言人稟天氣
> 而生，得此窮通，皆由天所命也。……人未五十，則猶有橫企無崖，及至
> 五十始衰，則自審己份之可否也。

皇侃認為，一個人在世的貧富、通塞，都是天命注定的。人在五十歲以前無法明白自己稟天的「分限」所在，「猶有橫企無崖」；等到了五十歲，生命力開始衰減時，才會認清自己的「分限」所在。所謂「自審己份之可否」一句所指，顯然是包括材能在內的，自然生命的可能性。因此，「分限」一詞可以分為兩個部份來討論：一是「分」，一是「限」；「分」是可，「限」是不可。一個人既定的「分」雖不可改，卻可知其「限」。

一般我們說「命定」時，指的是不可知且不可改變之命，比如窮達、富貴等個人相應於世界的不確定、不能掌握的部份。皇侃所指的「分」，除了包括這種個人相應於世界的不確定部份，同時也包括了一個人內在注定的材質。這兩個部份所指並不相同，但常常被混為一談。關於前者個人相應於世界的不確定部份，即是孔子在《論語》中所說的「命」與「天命」，這一個部份我們在下一節會再加以討論，故此處暫且不論。我們從「分限」這個概念裡要討論的是後者，關於一個人內在注定的材質的部份。繼「稟氣性定」之後談「分限」的觀念，才能完整地看出皇侃《論語集解義疏》中的「德」的概念與意義。如此一來，我們也才能看出皇侃在「用氣為性」的思考路線下，其「稟氣性定」與「分限」的性命觀如何呈顯出「道德學習」的意義與價值。

關於人天生「分限」的不同，皇侃在《論語集解義疏・陽貨第十七》解釋孔子

所說「惟上智與下愚不移。」一章時，曾做過很詳細的說明：

> 夫降聖以還，賢愚萬品。若大而言之，且分為三：上分是聖，下分是愚；愚人以上，聖人以下，其中。階品不同而共為一，此之共一則有推移。今云上智，謂聖人；下愚，愚人也。夫人不生則已，若有生之始，便稟天地陰陽氛氳之氣。氣有清濁，若稟得淳清者，則為聖人；若得淳濁者，則為愚人。愚人淳濁，雖澄亦不清；聖人淳清，攪之不濁。故上聖遇昏亂之世，不能擾其真；下愚值重堯疊舜，不能變其惡。故云唯上智與下愚不移也。而上智以下，下愚以上，二者中間，顏閔以下，一善以上。其中亦多清少濁，或多濁少清，或半清半濁。澄之則清，攪之則濁。如此之徒，以隨世變改。若遇善則清升，逢惡則淳淪。所以別云：「性相近，習相遠也。」

皇侃認為人分為三種：「上分」、「中分」、「下分」。聖人是「上分」，愚人是「下分」；聖人、愚人之間「賢愚萬品」，「階品不同而共為一」，我們可以推而得知是「中分」。聖人天生稟氣淳清，是不學而能的上智之人，不管處於怎樣昏亂失道的時代，也不會影響他的智慧清明；愚人生來稟氣淳濁，即使處在禮興樂盛的堯、舜盛世，還是無法藉由學習教化改變其愚昧。排除極端的上智與下愚，絕大多數的中人稟性清濁不一，因此「性分」也不相同，這些人才是需要學習和教化的對象。所以皇侃最後說：「別云：『性相近，習相遠也。』」這裡的「性分」是就個殊性言，不同於上一節「稟氣性定」裡所說的無善惡的基本共同質性，只不過這兩者所談是「氣性」的不同層面，所以說是「別云」。

相同的說法也可在「中人以上可以語上也，中人以下不可語上也。」章中看到：

> 此謂為教化法也。師說云：「就人之品識，大判有三：謂上、中、下也。細而分之，則有九也：有上上、上中、上下也，又有中上、中、中下也，又有下上、下中、下下也。凡有九品。上上則是聖人，聖人不須教也；下下則是愚人，愚人不移，亦不須教也。而可教者，謂上中以下、下中以上，凡七品之人也。」

皇侃引用其師賀瑒的說法，將人的品識粗分為三品，細分為九品。這種三品、九品的分別應該不是賀瑒或皇侃的獨特說法，早在董仲舒就有「聖人之性」、「斗筲之性」、「中民之性」的說法，可以視為性三品論的先驅〔註3〕。然而孔子更早在「中人以上可以語上也，中人以下不可語上也。」及「唯上智與下愚不移」兩處即把人分為「上智」、「中人」、「下愚」三等。

〔註3〕 《中國倫理思想研究》張岱年著，貫雅文化有限公司出版，1991年7月初版。頁86。

　　當孔子說「上智」、「中人」、「下愚」時，顯然不就「心性」言，而是就人的個殊材質論。這一點，朱熹在解釋這兩章時也是同意的：「人之氣質相近之中，又有美惡一定，而非習之所能移者。」又引程子的話說：「語其性則皆善也，與其才則有下愚之不移。」因此，就這兩章言，以天生材質的不同來論人的個殊差異，應該並無不當。所以皇侃《論語集解義疏》才會將整章說明爲：「此謂爲教化法也。」

　　在「惟上智與下愚不移」章中，孔安國注曰：「上智不可使強爲惡，下愚不可使強賢也。」如果按此條解釋，則上智爲純善，不爲惡；下愚魯鈍，不能賢。這是把「上智」跟「下愚」之「質性」與「性分」混爲一談，但皇侃卻將二者分得很清楚：「聖人淳清，攪之不濁。故上聖遇昏亂之世，不能擾其眞；下愚値重堯疊舜，不能變其惡。」講「稟氣性定」時，聖人與愚人皆稟無善惡之「性」，此時談的「性」，就「共性」言是「質性」，就差異言是「厚薄」；但就「性分」而言，因稟性清濁不同，所以強調的是每個人展現出來的天生差異。例如一個人天生聰明才智發揮的可能性就是「分限」的問題。

　　所以皇侃接著說：

> 今云中人以上可以語上，即以上道語於上分也。中人以下不可以語上，雖不可語上，猶可語之以中及語之以下。何者？夫教之爲法，恒導引分前也。聖人無須於教，故以聖人之道可以教顏，以顏之道可以教閔。斯則中人以上可以語上也。又以閔道可以教中品之上，此則中人亦可語上也。又以中品之上道教中品之中，又以中品之中道教中品之下，斯即中人亦有可以語之以中也。又以中品之下道教下品之上，斯即中人以下可以語中。又以下品之上道教下品之中，斯即中人以下可以語下也。此云中人以上、中人以下，大略言之耳。既有九品，則第五爲正中人也，以下即六、七、八也，以上即四、三、二也。

所謂「以上道語於上分」即清楚地揭示了人天生各有材份。材份高的可以以「上道」教之，而材份低的，也要配合他的材質施以適當程度的教化。這種教化顯然不止專指禮樂學習，也包含事物的道理在內。所以「聖人」是全知的，生而知之者，不需教化；而顏淵、閔子騫是屬於「上中」之人，所以能直接受教於「聖人」。爲什麼呢？因爲「教之爲法，恆導引分前」。人有天生的差異不同，這差異也有高下之分；但一個人的材份能否得到完成，除了「聖人」和「愚人」之「不可移」以外，是後天「教化」的關係。「教化」的功用，在於引導大多數「中人」都能盡到、完成自己的「性分」，使每個人都能「盡性」，展現出自己的特質。

　　所以皇侃所謂的「分限」，仍然是在「稟氣性定」的範圍內區別，並不是有別於

「性」；但這又分明是兩個層次的討論，所以必須分而言之。由以上的說明，可以得知，所謂的「分」，其概念來自郭象《莊子注》的「性分」，而「分限」所說的就是「性分的可能性」。郭象提出的「性分」只用來說明差異，皇侃所說的「分限」則進一步說明身爲人的「能」與「不能」。身而爲人，不止要知道自己的可能性，更要明白自己的有限性。明白自己的「能」與「不能」，是幫助自己面對眞實生命的方法。身爲一個人，爲什麼要努力？要爲什麼目標努力？應該做什麼？不應該強求什麼？乃至立身處世，都能藉由「自知」得到解答。人到了五十歲，大概也已經能明白自己的「分限」了。因此，皇侃對「分限」的思考如果簡單來說，就是「盡性」和「知限」。

這種個別殊異性的思考方向，和《人物志》有點類似。牟宗三先生在《才性與玄理》〔註4〕一書中說：

它（《人物志》）既能開出美的境界與智的境界，而其本身復即能代表美趣與智悟之表現。因此，故能開出「才性名理」，而爲有系統之妙著。

下開王、何、向、郭之「玄學名理」，乃是品鑒與智悟之用於「道理」者。

誠如牟先生所說，《人物志》和郭象「性分」觀之間的共同點在於對於個體殊異的重視大於所謂人的共通，也指出這是一個特殊的時代思想。但牟先生認爲這種對個殊差異性的欣趣只能論英雄，無法談聖人，「魏晉人在美趣與智悟上不俗，而在德性上卻常是庸俗無賴的。」〔註5〕這樣的批評顯然過於嚴厲。當然，牟先生的說法在宋儒德性觀的角度下提出，或許愛深責切，其實也沒有錯；但論「道德」，卻不止「德性」一個角度。《人物志》裡關於魏晉時代品鑑人物的思考不涉及「德性」，但其對於個體差異及行爲表現的注重，卻能帶出「德行」要求的思考。皇侃在《論語集解義疏》裡就表現出這樣的轉化。皇侃也談聖人，卻是用另一種角度和想法來談論聖人。

「盡性」或者對於人能否完成天生潛在可能性的思考，並不新鮮；「知限」卻是比較特殊的想法。如果一個人「知限」，是不是表示沒有積極努力的必要？這種稟天命定的想法，看似非常悲觀地否決了個人在世上一切努力的意義，但另一方面，皇侃又從另一個角度來肯定努力的價值。後天努力的價值，在於每個人都能完成自己的「性分」，並且明白自己的「分限」。許許多多自我完成的個體，構成一個和諧的社會。各守其性，各盡其份，各司其職。這是非常理智且客觀的思考方式。

皇侃認爲，每個人都有屬於個人特殊的部份，這種肯定不止基於美感欣趣，而

〔註4〕　《才性與玄理》牟宗三著，台灣學生書局印行，1993年2月修訂八版。頁65。
〔註5〕　同註4。頁66。

是認為每個人更應該盡量發揮他的特別之處，完成自己的生命；然而，人是有限的，有限的人就必須知道自己的「分限」，在適當合度的範圍內施展最大的可能性，如此一來，對於很多非人力所能決定與改變的事情便不會耿耿於懷。這種「知限」的思考，透露出一種敬畏的意味，一種憂患意識的思考。承認人的有限，是自知自覺的開始。孔子談到「命」或「天命」時，一再強調的，就是「知」。所謂「君子有三畏：畏天命、畏大人、畏聖人之言」（《論語‧季氏第十六》）、「不知命，無以為君子也。」（《論語‧堯曰第二十》）都是這個意思。我們接下來要討論的，就是「命」的問題。

第三節　「天命」與「知命」

　　前面我們說過，在《論語》中提及「命」或「天命」的次數比「性」多得多；我們也談到，在《論語》的思考理路中，與「性」相比，「命」或「天命」應該才是孔子思想的重點，而不是「性」。但皇侃卻將「性」轉換成詮釋《論語》的重點，這是因為在「稟氣性定」的觀念下，方才能凸顯道德學習的意義與價值。雖然如此，但皇侃並非不重視「命」或「天命」，只是與「性」比起來，「命」或「天命」的意義是延伸「性」的觀念而來的。

　　《論語》裡的「命」是不可改易、不可預測，但卻必須「知」的。在《論語‧雍也第六》「伯牛有疾」章中，孔子即嘆曰：「亡之！命矣！夫斯人也而有斯疾也！斯人也而有斯疾也！」孔子認為，伯牛這樣好的一個人卻得到這種致命的病，這是伯牛的命使然，除了嘆息，無話可說，也無能為力。又如《論語‧憲問第十四》「公伯寮愬子路於季孫」章，子服、景伯告孔子，欲救子路，子曰：「道之將行也，與命也；道之將廢也，與命也。公伯寮其如命何？」孔子將「道」的興廢歸於「命」，認為「道」將行或將廢，都是早就注定的了，這是「天命」，是人所無法影響改變的。「道」將行，子路不須救；「道」將廢，子路不待救而亡矣。

　　然而，「天命」的意義是什麼呢？在《論語》中，孔子並沒有解釋。「天命」或「命」對於孔子，是須知但卻無法改變的。顏淵的死是命：「有顏回者好學，不幸短命死矣。」（《論語‧先進第十一》）即使是不幸，還是命。身為君子，必須「知命」：「不知命，無以為君子也。」（《論語‧堯曰第二十》）究竟「天命」或「命」指的是什麼呢？孔子「五十而知天命」，究竟孔子所知的「天命」是什麼呢？如果就《論語》的原文來看，我們頂多只能說，孔子所說的「命」含有人格天的味道，彷彿有個有意志的「天」，決定一切，所謂「天命」，就是「天之命」，是「天」所做的決定。人無法改變天的意志，只能順從，身為君子，必須明白這一點。

　　《論語‧季氏第十六》中，子曰：「君子有三畏：畏天命、畏大人、畏聖人之言。小人不知天命而不畏也，狎大人，侮聖人之言。」或《論語》最後一章所記：「不知命，無以爲君子也。不知禮，無以立也。不知人，無以知言。」「天命」的地位與「大人」（君王）、「聖人之言」（經典）相並，同時，不知「天命」還無法成爲君子。由此看來，這「天命」應該是一種冥冥中的力量，主宰著人世的一切，小至每個人的生死窮達，大到一個國家的命運，都由這個力量決定。所以君子敬畏這股力量，小人卻不明白這股冥冥中的力量而無所敬畏。這是孔子所說的「天命」。不過，這種略帶有人格天意味的「天命」，在皇侃的解釋裡，卻在保留人格天的意味之餘，轉變成一種人的自我認識。

　　我們在上一節曾討論過《論語集解義疏‧爲政第二》中，「五十而知天命」的解釋。皇侃在解釋孔安國注「知天命」曰：「知天命之終始」時，說：

> 終始即是分限所在也。天命謂窮通之分也。謂天爲命者，言人稟天氣而生，得此窮通，皆由天所命也。……人未五十，則猶有橫企無崖，及至五十始衰，則自審己份之可否也。

孔安國將「知天命」解釋爲「知天命之終始」，還是看不出來「天命」所指究竟爲何，「知天命」又是怎麼個「知」法。而皇侃則是較具體地說明「終始即是分限所在也」，解釋「天命」爲「窮通之分也」，是「天所命也」，也就是「己分」。我們上一節在討論這章時，著重在「性分」與「分限」的關係上，但這個「分限」的觀念卻不止表現在個人內在天生材質差異的思考上，同時也表現在人對世界、人對天的不確定與無法掌握上。由「分限」的觀念引伸而出的，是「知分」的想法。「分限」是皇侃很特殊的思考觀點，由「稟氣性定」的思考理路中發展出來，而在解釋孔子屢次強調的「知天命」的想法時，卻不謀而合。

　　皇侃「知分」的觀點在討論「性」時，強調的是明白自己的能力所在，全力以赴，完成自己的生命；而轉到「命」上講時，就變成人必須明白自己的「分限」所在。我們有自己應該達成的責任，盡其在我；但與世界相交時，則有無法掌握的部份，或者無法達到的目標。這不是人不夠努力或人不想努力的關係，而是「天命」使然，這是身爲人，更必須明白的道理－人是有限的。所以皇侃「分限」的觀念延伸到對「命」或「天命」的解釋上時，重點就在於「知」。我們首先先來看看皇侃對「命」的解釋，再來討論他對「知命」的思考。

　　皇侃在解釋《論語集解義疏‧子罕第九》「子罕：言利、與命、與仁。」章時說：

> ……命，天命窮通天壽之目也。……弟子記孔子爲教化所希言及所希與人者也。……命是人稟天而生，其道難測，又好惡不同，若逆向人說，

則傷動人情，故孔子希説與人也。……然希者，非都絶之稱，亦有時而言
與人也。《周易・文言》是説利之時也，謂伯牛「亡之！命矣！」及云「若
由也，不得其死然」是説與人命也。……

所謂「命」，就是人稟天而生，好壞不同的遭遇。何晏説「天命」是「寡能及之，故
希言也。」皇侃的解釋是：

天道微妙，天命深遠，仁道盛大，非人所能知及，故云「寡能及之」
也。云「故希言也」者，爲世人寡及，故孔子亦希言也。

也就是説，「天命」是很難懂的，很「深遠」，一般人很難明白，所以孔子很少説。
皇侃認爲這種很難明白的「天命」：「其道難測」，「若逆向人説，則傷動人情」。皇侃
在這裏所説的「天命」沒有意志，卻有比較多的客觀陳述。所謂的「天命」是一種
客觀的事實：人的生命裏，有著人不可掌握與決定的部份的事實。這項事實提醒我
們，人是有限的。對於這種有限性，我們所該採取的態度是面對他、承認他，並轉
而在可決定的部份裏掌握自己。

皇侃曾在《論語集解義疏・顏淵第十二》「司馬牛憂」章中説：

生死富貴，皆稟天所得，應至不可逆，憂亦不至。不可逆求，故云有
命在天也。然同是天命，而死生云命，富貴云天者，亦互之不可逃也。死
生於事爲切，故云命；富貴比死生者爲泰，故云天。天比命，則天爲緩也。

無論是天還是命，是緩還是切，總之不是人力所能決定與改變的。所以皇侃解釋爲
「稟天所得，應至不可逆，憂亦不至」，且「不可逆求」。所以在「伯牛有疾」章中，
皇侃解釋孔子之歎：「言如汝才德，實不應死，而今喪之，豈非稟命之得矣！……言
有此善人而嬰此惡疾，疾與人反，故歎之也。再言之者，痛惜之深也。」「稟命之得」
是皇侃對這種非人力所能強致、非才德所能改易的人生遭逢所提出的解釋。同時，
一個人遭命如何，與他的才或德都沒有絶對關係，只能歸之於「稟命之得」。

而在《論語集解義疏・憲問第十四》「公伯寮愬子路於季孫」章裏，皇侃對「命」
的解釋是：「人死生有命，非伯寮之譖如何。言人之道德得行於世，此是天之命也。」
這種「天之命」的想法，甚至擴充到君道上：「又言人君，道廢墜不用於世者，此亦
是天之命也。」「子路之道，廢興由天之命耳；雖公伯寮之譖，其能違天命而興廢於
子路耶？」無論是君道或子路之道，都由天之命，人是無法違背也無法改變的。

因此，當皇侃在「五十而知天命」章中説：「自審己分之可否」時，除了「天命」，
他把人自身也帶進來，要人「自審己分」，要人明白自己的「分限」。所以當我們前
面説孔子一再強調「知命」時，孔子是要人敬畏不可測知的天意、冥冥中那股決定
性的力量。而皇侃説「知命」時，則是要人明白人的有限性，明白人世中有不可決

— 35 —

定的部份，對於生命，我們只能「盡其在我」。我們前面說皇侃解釋「天命」時保留了《論語》中人格天的意味，同時轉變成人的自知和自覺，這一點我們可以對照他和朱子對《論語‧季氏第十六》「君子有三畏」章的解釋中清楚地看出來：

> 心服曰畏。……天命謂作善降百祥，作不善降百殃。從吉逆兇，是天之命。故君子畏之，不敢逆之也。……小人見天道恢疏而不信從吉逆兇，故不畏之，而造爲惡逆也。……

皇侃認爲所謂「畏天命」是指心服於「天命」，而「天命」就是善有善報、惡有惡報。作善作惡導致天降祥殃不同，君子明白此種道理，所以順從「天命」，爲善去惡；而小人則不相信冥冥中這股善有善報、惡有惡報的力量而爲非作歹，任意妄爲。皇侃這樣的解釋保留了《論語》原始人格天的意味在內，同時卻又把這種有全知能力的力量轉成一種「理」，一種善有善報的「天理」，「爲善」的理由。而朱子的解釋是：

> 畏，嚴憚之意也。天命者，天所賦之正理也。知其可畏，則其戒慎恐懼，自有不能已者。而付畀之重，可以不失矣。大人、聖言，皆天命所當畏。知畏天命，則不得不畏之矣。……不知天命，故不識義理，而無所忌憚如此。

朱子認爲「天命」就是「天所賦之正理也」，君子所畏的是「正理」，這個「正理」已完全脫卻人格天的意味，而純粹將「天命」視爲「天之正理」。朱子的詮釋固然不錯，但卻無法看出孔子「畏天命」的理由。

皇侃對「知命」的詮釋，在《論語集解義疏‧堯曰第二十》最後一章「不知命，無以爲君子。」章中最能完整看出來：

> 此章第三，明若不知命，無以爲君子。所以更明孔子知命，故不爲政也。命謂窮通夭壽也。人生而有命，受之由天，故不可不知也。若不知而強求，則不成爲君子之德。故云「無以爲君子也」。……窮謂貧賤，達謂富貴，並稟之於天，如天之見命爲之者也。
>
> ……此章以明孔子非不能爲，而不爲者，知天命故也。

皇侃認爲「人生而有命，受之由天，故不可不知也。若不知而強求，則不成爲君子之德。」也就是說，人的窮通夭壽由天不由人，我們必須明白這件事；明白人的有限性，才能完成君子之德。因此所謂的「知命」，就是明白自己生命的有限性。在皇侃的觀念裡，聖人孔子是全知全能的，當然無所謂「不能」，只可能是「不爲」。那麼孔子何以不爲呢？那是因爲「知天命」。因爲孔子明白爲政不是他稟天的「分」，所以不爲。孔子聖人，可以明白自己的「分限」，但一般的中人卻不能。一般人總是盲目地去追求富貴長壽，等到生命力衰退時，才明白自己的「分限」。

　　所以，皇侃說：「若不知而強求，則不成爲君子之德。」一個有德的君子，必須要明白自己的「分限」，明白人的有限性，不去強求不可決定的部份，「知命」然後才能好好把握住自己可以決定的部份，進德修學，這才是君子。皇侃用「分限」來詮釋「知命」的意義即在於此。這樣的詮釋，和孔子論「知命」的說法有重疊的部份，也有在孔子「知命」義上發展出的，更進一步的想法。

第四節　小　結

　　傳統「氣性論」的討論以漢代董仲舒、王充爲主，而論人個別特質差異則以《人物志》爲宗。但我們可以從皇侃《論語集解義疏》對「性」的說明中發現，「氣性論」發展至南北朝時，已經比較成熟，且能與道德實踐結合。

　　本章一開始提到董仲舒和王充的「氣性論」時曾指出，漢代「氣性論」固然有別於宋儒的「心性論」，但漢儒在論「氣性」時，仍是以「善」、「惡」的價值觀來看待分別，無論是說「性善」、「性惡」、「性善惡混」或者「善質」、「善的可能性」，都無法擺脫對「性」加以先天的價值判斷。而筆者之所以認爲皇侃的「稟氣性定」觀是「氣性論」較成熟的發展，正是因爲皇侃不從先天的道德價值談人性。皇侃認爲「性」沒有善惡，也不能作善惡判斷。善惡判斷是後天的道德行爲判斷，先天的「氣性」只是一種物質的共性，共性中的個人差異只是不同而已，沒有善惡可言。因此，論善惡，有其他的道德判斷標準，和孟子或宋儒認爲道德行爲是先驗道德的一貫不同，皇侃的想法可以帶出另一種有選擇性的道德發展。

　　其次，皇侃同時使用郭象「性分」的概念來說明他自己對於「分限」的思考，而「分限」是皇侃在《論語集解義疏》中比較特別的想法。皇侃利用「性分」的說明，巧妙地將「稟天性定」與「分限」二者連結，形成平行而相關的兩條思考路線。「稟氣性定」說明了「氣性論」中共同的部份，關於人性共性的思考；而「性分」延伸了這樣的想法，說明每個人個人生命材質的差異性。也就是說，就共性而言，「氣性」是作爲人類天生特質的說明；就殊性而言，「性分」使每個人都是獨一無二的個體。而這種「性分」的說明，引出了「分限」的思考。每個人都是獨一無二的特殊個體，則每個人就有他自己的「分」，這個「分」有待每個人去完成。然而也因爲每個人生命材質的差異，所以也有「不能」而非「不爲」的部份。「聖人」、「中人」、「愚人」各有自己的「分」和「限」，「各盡其性」，完成自己的「性分」；同時還要各知其「分限」，不逾越，在合理的範圍內「盡性」。

　　這個「知限」的觀念在皇侃解釋「知天命」時最爲突出。皇侃認爲「天命」是

一種客觀的事實，在人的生命裡，有不可掌握、不可決定的部份的事實，這個事實提醒我們－人是有限的。對於這種有限性，我們所該採取的態度是面對他、承認他，並轉而在可決定的部份裡掌握自己。從「盡其在我」的思考中可以轉出人選擇「爲善」的可貴。因爲「爲善」是人可以自己決定的。人可以「爲善」，也可以「爲惡」，而人選擇「爲善」的原因不在於「天性」，而在於「天命」。因爲「天命」讓人自覺到自己的有限性，這種自覺則引發「選擇」，「選擇」爲善去惡才有可能成就君子之德。

皇侃「知限」的思考與孔子「知天命」的思考有不謀而合之處，保留了原始儒家的人格天意味，同時也在孔子「知命」義上，發展出更進一步的想法，展現出春秋時代以降，第二次對人自身的反省和思考。筆者竊以爲，這是很珍貴且難得的地方，大概只有像春秋戰國或魏晉南北朝這種混亂不安定的時代，人才會有深刻反省和思考的危機意識吧？！

第三章　論「仁」

　　皇侃《論語集解義疏》討論「仁」這個概念時，有兩種面相：一、「仁」是「質性」，二、「仁」是「行盛」。前者由人性特質的角度來說明，後者由德行的角度來解釋。

第一節　仁的質性義與本質

一、「仁者，人之性也」

　　將「仁」解釋爲「人之性」，並不是皇侃的說詞，但卻是皇侃同意的。在《論語集解義疏·學而第一》「巧言令色，鮮矣有仁。」章中，皇侃對於「鮮矣有仁」有額外的說明：

> 　　然都應無仁，而云少者，舊云：「人自有非假而自然者，此則不妨有
> 仁，但時多巧令，故云少者。」又一通云：「巧言令色之人，非都無仁，
> 正是性不能全，故云少也。」故張憑云：「仁者，人之性也。」性有厚薄，
> 故體足者難耳。巧言令色之人於仁性爲少，非爲都無其分也。故曰：「鮮
> 矣有仁。」

就這段說明來看，無論是「舊云」還是「又一通」，都認爲「仁」是「非假而自然者」，而「鮮矣有仁」是指「少仁」、「性不能全」；至於張憑，則直接挑明了說：「仁者，人之性也。」而皇侃是同意張憑及另兩種說法的。在《論語集解義疏》這本書中，皇侃固然列舉了當時諸大家說法，但不一定表示他同意這些解釋，大多數都是客觀地保留並陳列，我們無從得知他認同與否。但當皇侃在他家說法之前加了「故」字，則可以看出來此條是引證，用來印證皇侃自己的說法。這章段引張憑之語前即加了

「故」字，所以可以得知是皇侃同意的。同時，皇侃自己接下來也作了說明：「巧言令色之人於仁性爲少，非爲都無其分也。」

在這一段額外的說明裡，我們可以發現，皇侃應該將「仁」視爲一種「共性」，認爲巧言令色之人非都無「仁性」，只是「性有厚薄」，「非都無其分也」。也就是說，「仁」是我們天生稟氣而生即具有的，「非假而自然者」，只是在每個人天性中所佔得的比例多少而已。這一點我們可以從皇侃對「三綱五常」的解釋中得到證明〔註1〕：

> 三綱謂夫婦、父子、君臣也。三事爲人生之綱領，故云三綱也。五常謂仁、義、禮、智、信也。就五行而論，則木爲仁，火爲禮，金爲義，水爲信，土爲智。人稟此五常而生，則備有仁、義、禮、智、信之性也。人有博愛之德，謂之仁；有嚴斷之德，爲義；有明辨尊、卑、敬、讓之德，爲禮；有言不虛妄之德，爲信；有照了之德，爲智。此五者是人性之恆，不可暫捨，故謂五常也。

在這一段解釋裡，皇侃認爲人生來就備有「仁」、「義」、「禮」、「智」、「信」等「常性」：「人稟此五常而生，則備有仁、義、禮、智、信之性也。」而這五種「常性」的實質內容分別是：「博愛之德」、「嚴斷之德」、「明辨尊、卑、敬、讓之德」、「言不虛妄之德」、「照了之德」。「五德」才是「五常」的價值所在，「不可暫捨」。作爲「人性之恆」，我們只能說「仁」、「義」、「禮」、「智」、「信」等五種「常性」，只是人性的「質性」而已；此種「人性之恆」的「質性」是人天生稟有，是稟氣而生的，可以發展成道德行爲的基本「質性」。因此，皇侃在「性相近，習相遠」章中才會說：「性有厚薄」、「無善無惡」。就這個角度來談「仁」，則「仁」作爲「人性之恆」的面相來說，其實並沒有決定性的價值與可貴之處。

更清楚地說，皇侃認爲「仁」、「義」、「禮」、「智」、「信」是人性中最基本的「成分」，每個人天生都有，而皇侃顯然也將之視爲人之所以異於禽獸的部分，所以才會說是「人性之恆」。然而這種「異於禽獸」的看法與孟子的「人禽之辨」是否相同呢？筆者以爲不同。皇侃論「性」是無善無惡，比較近乎一種客觀的描述與存在。皇侃並不認爲「仁」、「義」、「禮」、「智」、「信」作爲人性的基本「成分」而言，有任何先天的超越意義；換言之，皇侃比較傾向於將「仁」、「義」、「禮」、「智」、「信」視爲對人性成分構成的說明。這些成分本身沒有善惡好壞，只是一種客觀靜態的存在，構成「人性」整體，形成每個人不同的特質差異。因此皇侃對「仁」的看法，就作

〔註1〕 見《論語・爲政第二》「子張問十世可知也」章。

為人性本質面相的解釋而言，是屬於客觀的、分類性的描述說明，並不牽涉價值上的區別。所以我們可以發現，對皇侃而言，每個人在異於禽獸的共通人性本質裡，都有「仁」這種成分，只是多少的差別而已。巧言令色之人的「仁性」少，「非都無其分」。

皇侃曾經在《論語集解義疏・里仁第四》「仁者安仁，智者利仁」章中做過一個推論來證明「性仁」體足之人和非純「性仁」之人的差別：

> 此明不仁之人居世無宜也。……夫君子處貧愈久，德行無變。若不仁
> 之人久居約，則必斯濫為盜，故不可久處也。……君子富貴愈久，愈好禮
> 不倦。若不仁之人久處富貴，必為驕溢也。

皇侃先說明君子和「不仁之人」的差別在於他們行為表現的不同，「君子處貧愈久，德行無變」，而「富貴愈久，愈好禮不倦」。「不仁之人」呢？是會「斯濫為盜」、「必為驕溢」。導致這種行為的差別固然在「仁」或「不仁」，但即使同是「行仁」，也有狀況程度上的不同：

> 云仁者安仁者，辨行仁之中有不同也。若稟性自仁者，則能安仁也。
> 何以驗之？假令行仁獲罪，性仁人行之不悔，是仁者安仁也。云智者利仁
> 者，智者，謂識昭前境，而非性仁者也。利仁者其見行仁者若於彼我皆利，
> 則己行之；若於我有損，則使停止，是智者利仁也。

皇侃的推論是：一個「稟性自仁」的「性仁人」，即使知道「行仁」這件事對自己不利，他還是會去做，會「行之不悔」，這就是「仁者安仁」。「性仁人」安於自己的「人性特質」，所以會去實踐「仁行」。而智者呢？智者不是稟性純仁的人，智者的特質是「識昭前境」，所以智者會選擇對人我雙方都有利的方式去做，而不會像稟性純仁的人一樣，即使知道對自己有害，還義無反顧。「智者利仁」的作法是：「利仁者其見行仁者若於彼我皆利，則己行之；若於我有損，則使停止」。從這個推斷裡，我們很明顯可以看出來這是從特質表現的角度來解釋仁人，所謂「仁者」，就是「性仁人」。

所以皇侃在解釋王肅注：「智者知仁為美，故利而行之。」時，才會說：

> 知仁為美而性不體之，故有利乃行之也。

智者之所以「利仁」而行，是因為「性不體之」。因為智者天生的特質展現主要在於「智」，不是「仁」，所以無法像仁者那樣，在實踐「仁」這樣的行為表現上展現出義無反顧。我們如果對照其他人對這章的注解，就可以很清楚地比較出來。比如，邢昺《論語注疏解經》對「仁者安仁」的解釋是：

> 此章明仁性也。……仁者安仁者，謂天性仁者，自然安而行之也。知

> 者利仁者，知能照識前事，知仁爲美，故利而行之也。

又疏包氏〔註2〕注曰：

> 言天性仁者，非關利害，自然汎愛施生，體包仁道。《易》文言曰：「君
> 子體仁，足以長人。」是也。

邢昺在這裏顯然是沿襲皇侃《論語集解義疏》裡的解釋，從「性仁」的角度來解釋「仁者安仁」，所以才會說：「此章明仁性也」。邢昺的解釋是，仁者是出於天性，所以能「安而行之」；而智者則是「知仁爲美」所以「利而行之」。仁者是「自然汎愛眾生」〔註3〕，「體包仁道」。邢昺謹守「疏不破注」的立場，所以將「仁」解爲「性」，但如果我們看他對「智者利仁」的另一段解釋，就會發現，邢昺即使認爲「仁性」是「天性」，也是帶有道德價值判斷的「仁道」：

> 言有智謀者，貪利而行仁。有利則行，無利則止，非本情也。

在邢昺的這段解釋裡，智者是「貪利而行仁」，「非本情也」。這個「貪」字就有了價值判斷，智者顯然是不如仁者的。但在皇侃的解釋中，智者、仁者只是天性展現不同的兩種人，所以會有兩種作法，並沒有對兩者做價值判斷。因此我們可以瞭解，唯有將「仁」或「智」當作天生質性看待，不做高下判斷，才能說是兩種不同的作法，否則就會出現比較判斷了。

而如果看朱熹《論語集注》的解釋就更明顯了：

> 不仁之人，失其本心，久約必濫，久樂必淫。唯仁者則安其仁而無適
> 不然，知者則利於仁而不易所守。蓋雖深淺之不同，然皆非外物所能奪矣。

在朱熹的解釋裡，「不仁之人」根本就是「失其本心」，「仁」就是本心的價值。這時候「仁」不是邢昺說的「天性」，也不是皇侃說的人性特質，而是變成「本心」的價值了。所以說皇侃是將「仁」和「智」視爲人性特質，而不對他們做價值判斷；而「仁」就質性義而言，其實並沒有可貴之處，皇侃只是將之視爲「特質」表現而已。

皇侃在《論語集解義疏・子罕第九》「智者不惑，仁者不憂，勇者不懼」章中更是清楚地指出這一點：

> 此章談人性分不同也。智以照了爲用，故於事無疑惑也。故孫綽曰：
> 「智能辨物，故不惑也。」……仁人常救濟爲務，不嘗侵物，故不憂物之

〔註2〕 邢昺《論語注疏解經》此處作「包氏」，然皇侃《論語集解義疏》中則爲「苞氏」。據《論語集解義疏》敍，「苞氏」應是指「漢鴻臚卿吳郡苞咸字子良」；而邢昺解經序中卻作「包咸」。若依先後所本，似應爲邢昺之誤，但爲免於武斷，故照邢昺《論語注疏解經》實錄之，以爲分判。

〔註3〕 案：邢昺在這裏雖然沿襲皇侃《論語集解義疏》「性仁」的說法，但其實就「仁」的本質認識而言，這兩人並不相同，邢昺在這一點上並非沿襲皇侃。

見侵患也。孫綽曰：「安於仁，不改其樂，故無憂也。」勇以多力爲用，

故無怯懼於前敵也。繆協云：「見義而爲，不畏強禦，故不懼也。」孔安

國曰：「不憂患也。內省不疚，故無憂患也。」

「仁」這種人性特質的表現是「救濟爲務，不嘗侵物」；而「智」這種人性特質則是「照了爲用」，所以「於事無疑惑也」。這樣的說法其實只是很客觀地將人的組成特質闡述出來，沒有判斷。我們如果換成現代的說法，就類似對人格特質的討論：某些人的主要人格特質呈現偏向溫和寬厚、不具侵犯性、有同理心而且喜愛付出、分享，有些人的主要人格特質偏向闊達、善於觀顏察色、理智且客觀，而有些人的人格特質則像子路一般，勇敢果決、率直無欺之類。

每個人都有每個人天生的人格特質偏向，這種天生的人格特質偏向會影響到他後天的行爲表現，雖然沒有決定性，但絕對有緊密的關聯。比如，富有同理心的人容易憐憫別人、關心別人，而理智客觀的人最講道理之類，這些特質表現在行爲上才有所謂好壞善惡可言，就「特質」本身來說，是沒什麼善惡判斷，而只是不同而已。

因此，從以上的討論中我們可以得知，「仁」、「義」、「禮」、「智」、「信」等「五常」，就人性組成的觀點來看，只是「特質」而已，類似我們現代說的人格特質。就這一方面來看的話，「仁性」本身並沒有特別展現出價值的地方或可貴之處。「仁性」的厚薄是天生的，所以仁者行仁也只是展現他的「天性」，並沒有自覺選擇的可貴。如果這種「仁性」得到較好的評價，那會如我們前面所說的，是因爲這種人性特質偏向會影響到一個人後天的行爲表現，雖然沒有決定性，但絕對有緊密的關聯。一個「性仁」的人，他所表現出來的行爲常常有利於他人，而我們則自然會肯定這種組成特質的「好」。

以上所言，是就仁的質性義來說明。

二、「仁者，惻隱之義」

我們前面說過，「仁」就「質性」義來說，並沒有特殊的道德價值可言，因爲並不出於自覺選擇；「仁」的可貴在於「行盛」，這是我們下一節即將討論的。而在「質性」角度的解釋下，我們還必須探討的是，「仁」的本質，或者說是「仁行」的根源。就「仁」的本質言，停留在「人性組成成分」的層次並不可貴，可貴的是作爲「仁行」的根源。而雖然就「仁」作爲「質性」的本質而言，「仁」的本質並沒有自覺選擇的可貴與意義，然而卻可以發現價值的根源。因此我們接下來便要來看皇侃《論語集解義疏》裡對「仁」的本質的討論。

首先，就如我們標題所下的，在皇侃《論語集解義疏》裡，仁是「惻隱之義」。

「仁」是人性組成成分，而他的本質是「惻隱」。皇侃在《論語集解義疏・雍也第六》「智者樂水，仁者樂山」章中說：

> 云「智者樂水」者，今第一明智仁之性，此明智性也。智者，識用之
> 義也；樂者，貪樂之稱也。水者，流動不息之物也。智者樂運其智化物，
> 如流水之不息，故樂水也。云「仁者樂山」者，此即明仁者之性。仁者，
> 惻隱之義；山者，不動之物也。仁人之性，願四方安靜如山之不動，故云
> 樂山也。

皇侃認為，「仁性」的本質義是「惻隱」，就如同「智性」的本質義是「識用」。我們前面說過，在皇侃的思考中，「仁性」跟「智性」只是兩種特質，作為人性特質言，「仁性」跟「智性」是平等但不同的兩種組成；而就這兩種人性組成的本質言，一種是「惻隱」，一種是「識用」，其實也沒有好壞之分。但就皇侃來說，「仁」在五德的排名上顯然又是位於首位，這就出現了矛盾。以孔子最常對舉的「仁」和「智」為例，就皇侃的思考理路來看的話，「仁」是質性，「智」也是質性，兩者沒有價值差別，只有展現上的殊異；但就「仁德」言，「仁德」顯然高於「智德」。《論語集解義疏・學而第一》「孝悌也者，其為仁之本與」章中說：

> 孝是仁之本，若以孝為本，則仁乃生也。仁是五德之初，舉仁則餘從
> 可知也。故《孝經》云：「夫孝，德之本也，教之所由生也。」

皇侃認為「仁是五德之初，舉仁則餘從可知也。」可見「仁」有某種微妙的性質使他能成為「五德之初」，並且也關聯著其他良好的德行，因為「舉仁則餘從可知也」。

「五德之初」的「初」字就是肇始的意思，這是無庸置疑的。但是，五德的肇始、發端是什麼呢？「仁」這種「性分」特質的本質又是什麼呢？相對於其他德目而言，「仁」有什麼特殊的性質，使他能在眾德目中居於首位，甚至能作為「德行」實踐中最特殊的展現呢？皇侃認為是「惻隱」。

關於「惻隱」，孟子曾做過詳細的說明。《孟子・公孫醜上》中說：「惻隱之心，仁之端也。」孟子這句話十分近似皇侃「惻隱」是「仁」的本質、「仁行」的根源的思考。在同一章中，孟子對惻隱之心做了一個情境解釋：

> 今人乍見孺子將入於井，皆有怵惕惻隱之心。非所以內交於孺子之父
> 母也，非所以要譽於鄉黨朋友也，非惡其聲而然也。

如果就孟子「孺子將入於井」的例子來看，所謂惻隱之心，應該是感同身受。孟子將這種「惻隱之心」解釋成「不忍人之心」，認為這種不忍見人受苦的內心反應是一種天生的、本能的、善良的天性反射，無關乎外在的利益和條件，更由此導出所謂「惻隱之心，仁之端也」的說法。如果就孟子的說法來看，則「惻隱之心」作為「仁」

之端，是一種天性的發揮，而這種天生的「善性」，則是「仁德」的開端。

其實，如果就「孺子將入於井」這個例子來看，無論是「怵惕」還是「惻隱」，都是引發自人見孺子將入於井，而反射到人自身身上的恐懼和感受；與其說是不忍看到別人掉進井裡，不如說其實是潛意識裡害怕自己掉到井裡。因為知道落井是可怕的事，所以一旦看見別人掉進井裡時，自己的心裡也會感到驚恐，進而產生關心。人同此心，心同此理。如果這樣來看「惻隱」，那麼「惻隱」應該是一種「同理心」，一種感同身受的反應。這種同理心並不需要牽扯到性善性惡的問題，而只是一種身為人或多或少都具備的能力而已。

皇侃說：「仁者，惻隱之義。」就是從這樣的角度著眼。「仁性」這種特質的本質是「同理心」，是能感同身受。因此，「仁是五德之初，舉仁則餘從可知也。」「仁」、「義」、「禮」、「智」、「信」這些人性特質與德行的銜接，就在於一個人能關心其他的人，自己是「人」，也把別人當成「人」來看待。這種「同理心」能發揮，則「則餘從可知也」。而回過頭來說，這也可以很順利地說明「孝悌也者，其為仁之本與」。因為這種同理心和關心他人的能力，最基本的表現就在於親人之間的愛護，如果一個人連對親人都無法愛護關心，就不用談到在社會群體裡與他人的相處了。所以在《論語集解義疏・泰伯第八》中，皇侃解釋「君子篤於親則民興於仁」一句時就以經注經〔註4〕說：

> 人君若自於親屬篤厚，則民下化之，皆競興起仁恩也。孝悌也者，其
> 仁之本與也。

我們從《論語集解義疏・里仁第四》對「民之過也，各於其黨。觀過斯知仁矣」章的解釋中，可以更清楚地看出皇侃對「惻隱」作為「仁」的本質的想法：

> 人之有失，各有黨類。小人不能為君子之行，則非小人之失也。猶如
> 耕夫不能耕，乃是其失；若不能書，則非耕夫之失也。若責之，當就其輩
> 類責之也。若觀人之過，能隨類而責，不求備一人，則知此觀過之人有仁
> 心人也。若非類而責，是不仁人。故云：「觀過斯知仁矣。」

皇侃認為一個有「仁心」（非「仁行」）的人，他能明白小人有小人的分限，君子有君子的分限，對不同的人所犯下的不同錯誤，應該以理解的心情來將心比心，才能明白瞭解什麼叫做真正的過錯，而不要求每個人都是完人。能發揮這種「人同此心，

〔註4〕 所謂「以經注經」者，可以分為「內注」和「外注」。以《論語》為例，「內注」即
　　　利用《論語》本身前後之經文互注說明；而「外注」者，則如引《禮記》或《孝經》
　　　等其他經典來注解說明《論語》本身文義。此種「以經注經」的方式，皇侃在《論
　　　語集解義疏》中時常使用。

心同此理」的「同理心」，就是一個有仁心的人；不能發揮同理心的人就是「不仁人」，沒有「仁心」。

　　而這種同理心的推展就是「恕己及物」。《論語·顏淵第十二》：「仲弓問仁。子曰：『出門如見大賓，使民如承大祭。己所不欲，勿施於人。在邦無怨，在家無怨。』」皇侃《論語集解義疏》疏曰：

　　　　恕己及物，則爲仁也。先二事明敬，後一事明恕，恕、敬二事乃爲仁也。

在這一段解釋裡，皇侃先說「恕己及物，則爲仁也」，後面又說「恕、敬二事乃爲仁也」。究竟「仁」是「恕己及物」還是「恕、敬二事」呢？其實，前一句是總則性的說明，後面一句則是經文解釋。也就是說，在皇侃認爲「恕己及物」足以同時說明、涵括「恕、敬」在內。什麼是「恕己及物」呢？「恕」是「如心」，也就是將自己的同理心和關心推衍到其他人的身上。

　　我們如果對照朱熹的解釋，就可以更清楚地看出皇侃如何思考「仁」。朱熹《論語集注》云：「敬以持己，恕以及物，則私意無所容而心德全矣。」朱熹認爲「仁」是「無私」，無私意而能持己以敬、以恕及物。這種「無私」的表現當然可以說是「心德全矣」。一個完全無私的人，不就幾近完人了嗎？但這種完全無私的要求，事實上只能是一種理想或努力的目標，卻不太可能實現。因此朱熹所謂的「仁」，事實上比較接近一種道理、理論，而且只就個人自身內在論，並不太考慮人自身和其他個體的關係。

　　而皇侃所說的「仁」，則是「恕己及物」。推衍同理心和關心到他人身上，和有無「私意」無關。人不必無私，但必須要會關心他人，能將心比心。所以皇侃從「恕己及物」的角度來論「仁」，事實上是比較符合現實的，也比較符合《論語》中孔子屢次從「人」、「己」關係的角度來說明「仁」。因此我們也可以瞭解何以朱熹論「仁」是從「理」上論，是從「德性」的角度談；而皇侃卻將「仁」的重點和價值擺在「仁行」之上，從「德行實現」的角度來肯定「仁」作爲五德之初。

　　從以上的討論裡，我們可以知道，「仁」作爲「質性」講時，是一種「人性特質」，類似我們現代說的人格特質，而這種「人性特質」的根本，是「恕己及物」、「同理心」，而皇侃認爲這種「人性特質」的本質叫「惻隱」，「惻隱」同時也是「德行」的根源。這種人對人的關懷推展擴充出去，就變成了爲群體謀福利，關懷所有人的生命。因此，這種「惻隱」的本能進一步發揮到群體社會上時，就變成「憂民」。

　　最明顯的例子就是《論語集解義疏·微子第十八》對「殷有三仁」的解釋：

　　　　孔子評微子、箕子、比干，其跡雖異，而同爲仁。故云有三仁焉。所
　　以然者，仁以憂世，忘己身爲用。而此三人，事蹟雖異，俱是爲憂世民也。

然若易地而處，則三人皆互能耳。但若不有去者，則誰保宗祀耶？不有佯

狂者，則誰爲親寄耶？不有死者，則誰爲亮臣節耶？各盡其所宜，俱爲臣

法，於教有益，故稱仁也。

微子、箕子、比干之所以能被孔子許爲「仁」，皇侃認爲是因爲「仁以憂世，忘己身
爲用。而此三人，事蹟雖異，俱是爲憂世民也。然若易地而處，則三人皆互能耳。」
微子、箕子、比干的共通點在於「俱是爲憂世民」，這種「憂世民」的流露就是「仁」。
雖然微子、箕子、比干的表現作爲各不相同，但出發點是一致的，因此，我們也能
明白，「仁」沒有固定的表現方式或規則，只要是「各盡其所宜」，就能稱爲「仁」。

因爲「仁」沒有固定的表現方式或規則，所以在《論語集解義疏・憲問第十四》
解釋憲問「克伐怨欲不行，焉可以爲仁矣？」子曰：「可以爲難矣。仁則吾不知也。」
時，皇侃做了一個乍看之下很難理解的說明：

仁者必不伐，不伐（不）〔註5〕必有仁。顏淵無伐善，夷齊無怨，老

子曰：「少私寡欲」，此皆是仁也。公綽之不欲，孟之反不伐，原憲蓬室不

怨，則未及於仁。故云不知也。

「仁者必不伐，不伐不必有仁」這樣的理解是十分正確的。因爲「克伐怨欲之不行」
只是條件表現，不能說就是「仁」。皇侃舉了兩組人做對照，用來說明其中的不同。
顏淵、夷齊、老子這一組的表現，皇侃認爲都是「仁」，而公綽、孟之反和原憲卻是
「未及於仁」。如果就宋代以來的儒家角度來想，一定會覺得皇侃把老子加進去實在
有點難以瞭解，甚至不倫不類。但如果我們用「人性特質」、「惻隱」、「關懷的能力」
等來解釋這一個例子時，就不會覺得奇怪了。

我們可以這麼說，對皇侃來說，顏淵、夷齊、老子三人之所以是「仁」，是因
爲他們的表現不止是基本「人性特質」的自然流露，而是能「恕己及人」，能由「惻
隱」來推展出具有積極意義的「仁行」。而公綽、孟之反和原憲三人的行爲表現，
卻只是消極的「人性特質」的自然展現罷了，因此「未及於仁」。所以，我們可以
導出一個結論，「仁」作爲「人性組成成分」看待，只是一種特質。但這種組成特
質的本質，也就是「惻隱」、「同理心」，卻是「仁行」的根源，而「仁行」才是「仁」
的價值所在。

因此，我們可以說，沒有「仁性」這種天生的「質性」存在，也就無法導出有
意義有價值的「仁行」。對皇侃而言，雖然「仁」的意義價值所在並不在於「仁性」，
而是在於「仁行」，但若脫離質性「仁」來談「仁行」，則無法瞭解「仁」的質性和

〔註5〕 案：此處原無「不」字，然考其上下文路，應漏一「不」字，故在此補上。

德行的雙生面相，更無法對照出「行仁」的可貴與積極性。這對於持德性論、將「德行」視爲「德性」必然的思想家而言，可以說是很不同的思考對照。

明白了這一點之後，我們接下來就要來談「仁」的另一個面向：「仁的德行義」與表現。

第二節　仁的德行義與表現

我們前面說過，皇侃《論語集解義疏》討論「仁」這個概念時，有兩種面相：一、「仁」是「質性」，二、「仁」是「行盛」。前者由人性特質的角度來說明，後者由德行的角度來解釋。「仁」作爲「質性」義言，並沒有道德價值判斷，我們充其量只能說，「性仁」之人的行爲表現常常是正面的、有利他人的，所以我們肯定這種「人性特質」的「好」。而縱然「性仁」的特質爲我們所認同，但如果沒有自覺地從「仁性」推展出「仁行」，就談不上可貴。因此，不自覺的自然「人性特質」的流露，就只能從欣賞的角度來看；對皇侃而言，「仁性」眞正要有道德價值可言，必須落在「仁行」上，也就是由「惻隱」推出的行爲表現上。

由「德行」的角度來詮釋並凸顯「仁」的價值，是皇侃《論語集解義疏》裡非常重要的思考偏向。本章所要討論的「仁行」，可視爲是此種「德行」要求與重視下的一個代表性說明。

一、「仁是萬行之首」

前面我們說「仁」是五德之初，在《論語集解義疏》裡，皇侃更說他是「萬行之首」〔註6〕：

> 仁、水、火三事，皆民人所仰以生者也。水火是人朝夕所須，仁是萬行之首。故非水火，則無以食；非仁，則無有恩義。若無恩及飲食，則必死無以立世，三者並爲民人所急也。然就三事之中，仁最爲勝，故云甚於水火也。……水火乃能治民人，民人若誤履蹈之，則必殺人，故云「水火吾見蹈而死者」也。而仁是恩愛，政行之故，宜爲美。若誤履蹈之，則未嘗殺人，故云「未見蹈仁而死者」也。

「仁」爲什麼「甚於水火」呢？孔子並沒有說明。朱熹《論語集注》的解釋是：「……但水火外物，而仁在己。無水火，不過害人之身；而不仁則失其心。」朱熹認爲，

〔註6〕　《論語·衛靈公第十五》：「子曰：『民之於仁也，甚於水火。水火吾見蹈而死者矣，未見蹈仁而死者也。』」。

水火是外物，而「仁」是人的主體所在。無水火，不過是不足以支援人的肉體存在，而無「仁」就失去了人的本心本體。對朱熹來說，「仁」的重要性在於他展現了人的主體存在。人可以沒有肉體，卻不能沒有本心。沒有本心主體的人，對朱熹來說，大概和行屍走肉沒有兩樣。從這段解釋中我們可以瞭解朱熹對「仁」的看法著重在人的本心主體方面，尤其是在肉體與精神的對立中展現得最清楚。這是我們一般在研究「仁」的時候普遍採取的角度。但我們如果看皇侃的解釋，就會發現在南北朝時代，有另一種解釋角度。

皇侃認為，水火是人朝夕所須，人必須仰賴水火飲食而生；更甚者，水火所代表的民生所需乃是治國的根本，沒有最基本的生活條件，人民就容易為了需求而作奸犯科。而「仁」呢？「仁」之所以「甚於水火」，是因為他是「萬行之首」。換言之，「仁」的重要性在於：「非仁，則無有恩義。若無恩及飲食，則必死無以立世，三者並為民人所急也。然就三事之中，仁最為勝，故云甚於水火也。」由這段說明我們可以知道，皇侃將「仁」視為「立世」的必要條件。也就是說，皇侃對「仁」的思考偏向以社會全體為背景的方向。這時候，「仁」變成了一種處身立世的表現，一種行為的展現。一個人若是缺乏飲食，那麼想活下來是非常困難的；同樣的，一個人若是沒有「仁」（恩義），則想在群體裡立足也是非常困難的。無法在群體中立足，對個體而言，無異也是一種滅亡，因為人是無法單獨存在而產生意義的。

因此，對皇侃來說，「仁」最重要的意義展現在與群體的互動基礎上，不在天生自然的「人性特質」上。因為「仁」是與人相接、是處世的態度、是行為實踐，所以才能說是「德行」。「德行」必是在群體中才能彰顯價值。而「仁」的「德行」意義就是「恩」。「恩」是什麼呢？「恩」就是「利他」，或者我們還可以更白話地說，「恩」就是使他人幸福。而這種「恩」就是「仁行」的基本。

皇侃在《論語集解義疏・陽貨第十七》「宰我問三年之喪」章中說：「仁猶恩也」，又將「予之不仁也」的「不仁」解釋為「無恩愛之心」。這章的中心主旨在於宰我認為三年之喪期太久，而孔子認為「子生三年，然後免於父母之懷」，而宰我「也有三年之愛於其父母乎？」我們前面解釋過，「孝」是「仁」之本，在這裏再一次得到印證。而「仁」和「孝」如何能關聯上呢？前面我們討論過，皇侃經由「惻隱」說明產生在親人之間最基本的關懷，可以推而為對其他無血緣關係者的關心和重視。在這裏，「恩」就是親情最具體的說明。

在這章中，孔子以「子生三年，然後免於父母之懷」說明父母對子女的「養育之恩」，而子女也應該為父母守三年之喪作為「最低回報」。在這樣的因果關係中，「恩」很顯然是一種單向付出，而「付出」這項舉動絕對是「利他」、「保存他人」的行為。

這種行為產生於最簡單的父母對子女的關懷，而終至擴大到對所有「我」以外的生命的幫助。至於子女的「回報」，也可以說是這種關懷付出的延伸。這就是皇侃在這章中解釋「仁猶恩也」的道理。

不過，朱熹《論語集注》的解釋卻正好相反，朱熹認為：「言由其不仁，故愛親之薄如此也。」反而是將「仁」視為「愛親」的前提條件。因為宰我不仁，所以才會對父母的愛才會如此之薄。而且認為孔子如此說是為了：「使之聞之，或能反求而終得其本心也。」如果依照朱熹的解釋，那麼恐怕很難整體地解釋孔子所說：「孝悌也者，其為仁之本與」的內在關聯。在《論語》的本文中，孔子之所以說宰我不仁，是因為看不到宰我對父母之恩的感念。換句話說，仁人必定是孝子，而孝子不一定是仁人；「孝」是「仁」之基本，宰我無法做到最基本的孝，所以孔子能由此判定他不仁。就此處來看，朱熹的解釋對原始的《論語》經義而言，恐怕是本末倒置。

其次，皇侃認為孔子在這章中問宰我「安乎」的問題，是因為「君子之人，居親喪者，心如斬截，故無美食衣錦之理。」、「聖人依人情而制苴麤之禮」，所以是「不可安於食稻衣錦也」。而朱熹則是認為：「夫子欲宰我反求諸心，自得其所以不忍者」。朱熹和皇侃兩人同樣都認為所謂「不安」是出於「心」的不安，但皇侃認為此「心」是出於人之常情的「孝心」，而朱熹則認為是「本心」主體的「心」，也就是「仁」。這是皇侃和朱熹非常不同的一點。

我們比較皇侃與朱熹的說法，皇侃對於「仁」的實質定義始終在實際行為表現上，因為有實際的行為實踐與表現，所以德目才有價值。意義產生於行為本身，在人與人的互動中，「德行」才有決定性的意義。而對朱熹，或者說持心性論觀點的學者而言，「仁」的意義卻來自於對先天超越「德性」的完成要求。「仁」固然能說「愛人」，但「仁」的主要意義卻不在個體與群體的互動中，而是個人自我「德性」的完成。由這一點，我們可以清楚地看出皇侃由「德行」的角度來說明「仁」與朱熹由「德性」的角度來詮釋「仁」的不同點。

對「仁行」的重視與詮釋偏向，在《論語集解義疏》中隨處可見。如皇侃在解釋「志士仁人無求生以害人，有殺身以成仁」〔註7〕一章時說：

> 既志善行仁，恆欲救物，故不自求我之生以害於仁恩之理也。……

在這段話裡，「仁」即是一種實行、一種實現。皇侃說「仁」時，說他是「仁恩」，而不是「仁愛」。「恩」的本質是「救物」，是使他人得到幫助，這才是「仁」的「德行」義。不過，如果我們去看漢代和宋代的解釋，會發現普遍的狀況是將「仁」視

〔註7〕《論語·衛靈公第十五》。

爲「仁愛」，認爲「仁」就是「愛人」。這樣的解釋大概是根據《論語・顏淵第十二》「樊遲問仁」章中孔子的話所下的解釋。在這一章中，樊遲問孔子：「何謂仁？」孔子很簡單地說：「愛人」。乍看之下，似乎「愛人」是孔子爲「仁」所下的定義，但事實上，我們必須考慮孔子「因材施教」的習慣，如果歸納比較《論語》中孔子回答眾弟子所問之「仁」，則「愛人」顯然並不是「仁」的本質。「仁」顯然比「愛人」的範圍更大。

同樣在這一章裡面，邢昺《論語注疏解經》的解釋也將「仁」視爲「愛人」：「愛人者，言汎愛濟眾是仁道也。」而朱熹的說法則和皇侃較爲接近，朱熹認爲：「愛人，仁之施。」「愛人」是「仁」的表現，不是「仁」本身。當然，我們前面說過，朱熹的「仁」偏向於先天道德的理來說，強調的是個人的本心主體。皇侃對「愛人」的看法和朱熹相近，認爲「愛人」是「仁」的表現，卻不能說就是「仁」本身。

對皇侃與朱熹而言，他們對於「愛人」不能稱爲「仁」的看法是一致的，但彼此內在所持的理由理由卻不相同。朱熹認爲「愛人」不能稱爲「仁」的原因在於「仁」是「心之全德」，而「愛人」是由「仁心」而出的一種行爲表現而已，因此不能就說「愛人」是「仁」。而皇侃則認爲不能直把「仁」說成「愛人」，是因爲皇侃對「仁」的思考重點在於個體與群體的互動，認爲「仁」的意義在於「行仁」。「愛人」不能稱爲「仁」，皇侃的解釋是：「仁以惻隱濟眾，故曰愛人也。」也就是說，所謂的「仁」，是以「惻隱」之心「濟眾」，所以說能「愛人」。因此，「愛人」是「仁」的表象，是「行仁」而能的行爲表現，不能說是「仁」本身。

此外，即使何晏《論語集解》中收錄的漢及魏晉的注解，常常將「仁」解釋爲「愛人」，皇侃也不朝這方向解釋。皇侃最常用來說明「仁」的表現的用詞是「施」、「濟」跟「救」。譬如：

　　《論語集解義疏・里仁第四》「里仁爲美」章：「仁者，博施濟眾也。」

　　《論語集解義疏・述而第七》「志於道」章：「仁者，施惠之謂也。施惠於事宜急，故當依之而行也。」

　　《論語集解義疏・子罕第九》「子罕：言利、與命、與仁」章：「仁者，惻隱濟眾，行之盛者也。」及「仁者不憂」章：「仁人常救濟爲務，不嘗侵物，故不憂物之見侵患也。」

　　《論語集解義疏・衛靈公第十五》「當仁不讓於師」章：「仁者，周窮濟急之謂也。」

　　《論語集解義疏・陽貨第十七》「陽貨欲見孔子」章：「仁人之行，當惻隱救世，以安天下。」

以上所舉的例子，都非常明顯地將「施」或「濟」等等視爲「仁」的具體展現，也同時視爲「仁行」的定義。而不論是「博施濟眾」或是「施惠」、「周窮濟急」、「惻隱救世」，我們都可以發現，這些行爲都是「利他」、「助人」的表現。將「仁」視爲一種個體在群體中的活動表現，將「行仁」視爲「仁」最主要也是最重要的價值意義，是皇侃釋「仁」的最大特色。

對皇侃來說，個體在群體中展現出「利他」、「助人」的實際行爲實踐，就是「行仁」。身而爲人，除了自己，還能關心周遭的人，能付出、幫助其他的存在個體，使他人得到幸福，這是一種十分可貴的行爲；而認眞地爲他人謀幸福，將之視爲自己的責任，是更可貴的精神。所謂「志善行仁，恆欲救物，故不自求我之生以害於仁恩之理也。」我們前面說過，皇侃視「仁」爲「五德之初」，爲「萬行之首」，正是因爲「仁」的發端可以由個體乃至小團體，進而推展至整個族群。人處於族群團體之中，所作所爲必然牽涉到其他人，不管能否被認同，這都是有關聯的。這樣的思考模式必然是將「仁」視爲一種「德行」，並肯定其價值和意義。

所以，「仁行」才是「仁」作爲「五德」之一的意義與價值所在。「行仁」的具體表現是「博施濟眾」、「周窮救急」、「施恩」等等，而在這些行爲表現的背後，還有一種超越行爲、對「仁」的精神解釋，那就是「仁是行盛」。一時之間達到「仁」、「行仁」其實並不難，但如我們前面所言，將爲他人謀幸福的責任視爲己任，並且認眞地、不斷地持續爲這個信念努力，這才是「仁」的眞正精神所在。我們接下來就要來討論皇侃《論語集解義疏》中論「仁是行盛」這樣的觀念。

二、「仁是行盛」

「仁是行盛」這樣的觀點非常清楚地將「仁」視爲「德行」，而非「德性」。但這是否就代表皇侃認爲「仁」的意義只在實踐上講呢？其實不然。除了前面所說，皇侃將「仁行」解釋成「博施濟眾」、「周窮救急」、「施恩」以外，皇侃也非常強調「仁是行盛」這樣的觀念。

關於「仁是行盛」，皇侃在《論語集解義疏・子罕第九》「子罕：言利、與命、與仁」章中有比較整體的說明：

> 仁者，惻隱濟眾，行之盛者也。……仁是行盛，非中人所能，故亦希說許與人也。然希者，非都絕之稱，亦有時而言與人也。……孟武伯問子路、冉求之屬仁乎，子曰不知；及云楚令尹陳文子焉得仁，是不與人仁也。而云顏回三月不違仁，及云管仲如其仁，則是說與人仁時也。

在這段解釋中有兩個重點：一、「仁」是「惻隱濟眾」、「行之盛者」，二、「仁是行盛，

非中人所能」。這一小段解釋包含了我們上一章與本章的所有重點，同時，「仁是行盛」也說明了代表了「仁」的精神層次所在（更暗示了「成仁」的期待與要求）。

　　整體來說，「仁」分爲「質性義」和「德行義」。前者就「人性特質」言，後者就「德行實現」言；而牽連著兩者的，是個體對其他個體的「同理心」，也就是「惻隱」。我們前面說過，如果「仁」光只是「人性特質」與順自然天性而爲，那麼並不足以作爲「五德之初」、「萬行之首」。「仁」之所以能被視爲「五德之初」、「萬行之首」，乃是因爲有自覺、積極的行爲表現，也就是能「行仁」。而這種表現來自於「惻隱之心」。以「惻隱」爲出發點，能去關懷、幫助其他個體，乃至於整個個體所屬的群體，從「惻隱」進一步推出「行仁」的實際行爲實踐，這才是「仁」的價值意義所在。

　　我們上一節討論過，「性仁」所指的是一般的人性特質，我們也可以視爲每個人的天生人格特質，因此有性智者，也有性仁者，這是就天性特質的方面來說。就這個層面而言，「人性特質」的程度不同，也注定了能達到的德行實現層次不同。就中人而言，中人的人格特質裡也有「仁」這種「質性」，但因爲不是主要特質，所以比較難全面展現出「仁」的面貌。其次，這裏的中人同時也代表著「道理學習層次」的不同。就如我們上一章論「性分」時，曾討論到的學習問題，不同「性分」的人能學習明白到的道理是不同的。因爲這種先天的差異，所以「仁是行盛，非中人所能」。

　　爲什麼中人不能達到「行盛」呢？因爲「行盛」不只是一種實現，「仁是行盛」說明了「仁」的實踐背後還有一種信念的精神存在。這種精神信念，是來自於「本性」、「道理學習」、「實踐」和「體認」等各方面的促成，所以「非中人所能」。

　　首先，我們先從同一章中，皇侃疏何晏注來說明。在同一章中，皇侃疏何晏注曰：

　　　　云「仁者，行之盛也」者，仁、義、禮、智、信五者，並是人之行，而仁居五者之首，主生，故曰行盛也。云「寡能及之」者，天道微妙，天命深遠，仁道盛大，非人所能知及，故云「寡能及之」也。

皇侃在這一段解釋裡認爲「仁」、「義」、「禮」、「智」、「信」都是「人之行」，並且解釋「行盛」是「生」，不息不止，因此才能說：「仁道盛大」。「盛」除了不息不止外，還是「大」。而不止不息的「仁道」，並不是人（中人）所能「知」且「及」，所以孔子「希說許與人也」。

　　從以上的說明我們可以得知，「行盛」絕不只是「有時及之」而已，他必然是不間斷的堅持，這種堅持是一種信念，能「知」同時也能「及」，知之甚深同時能行之

不墜，這才能說「盛大」。因此，「行盛」是「仁」的最高表現與精神所在，這個層次的「仁」是持續的行為實踐與深刻道理認知的雙重成果，是一種恆常表現，永不止息。「行盛」即說明了「仁」同時也是理念、信念、精神存在。

皇侃在解釋顏淵「其心三月不違仁」章〔註8〕時，說：

> 仁是行盛，非體仁則不能。不能者心必違之，能不違者，唯顏回耳。……
> 其餘謂他弟子也。為仁並不能一時，或至一日，或至一月，故曰「日月至
> 焉而已矣」。

這段解釋裡的「體」，照皇侃的思考系統來分析，可以解釋為「體質」的「體」，也可以解釋成「體會」、「體認」的「體」。前者可以從天生「人性特質」的角度說明，但從這個角度無法說明「行仁」的積極意義和可貴，頂多只能消極地說明「性仁人」順性的流露。而後者即是從「德行實踐」的角度來解釋，認為「仁」是不斷地實踐，不止不息，終至內化，其心不違。因此：「為仁並不能一時，或至一日，或至一月。」中人並非不能「行仁」，而是中人能一時做到「仁」，卻無法持續，將之內化，所以說「不能者，心必違之」。而「心能不違」的，必然是有所「體會」、「體認」，能將之內化為自己的一部份去堅持和實踐，這才能說是「體仁」，也才能說是「行盛」。

所以皇侃認為，顏淵能「其心三月不違仁」，是因為能「體仁」，能認識到「仁」的真正精神，並將之內化。而這種信念的體認，絕不只是「性仁」就可以達到的。這種透過持續的行為實踐，並且將實踐內化為對生命的體認，就叫做「行盛」。因此，對皇侃而言，「仁」不在「行仁」上強調，不就「德行」義言，就失去了「仁」的價值所在。透過行為實踐，才能進一步彰顯精神的存在。宋儒將「仁」視為「心之全德」的說法，將很容易流為玄虛空談，而忽略實踐本身的意義。

接下來，我們要來討論「仁功」與「仁德」的不同。「仁功」與「仁德」能說明「仁」在不同層次的完成。

第三節　「仁功」與「仁德」

本章最後一個部份，我們要來討論「仁功」與「仁德」。我們一直強調，皇侃將「仁」分為「性仁」與「行仁」，本章第一節即是有關「性仁」的討論，而第二節則是有關「行仁」的問題。緊接著第三節，我們要來說明「仁功」與「仁德」的問題。

為什麼需要談論「仁功」與「仁德」呢？我們知道，在《論語》中，孔子對「仁」

〔註8〕　《論語・雍也第六》。子曰：「回也，其心三月不違仁。其餘則日月至焉而已矣。」

的說明十分多樣，這一方面是由於「因材施教」的緣故，另一方面也是因為從各個不同角度來談「仁」的關係。譬如在《論語》中，涉及對「仁」的判斷章節裡，孔子對管仲的評論一直是十分特別的。管仲的私德不佳，就是孔子也曾批評過，但在《論語》中，孔子卻也是屢次稱許管仲有「仁」。如果我們將「仁」視為至高無上的心性義，那麼「孔子許管仲以仁」這個例子將很難加以解釋。在朱熹《論語集注》中，就曾為這個問題對孔子提出過質疑與解釋。這個問題在朱熹釋「仁」的系統下找不到合理的說明，但在皇侃的看法中卻是毫無疑問的。我們也可以說，「仁功」與「仁德」即是仁的成果，亦即「成仁」；「孔子許管仲以仁」在這個方面討論，則可以有比較清楚的認識。

其次，由這個問題推展出來的，是「成仁」的兩個層次：君子之「仁」與君王之「仁」。將「成仁」分為兩個層次來討論，是皇侃《論語集解義疏》的另一個獨特觀點。所以首先我們先來討論《論語》中，孔子對管仲的評價及皇侃和朱熹對這個評價的詮釋。

一、關於「仁功」—由「管仲如其仁」談起

關於孔子對管仲的評論，在《論語》裡有四處，分別是：

（一）

> 子曰：「管仲之器小哉。」
>
> 或曰：「管仲儉乎？」
>
> 曰：「管氏有三歸，官事不攝，焉得儉乎！」
>
> 曰：「然則管仲知禮乎？」
>
> 曰：「邦君樹塞門，管氏亦樹塞門；邦君為兩君之好有反坫，管氏亦有反坫。管氏而知禮，孰不知禮也？」（《論語‧八佾第三》）

（二）

> 或問子產。子曰：「惠人也。」
>
> 問子西。曰：「彼哉！彼哉！」
>
> 問管仲。曰：「人也。奪伯氏駢邑三百，飯疏食，沒齒無怨言。」（《論語‧憲問第十四》）

（三）

> 子路曰：「桓公殺公子糾，召忽死之，管仲不死，曰未仁乎？」
>
> 子曰：「桓公九合諸侯不以兵車，管仲之力也。如其仁！如其仁！」（《論語‧憲問第十四》）

（四）

> 子貢曰：「管仲非仁者與？桓公殺公子糾，不能死，又相之。」
>
> 子曰：「管仲相桓公，霸諸侯，一匡天下，民到於今受其賜。微管仲，吾
> 其被髮左衽矣！豈若匹夫匹婦之爲諒也。自經於溝瀆而莫知之也。」（《論
> 語・憲問第十四》）

在《論語・八佾第三》中，孔子不但認爲「管仲之器小哉」，還說：「管氏而知禮，
孰不知禮也？」管仲器量既小，又不知禮，如果以君子的標準來看一定不及格；然
而，孔子在《論語・憲問第十四》中，卻又獨排眾議，稱讚管仲「有仁」，這中間顯
然是有需要說明的地方。

關於「管仲器小」，朱熹《論語集注》的解釋是：

> 器小，言其不知聖賢大學之道，故局量褊淺、規模卑狹，不能正身修
> 德以致主於王道。

朱熹認爲孔子評「管仲器小」，指的是管仲「不知聖賢大學之道」、「不能正身修德以
致主於王道」。簡單地說，就是管仲的人格修養不及格。那麼朱熹如何解釋孔子稱許
管仲「有仁」呢？《論語集注・憲問第十四》「管仲如其仁」章中說：

> 蓋管仲雖未得爲仁人，而其利澤及人，則有仁之功矣。

對朱熹而言，管仲雖然人格修養不足以大觀，但有「仁功」；朱熹認爲管仲「其利澤
及人」，所以說管仲有「仁功」。但是如果就朱熹對「仁」的詮釋來看，「仁」是「心
之全德」，絕對脫離不了人格上的德性修養，那麼，何以管仲非「仁人」而能有「仁
功」？「仁人」跟「仁功」有何關係？「心之全德」的「仁」跟「仁功」有何分別？
關於這些問題，我們在朱熹的《論語集注》裡都看不到進一步的說明。

而在《論語集注・憲問第十四》「微管仲，吾其被髮左衽矣」章，從朱熹引程子
的討論與他自己的說明中，更出現明顯的衝突：

> 程子曰：「……若計其後功而與其事桓，聖人之言，無乃害義之甚，
> 啓萬世反覆不忠之亂乎？如唐之王珪、魏徵，不死建成之難，而從太宗，
> 可謂害於義矣。後雖有功，何足贖哉？」愚謂管仲有功而無罪，故聖人獨
> 稱其功；王、魏先有罪而後有功，則不以相掩可也。

就引文來看，程子之所以質疑孔子許管仲以「仁」的合理性，在於管仲的私德根本
不足觀。對程子來說，管仲「不忠」的人格缺失顯然和其功績是不相容的，即使管
仲「其利澤及人」，還是「瑜不掩瑕」。在這段質疑裡，程子是很一致的。程子將「仁」
視爲人格修養的最高表現，高於一切價值；而管仲的人格修養不及格，而孔子卻只
憑管仲的功績許他「有仁」，這對程子來說是本末倒置、於理不通的，所以才會說：

「聖人之言，無乃害義之甚，啓萬世反覆不忠之亂乎？」

如果就整體的詮釋角度來看，程子的質疑是對的，也是必然的。但朱熹卻又針對程子對孔子的質疑做了解釋和說明，這就十分耐人尋味。朱熹認爲管仲「有功無罪」，所以孔子許管仲「有仁」是合理的。爲什麼朱熹認爲管仲「有功無罪」呢？朱熹沒有明說，但我們從朱熹的說明中可以知道，朱熹是認同程子對「功」和「罪」的看法的。只是對朱熹而言，「聖人獨稱其功」是絕對的事實，也不容懷疑，所以兩者中間必須有轉折。這個轉折就是將「仁功」和「私德」分開評論。但其實這樣的轉折在朱熹《論語集注》中關於「仁」的詮釋系統裡是難以說明的。

這個矛盾在朱熹《論語集注》中得不到說明是可以理解的。因爲我們如果整體來看朱熹《論語集注》對「仁」的詮釋，我們可以發現，朱熹系統裡的「仁」顯然跟《論語》裡的「仁」有差異。縱然《論語集注》一書是「注書」，但闡發朱熹自己的思想成分恐怕大些。在這樣的狀況下，有時產生矛盾，也是在所難免的。不過，這樣的問題在皇侃《論語集解義疏》的系統裡，卻可以得到解釋。

皇侃在《論語集解義疏・八佾第三》章中，對於「管仲器小」的解釋是：

> 器者，謂管仲識量也。小者，不大也。言管仲識量不可大也。……然孔子稱管仲爲仁，及匡齊不用兵車。而今謂爲小，又有此失者，管仲中人，寧得圓足？是故雖有仁功，猶不免此失也。

皇侃認爲，孔子之所以一方面「稱管仲爲仁」，一方面又說管仲「器小」，是因爲「管仲中人」的關係。因爲管仲只是中人，所以無法「圓足」。因此，「雖有仁功，猶不免此失」。關於「器」，皇侃解釋爲「識量」。「識量」一方面來自先天質性，一方面也可以得自後天養成。在皇侃看來，管仲是中人，雖然他能用智使「匡齊不用兵車」，但以他個人的人格特質來說，卻不是能眞正明白「仁」的精神與持續朝「行仁」努力的料。

我們前一節討論過，皇侃所謂的「仁」，它的意義在於能關心別人、爲別人付出，進而使他人得到幸福。因此就這一點來看，管仲不廢兵車、不發動戰事就能「一匡天下，九合諸侯」，使全中國百姓不必爲了戰爭傷亡失所，這樣的貢獻的確是非常偉大的。不論管仲的識量、私德如何，一個人而能使千千萬萬的人安居樂業，這樣的功績才是孔子再嘆「如其仁」的原因。所以皇侃在「管仲如其仁」章中又說：

> 管仲有仁之跡。……管仲不用民力而天下平靜，誰如管仲之仁智乎？再言之者，深美其仁也。

因此對皇侃來說，孔子論管仲的識量狹小，並不違背孔子「稱管仲爲仁」。在這裏我們可以不論管仲「匡齊不用兵車」的動機存心問題，而只需看他的行爲表現和結果。

不論管仲是否眞爲了百姓著想，但至少管仲明智的作法讓百姓免於戰事，得到安定的生活，同時也讓中國免於夷狄侵犯，這一點才是最重要的。因此管仲之所以「有仁」，是因爲他有「仁功」，因爲他的行爲帶來有價值的結果。這樣的思考在皇侃的詮釋系統裡是合理且容許的。對皇侃來說，「坐而言不如起而行」，實際的行爲實踐（「德行」）才是意義價值所在。縱然管仲是「中人」，但皇侃更肯定的是管仲的行爲成果，而不是管仲天生「稟氣性定」的部分。換言之，行爲實踐不是過程、手段，行爲實踐本身即是目的，也能作爲成果看待。

在《論語集解義疏・憲問第十四》「君子而不仁者」章中，皇侃也以管仲爲例來說明：

> 此謂賢人以下，不仁之君子也。未能圓足，時有不仁，如管氏有三歸、
> 官事不攝，後則一匡天下，九合諸侯，是長也。

對皇侃來說，除非是像顏淵那樣本性純仁且能明白「仁」的意義和精神，否則一般的中人縱然有時能「行仁」，但卻無法「行盛」不墜。「行仁」是每個人都可以做到的事情，所以皇侃說：「但行之由我，我行即是，此非出自遠也。」〔註9〕只不過「仁者安仁，智者利仁」，顏淵是仁者，所以能安於「仁」，即使行仁對他自身無利有害，他仍然能義無反顧。這一方面是天性，一方面是後天體認。而管仲則如智者，是選擇性地行仁。於人我皆有利而無害，行之；於我有害，止之。這種「仁行」無關乎「心性」，只關係於行爲表現。所以在皇侃的詮釋系統中，孔子一方面「稱管仲爲仁」，一方面又說管仲「器小」，二者並不衝突。

這正如我們前面所言，皇侃論「仁」注重的是「德行」義的「行仁」，而不是超越心性、人格修養的「性仁」。所以在「微管仲，吾其被髮左衽矣」章中，皇侃才會說：

> 匹夫匹婦無大德而守於小信，則其宜也。

程子在這一章中提出質疑是可以理解的，因爲無論如何，一個士人的品德是最重要的，絕沒有不忠不信而還能稱爲「仁」的。但對皇侃而言，管仲雖不守小信，卻能成就大功，這是合宜的；而一般的匹夫匹婦在日常生活中守信也是應當的。這兩者並不衝突，原因就在於皇侃是以「行仁」來說明「仁」的意義。所以：

> 孟武伯問子路、冉求之屬仁乎，子曰不知，及云楚令尹陳文子焉得人，
> 是不與人仁也。而云顏回三月不違仁，及云管仲如其仁，則是說與人仁時
> 也。故云：「子罕：言利、與命、與人。」〔註10〕

〔註9〕　《論語集解義疏・述而第七》：「子曰：『仁遠乎哉？我欲仁，斯仁至矣。』」章。
〔註10〕　《論語集解義疏・子罕第九》：「子罕：言利、與命、與仁」章。

　　「顏回三月不違仁」是就君子的自身的「仁德」方面言,「管仲如其仁」是針對公眾群體爲考量的「仁功」(貢獻)言。管仲的「仁功」是一個最凸顯的例子。而對於皇侃來說,最應該實現「仁功」的人,莫過於君王了。比如《論語集解義疏‧子路第十三》「如有王者,必世而後仁。」章中,孔安國將「仁」解爲「仁政」:「如有受命王者,必三十年仁政乃成也。」而皇侃則更直接明白地說:

> 　　王者,謂聖人爲天子也。……聖人化速,故三十年而政乃大成。必須世者,舊被惡化之民已盡,新生之民得三十年,則所稟聖化易成。故顏延之曰:「革命之王,必漸化物以善道。染亂之民未能從道爲化,不得無威刑之用,則仁施未全。改物之道,必須易世,使正化德教,不行暴亂,則刑罰可措,仁功可成。」……

　　對皇侃而言,王者是指聖人爲天子者,聖人的意義,在於教化,而聖人的教化則需要一個世代的時間和替換,才能完全實現,「故三十年而政乃大成」。這種聖人教化,孔安國說是「仁政」,而皇侃引顏延之言,更肯定是「仁功」。因爲聖人的教化使百姓安居樂業、知禮明恥、幸福快樂,這是一種「貢獻」。施行「仁政」後乃可成「仁功」,換句話說,「仁功」是更實際的、行爲表現的成果。施行「仁政」,是君王的責任,而「仁功」則是君王的貢獻,是眞正造福百姓的成果。因此,皇侃認爲,君王的責任就是造福百姓,只要達到了這個目標,就是好君王。所以皇侃在《論語集解義疏‧雍也第六》「如能博施於民,而能濟眾者,何如?可謂仁乎?」章中說:

> 　　若有人所能廣施恩惠於民,又能救濟眾民之患難,能如此者,何如?可得謂爲仁人否乎?若能如此者,何事是仁乎!乃是聖人之行也。堯舜,古聖天子也。……言前所能之事,乃是聖人之行,而聖人猶病患其事之難行也。既云前事不啻是仁,爲聖所難,故此更答爲仁之道也。言己若欲自立自達,則必先立達他人,則是有仁之者也。能近取譬諸身,遠取諸物,己所不欲,勿施於人;能如此者,可謂爲仁之方也。

　　對孔子而言,「所能廣施恩惠於民,又能救濟眾民之患難」的人就不只是「仁人」,而是「聖人」,這是連堯、舜等古代君王都很難輕易達到的境界。對皇侃而言,堯、舜的意義是「古聖天子也」,聖人爲王,強調的是「廣施恩惠於民,又能救濟眾民之患難」的「仁功」;而如果只是一個「仁人」,則只需要要求做到「己欲立而立人,己欲達而達人」就可以了。這兩種層次的分別,是因爲針對不同的對象有不同的標準。君王的意義在於,相對於群體,他是一個領導者,必須爲謀求群體最大利益而努力,所以「仁功」是君王最大的實現。而一個「仁人」,我們則不會硬是要求他「必須爲謀求群體最大利益而努力」,而是做爲一個相對於其他個體的存在,能展現出尊

重、關懷其他個體的行為,使他人能獲得幸福,成就身為「人」的意義。

到這裡我們就可以說,對皇侃而言,「仁功」是「成仁」的表現之一,「仁功」的意義在於行為實踐對群體的貢獻。這種貢獻乃是「德行」所致,這種行為表現的成果為群體帶來了福利。我們能這麼說,是因為在皇侃的思考系統裡,對行為實踐的重視超乎一切。在皇侃不論動機,只看行為表現的標準下,能為他人帶來幸福、利他的行為本身就具有完整的意義與價值,同時也是目的所在。因此,我們從皇侃的《論語集解義疏》中能看到,在這種不同的標準下,對「仁」的不同要求,也能瞭解孔子對管仲評價的兩極化。

至於個體自身「仁德」的要求,我們就以「顏淵問仁」來說明。

二、關於「仁德」—由「顏淵問仁」談起

相對於要求君王的「仁功」,皇侃認為,對一個君子而言,他應該成就的是「仁德」。這裡所謂的「仁德」,並不是就超越的道德性來說,而是「合於仁的要求的德行」。在立身方面,勉勵自己的行為表現合於仁的要求,在處世上,「仁」就能展現出體貼、關懷、使他人幸福的面貌。我們沿用前面小節結尾所舉《論語集解義疏·雍也第六》「如能博施於民,而能濟眾者,何如?可謂仁乎?」章為例來說明君子的「仁德」:

> 若有人所能廣施恩惠於民,又能救濟眾民之患難,能如此者,何如?可得謂為仁人否乎?若能如此者,何事是仁乎!乃是聖人之行也。堯舜,古聖天子也。……言前所能之事,乃是聖人之行,而聖人猶病患其事之難行也。既云前事不當是仁,為聖所難,故此更答為仁之道也。言己若欲自立自達,則必先立達他人,則是有仁之者也。能近取譬諸身,遠取諸物,己所不欲,勿施於人;能如此者,可謂為仁之方也。

前面說過,「廣施恩惠於民,又能救濟眾民之患難」對皇侃來說,是屬於聖王的「仁功」,此時「仁」的對象是群體,所以必須求「大功」(公利);而「己若欲自立自達,則必先立達他人」則是仁者之德,這樣的「仁德」可以透過「能近取譬諸身,遠取諸物,己所不欲,勿施於人」的方式來達成,此時「仁」的展現是在「待人接物」上。而討論「待人接物」,就必須由行為表現來看。

關於君子之「仁德」,我們可以以「顏淵問仁」的例子來說明。

《論語·顏淵第十二》「顏淵問仁」章:

> 顏淵問仁。子曰:「剋己復禮為仁。剋己復禮,天下歸仁焉。為仁由己,而由人乎哉?」顏淵曰:「請問其目?」子曰:「非禮勿視、非禮勿聽、

非禮勿言、 非禮勿動。」顏淵曰：「回雖不敏，請事斯語矣。」

在「顏淵問仁」這一章中，孔子以「克己復禮」來說明「仁」，又以「非禮勿視、非禮勿聽、非禮勿言、非禮勿動。」說明「仁」的實踐條目，這樣的說明，在《論語》中非常特別。馬融的解釋是：「剋己，約身也。」孔安國則說：「身能反禮，則爲仁矣。行善在己，不在人者也。」而皇侃的解釋是：「言若能自約儉己身，返反於禮中，則爲仁也。」

首先，皇侃將「克己」解爲「約儉己身」，將「復禮」解爲「返反於禮中」。不論是「約儉」、「約身」還是「於時爲奢泰過禮，故云禮也」，這都是個人行爲的表現；其次，「非禮勿視、非禮勿聽、非禮勿言、非禮勿動。」作爲實踐的條目，有兩個對象，一是他人、一是人自身。因此我們可以知道，當皇侃在解釋孔子對顏淵說「仁」時，著重的是「個人德行」的層面。

皇侃談「仁」時，始終強調「仁」的行爲表現，不論是「施惠」或「濟眾」，都有付出的對象。換言之，即是藉由個體與其他個體或群體的互動中所呈現出的「行仁」表現與成果來討論「仁德」。也就是說，對皇侃而言，「仁」不能脫離人我之間的關聯而單獨就個人德性論。因此當我們來看皇侃對「仁德」的解釋時，勢必從「立身處世」的表現和「行仁」實踐方面來談。唯有從自身與他人的相應來討論「仁」，「仁」做爲個人德行的表現才有實際的存在意義。因此，「克己復禮爲仁」顯然不是以個人心性修養爲出發點，而是指對個人行爲的要求而言。

談到「禮」，必定關聯到他人。「約儉己身，返反於禮中」說明的是合度—無論出發點多好的行爲，仍然要在規範內進行、在人群中和諧地展現。因此此章後半段談「剋己復禮，天下歸仁焉。爲仁由己，而由人乎哉？」時，皇侃則解釋爲：「言人君若能一日克己復禮，則天下之民鹹歸於仁君也。……行仁一日而民見歸，所以是由己不由他人也。」雖然皇侃說的是仁君，但此時並不從仁君應求的「仁功」（貢獻）來說，而是就仁君個人應成就、完成的「行仁」實踐來看。仁君的行爲表現有著示範作用，仁君「克己復禮」，百姓才會敬服。「行仁」是由己不由人的，所以「克己復禮爲仁」的重點更落在後半段的「天下歸仁」及「爲仁由己」。

因此，由「顏淵問仁」章中，我們可以發現皇侃除了「仁功」，也認爲君子乃至君王，需有「仁德」的展現。「仁」不僅只是「氣性」、「行爲」、「功績」，他還是「德」；此「仁德」是「行仁」的成果，能被他人認同和敬服。能使「天下歸仁」，正說明了此種行爲成果受到群體的肯定和讚揚。這種得到肯定和敬服的行爲就有了價值判斷，而能稱爲「善」。所以皇侃在《論語集解義疏·里仁第四》中即說：

言人若誠能志在於仁，則是爲行之勝者。故其餘所行皆善，無惡行也。

（子曰：「苟志於仁矣，無惡也。」章）

……言若好仁者，則爲德之上無復德可加勝此也。（子曰：「我未見好
仁者，惡不仁者。」章）

簡言之，「仁德」不只是良好的行爲展現，同時它也有群體賦予的價值判斷意義。所
以說「仁德」是「成仁」的另一種層次說明。

最後，我們要來討論的，是此種「仁德」與「學習」的關係。

我們討論「仁德」作爲個人「行仁」的整體表現，自然可以把「氣性」和「仁
功」摒除不論，純粹就個人立身處世的行爲實踐方面來說明。在《論語集解義疏・
子張第十九》：「子夏曰：『博學而篤志，切問而近思，仁在其中矣。』」章中，皇侃
解釋道：

言人當廣學經典而深厚識錄之不忘也。……能如上事，雖未是仁，而
方可能爲仁。故云仁在其中矣。

皇侃認爲人透過「廣學經典而深厚識錄之不忘」，然後能學習「行仁」的道理。學習
經典不是「仁」，但透過學習，廣學經典，思考反省先王之道、聖人之言，方能明白
「仁」的道理，進而化爲行動表現去「行仁」。「仁行」能爲「行之勝者」，他的意義
在於積極的價值肯定。摒除消極的「性仁」不論，「行仁」的開展才是意義所在。

對中人而言，「行仁」可藉由受教育來學習養成。透過學習和教育，中人能夠明
白身爲人，立身及處世的道理。這種透過教育學習的「仁」最特別的地方在於，人
（中人）藉由教育來學習表現出良好合宜的行爲，這種良好合宜的行爲更能確立人
作爲個體處於其他個體群之間的位置。因爲人天性無善無惡，所以更需要透過受教
育來學習正當合宜的行爲，才能在群體間立足、找到自己的位置，也就是我們說的
「立身處世」。

因此，對皇侃而言，「行仁」而能有「仁德」，是後天行爲實踐表現的成果，較
諸天生「氣性」的特質而言，有更積極的意義。關於皇侃對「仁」和「學」的看法，
我們還能從《論語集解義疏・陽貨第十七》「六言六蔽」章，皇侃對「好仁不好學」
的解釋中清楚看到：

然此以下六事，謂中人也。夫事得中適，莫不資學。若不學而行事，
猶無燭夜行也。仁者博施周急，是德之盛也，唯學者能裁其中；若不學而
施，施必失所，是與愚人同，故其蔽塞在於愚也。

就如我們前面所說，皇侃認爲「學習」和「仁」的關係，是就中人來說的。摒除上
智和下愚不論，「夫事得中通，莫不資學。若不學而行事，猶無燭夜行也。」就皇侃
的觀點來看，學習的功用在於能行事合度合理，這還是落在行爲表現上來討論。而

更重要的是：「仁者博施周急，是德之盛也，唯學者能裁其中；若不學而施，施必失所，是與愚人同，故其蔽塞在於愚也。」「仁」雖然是「德之盛」，但只有靠「學習」才能合度合理地「行仁」，如果沒有經過學習和教育，那麼不合規範、盲目地付出，結果則和愚人沒有兩樣。

因此我們總的來說，「仁德」代表了對「行仁」實踐的肯定。而「德」這樣的概念也牽涉到他人及群體，因為如果只就人自身來看，根本無所謂有德無德；「德」是受肯定的價值判斷，代表他人對我的正面評價。因此，「仁德」不只是「行仁」，「行仁」惟有在合度、合理的情形下，得到他人的肯定，才能稱為「仁德」。所以君王求「仁功」，造福百姓，得到百姓的愛戴；而君子求「仁德」，受到族群的肯定和認同。不論是「仁功」或者「仁德」，都可視為是「成仁」的不同層次表現。

對皇侃來說，「仁」不能只是「個體」的修養，它必然牽涉到自我、他人、群體間的互動關係。同時，對「行仁」的肯定也是皇侃論「仁」最重要的關鍵所在。

第四節　小　結

總結整章，我們將皇侃《論語集解義疏》裡對「仁」的解釋角度，分為「質性義」和「德行義」。前者就「人性特質」言，後者就「德行實現」言；而牽連著兩者的，是個體對其他個體的「同理心」，也就是「惻隱」。

當皇侃將「仁」視為「質性」時，「仁」只是一種特質，並不具有特別的價值意義。因此，即使「仁」這種特質能表現出良好的行為特徵，也只是「順性」而已，並沒有積極自覺的道德價值與意義。所以，皇侃將「仁」解釋為「質性」固然是非常特別的思考方式，也和我們熟悉的心性論說法大異其趣，但這樣的解釋卻並非是皇侃的重點所在。

在《論語集解義疏》中，皇侃對「仁」的解釋主要著重在將其視為行為表現與實踐，也就是「行仁」。我們前面說過，朱熹在《論語集注》中將「仁」視為「心之全德」，乃是視「仁」為心性義，是「天理」，並且認為「仁」是存天理，去人欲。關於朱熹與皇侃對「仁」的不同詮釋基礎，我們之前在文章中已經討論。在結論中，我們想試著說明皇侃詮釋背後所透露出的不同思考角度。

皇侃認為「仁」是「利他」、「施予」、「付出」，這是將「仁」視為能超越人性本能自私的表現。朱熹認為「仁」是存天理、去人欲，顯然將「人欲」視為人性中黑暗不可取的部分，而「仁」則是超越的純善。因為朱熹將「仁」視為內在的「德性」，屬於個人的內在道德修養範圍，所以朱熹將「仁」與「人欲」對立的傾向顯而可見。

而皇侃和朱熹最大的不同處即在於，皇侃不認爲「仁」是私領域的個人心性修養，而是個人面對、處身於公領域之中的行爲表現。

對皇侃而言，「仁」是「使他人得到幸福」，是「付出」、「施予」，不是「去除自私」，而是「超越私欲的本能要求」。如此一來，「仁」和「人欲」或自私並不完全抵觸，也就是說，仁者不必無私、無人欲。只要是有形體、處於群體的人，必然就會有「我」這樣的想法存在，「我」的存在來自於和他人的區隔，而有「我」就必然有「私」有「欲」。但「我」、「私」、「人欲」並不一定抵觸「公」和「利他」。子曰：「己欲立而立人，己欲達而達人。」皇侃解釋爲：「此更答爲仁之道也。言己若欲自立自達，則必先立達他人，則是有仁之者也。能近取譬諸身，遠取諸物，己所不欲，勿施於人；能如此者，可謂爲仁之方也。」顯然皇侃認爲有仁之人能將「利他」置於「己欲」之前，而這種行爲的根本則是「能近取譬諸身，遠取諸物，己所不欲，勿施於人」，也就是「同理心」的發揮。

相較之下，朱熹則認爲：「於此勉焉，則有以勝其人欲之私，而全其天理之公矣。」又說：「君子之心公而恕，小人之心私而刻。天理人欲之間，每相反而已矣。」（註11）對朱熹而言，「人欲」和「天理」是互相抵觸的，必去人欲才能全天理。因此就朱熹而言，論「仁」的角度必然放在「我」這個本體中來解決天理和人欲衝突的問題。

因此我們可以發現，皇侃釋「仁」的基礎主要建立在人我接處之際，個人的行爲表現。唯有透過人我的接待、讓「己欲」和「利他」能共存，使自己能安身立命，這才是「仁」的展現。也就是說，透過行爲實踐才能看到精神，否則精神只是空談。朱熹由超越心性來談「仁」固然能讓「仁」在理論上提高到更純粹的境界，但對皇侃而言，「仁」卻是行爲實踐的表現。只有在行爲事件的互動中，「仁」才能展現、存在。

本章我們由「性仁」談起，作爲「行仁」的對照，最後討論到「仁功」及「仁德」的「成仁」部分，即是由個人特質論起，及至個體與他人及所處團體的互動與對行爲的認知，最後談到他人、團體與個人行爲之間的關係與影響。皇侃論「仁」不脫人我接處之際，這是皇侃的特色，在《論語集解義疏》中也隨處能見到這樣的基本想法。下一章，我們將要討論皇侃《論語集解義疏》中對「道」與「德」的思考，仍然也是由這個角度出發。就皇侃而言，個人與群體的關係，似乎是他整體思考的基本。

〔註11〕《論語集注·子路第十三》「君子易事而難說」章。

第四章　論「道」與「德」

我們這一章所要討論的，是皇侃在《論語集解義疏》中對「道」與「德」的看法。簡單來說即是：「道」是「德」所據以立者，而「德」則是「道」展現的成果；「道」是內，「德」是外。而「道」與「德」的關係，正如我們上一章最後一節結尾所說，是以個體在群體之中的思考為背景，來說明個體與群體的互動。「道」較之於「仁」，是人「內在」的獨立說明，「德」相對於「道」，則是「道」外顯展現的成果，關乎群體對個體行為表現的評價和認同。而「仁」之於「德」，則是個體在群體中的行為實踐，同時也是「德行」實踐思考最具體的代表。正因為「仁」、「德」、「道」的關係十分密切，所以在論「仁」之後，緊接著就必須說明「道」和「德」。

第一節　論「道」

在討論皇侃《論語集解義疏》中「道」的意義之前，我們必須先瞭解一點：在《論語》中，對「道」的指涉常是猶疑不定的。根據皇侃《論語集解義疏》中載錄的《論語》原文中的「道」字來做統計，「道」字共出現在五十六個章節中，計八十五處。而依據楊柏峻《論語譯注》〔註1〕一書所附錄的統計來看，當作名詞用法的「道」，就有四種意思之多；而就其書的分類，所謂「孔子的術語」一項的意思內容來看，對「道」的解釋仍然是分歧不一的。

這樣的情況也造成了我們瞭解皇侃《論語集解義疏》中對「道」的詮釋的困難。皇侃在《論語集解義疏》中對「道」的解釋大部分只是隨文疏解而已，這是因為義疏體的關係，所以必須忠於經文的意義與脈絡，只能隨文注解，而無法有完整連貫

〔註1〕　《論語譯注》楊伯峻著，華正書局出版。1990年8月初版。

的說明。不過，所幸皇侃解釋「道」時，採取頗爲一致的角度，並且主要集中在幾個方面來說明：「先王之道」、「立身的道理與接物的準則」及「信念與理想」。首先，我們就先來討論「先王之道」的部分。

一、先王之道

皇侃在《論語集解義疏》中論及「道」的意思時，最常以「先王之道」來加以說明。而所謂「先王之道」的指涉爲何呢？如果我們就《論語集解義疏》一書來看，「道」最基本的解釋爲「先王之道」，而「先王之道」的內容常常是指「禮樂教化」，這是皇侃在說明「道」時，最主要的切入角度。本章所歸納出來的解釋、最基本的詮釋思考，都與「先王之道」有關連，所以我們在此將他視爲皇侃對「道」的最基本看法來說明。而此處所說的「禮樂教化」，指的是堯舜文武周公等「聖王」或「聖人」所展示的文化與政治成果；說得更清楚些，就是一種文明與政治上的理想與秩序象徵。

所謂「先王」，皇侃的解釋是：「謂聖人爲天子者也。」〔註2〕我們先前說過，皇侃認爲「聖人」是稟天性定、不學而成、生而知之者，和「下愚」一樣都不屬於學習受教的範疇。因此，「聖人爲天子」說明的是文明和政治的結合。要瞭解這一點，我們可以透過皇侃對「堯」、「舜」的看法來說明。對皇侃來說，「堯」、「舜」的意義不只在於他們是「天子」，更重要的是他們是「聖人」，創造出一個有秩序的文明世界。

首先，我們先來看看何謂「聖人」。《論語集解義疏·季氏第十六》「君子有三畏」章中，皇侃對「畏大人」及「畏聖人之言」的解釋是：

> 大人，聖人也。見其含容而曰大人，見其作教正物而曰聖人也。今云畏大人，謂居位爲君子者也。……聖人之言謂五經典籍，聖人遺文也，其理深遠，故君子畏之也。

對皇侃而言，「大人」有兩面，一面是政治上的君王，一面是文化上的「聖人」。「聖人」能「作教正物」，而「聖人之言」就是「五經典籍」，其中隱含的道理十分深遠。在《論語集解義疏·述而第七》「述而不作」章中，皇侃解釋「述而不作」的意義爲：

> 述者，傳於舊章也。作者，新制作禮樂也。夫子自言我但傳述舊章，而不新制禮樂也。夫得制禮樂者，必須德位兼並，德爲聖人，尊爲天子者也。所以然者，制作禮樂，必使天下行之。若有德無位，既非天下之主，而天下不畏，則禮樂不行；若有位無德，雖爲天下之主，而天下不服，則

〔註2〕見《論語集解義疏·學而第一》「禮之用，和爲貴」章。

> 禮樂不行。故必須並兼者也。孔子是有德無位，故述而不作也。云信而好
> 古者，又言己常存於忠信，而復好古先王之道，故曰信而好古也。所以〈中
> 庸〉云：「仲尼祖述堯舜，憲章文武是也。」

此外，在《論語集解義疏・子路第十三》「如有王者，必世而後仁」章中，皇侃也說：
「王者，謂聖人爲天子也。聖人化速，故三十年而政乃大成。」這裡所說的「化」，
應該就是「教化」的意思。

綜而觀之，我們可以知道，皇侃認爲聖人最主要的意義在於「作教正物」、「制
禮作樂」；而皇侃認爲孔子自謂「述而不作」的原因，正是因爲孔子非「尊爲天子者」。
此外，皇侃又引〈中庸〉之言曰：「仲尼祖述堯舜，憲章文武是也。」這兩段解釋說
明了兩件事：第一，堯、舜、文、武，他們的意義在於聖人爲天子，能「制禮樂」、
「作教正物」，並且還是「五經典籍」之所由出者；第二，所謂孔子之道，即是指「祖
述堯舜，憲章文武」。這也就是說，皇侃認爲「聖人」是從「教化」，即文明、文化
上的角度來說明，而「聖人爲天子者」則說明了能在政治上付諸實現。因此，孔子
雖然是「聖人」，但卻因爲無「位」〔註3〕，因此不能當禮樂制度、文明社會的創造
者，而只能「傳於舊章」，當一個文化的繼承者。

在《論語集解義疏・子張第十九》「仲尼焉學」章中，皇侃就直接地把「文武之
道」解釋爲「先王之道」。認爲大賢者能認識到文武之道的精華，而不賢者則只能見
識到皮毛：

> 文武之道謂先王之道也。……既猶未廢落於地而在於人所行也。既猶
> 在人所行，人有賢否。若大賢者，則學識文武之道大；若不賢者，則學識
> 文武之道小也。雖大小有異，而人皆有之，故曰莫不有文武之道也。

因此，「文武之道」有大有小，是要透過學習才能得見的。不過，朱熹的解釋卻和皇
侃略有不同：「文武之道，謂文王、武王之謨訓功烈，與凡周之禮樂文章皆是也。在
人，言人有能記者。識，記也。」朱熹認爲「文武之道」指的是「文王、武王之
謨訓功烈」以及「周之禮樂文章」，而所謂「識」，卻是「記」，也就是說，朱熹認爲
所謂「文武之道」，是記一些典章制度而已。在這裡，朱熹便無法解釋子貢所說，孔
子學於「文武之道」的意義。

如在《論語集解義疏・陽貨第十七》「子之武城，聞絃歌之聲」章，皇侃也將「君
子學道則愛人」之「道」解爲「禮樂」。而朱熹則很勉強地說：「治有大小，而其治

〔註3〕 《論語集解義疏・述而第七》「不復夢見周公章」：「夫聖人行教，既須得德位兼並。
若不爲人主，則必爲佐相。聖而君相者，周公是也。雖不九五，而得制禮作樂，道
化流行。」

之必用禮樂,則其爲道一也。」又如在《論語集解義疏‧子張第十九》「子游論子夏之門人」章中,皇侃解釋「本」與「君子之道」時說:

> 子游言子夏諸弟子不能廣學先王之道,唯可灑掃堂宇、當對賓客、進退威儀之小禮。……本謂先王之道也。……君子之道謂先王之道也。……唯聖人有始有終,學能不倦,故可先學大道耳。自非聖人,則不可不從小起也。

由這一段解釋裡我們可以做一個關聯的推論。在《論語》原文中,子游只論及「君子之道」,並不曾提及「先王之道」;而子游所謂的「本」,指的也是「君子之道」。但非常有趣的是,皇侃在解釋「本」和「君子之道」時,卻直接將二者指向「先王之道」,而說:「本謂先王之道也」、「君子之道謂先王之道也」。又說:「唯聖人有始有終,學能不倦,故可先學大道耳。」於是我們可以發現,所謂「本」、「君子之道」、「大道」,指的都是「先王之道」。而「灑掃堂宇、當對賓客、進退威儀」等都是「小禮」,是「末」。

如果對照朱熹的解釋,我們對皇侃的思考角度就更清楚了。朱熹在《論語集注》中對「本」的解釋是:

> 子游譏子夏弟子於威儀容節之間則可矣。然此小學之末耳,推其本,如大學正心誠意之事,則無有。……程子又曰:「灑掃應對,便是形而上者,理無大小故也。故君子只在愼獨。」

朱熹將「本」視爲「大學正心誠意之事」,又引程子之言,將之指向形而上的「理」來解釋。我們由朱熹和皇侃的解釋中可以看出,朱熹將「君子之道」視爲內在的德性修養,認爲即是「正心誠意之事」;程子更認爲是「形而上之理」,「故君子只在愼獨」。而皇侃則認爲「君子之道」是「先王之道」,如同「仲尼焉學」章所說的,大賢者能學到精華「大道」,而不賢者只能略識皮毛「小禮」而已。因此,我們藉由對照看出,皇侃所謂的「道」,是定義在禮樂教化的範疇裡,和朱熹、程子等將之視爲形而上的「天理流行」不同。

相對於「大道」、「君子之道」的,是「小禮」、「小道」。在「子游論子夏之門人」章中,「小禮」指的是「灑掃堂宇、當對賓客、進退威儀」等。在《論語集解義疏‧泰伯第八》「曾子有疾,孟敬子問之」章中,曾子說:「君子所貴乎道者三:動容貌斯遠暴慢矣、正顏色斯近信矣、出詞氣斯遠鄙倍矣。籩豆之事則有司存。」皇侃的解釋是:

> 道,猶禮也。言君子所貴禮者有三事也。……舊云敬子不存大事,大事及斥前三禮也,而好修飾籩豆。籩豆比三事爲小事,故曾子先戒此三禮,

若籩豆之事，付於有司，不關汝也。

皇侃將「道」解釋爲「禮」，並且認爲曾子所說，是「大事」、「小事」的分別。所謂「大事」，指的是「動容貌斯遠暴慢矣、正顏色斯近信矣、出詞氣斯遠鄙倍」，而小事則是像「籩豆之事」。「籩豆」是禮器，「動容貌斯遠暴慢矣、正顏色斯近信矣、出詞氣斯遠鄙倍」則是莊敬的態度。也就是說，皇侃認爲「禮」之大事，重在內在的精神態度，而非器物儀節。

我們如果和「子游論子夏之門人」章合併來看，就會發現一個順序：

籩豆之事→莊敬態度→君子之道→先王之道

子游論子夏門人學習偏重在態度方面，而不重視「先王之道」的道理，子夏則回應學有順序，必須由大而小。曾子則告訴孟敬子君子所重視的是「禮」的精神態度，而非「禮」的儀節。在皇侃的說明裡，貫穿這一個順序的，就是「禮」。然而同樣針對「曾子有疾，孟敬子問之」章，朱熹便不認爲「道」就是「禮」。朱熹的解釋是：「言道雖無所不在，然君子所重者，在此三事而已。」很明顯，朱熹將「道」視爲「無所不在」的「理」，但他卻無法說明這「無所不在」的「理」和「動容貌斯遠暴慢矣、正顏色斯近信矣、出詞氣斯遠鄙倍」有什麼內在關聯。

因此，如果我們就著「禮」→「道」→「先王之道」這樣的思考路線來看皇侃《論語集解義疏》中的「道」時，就會覺得非常一致了。

二、立身的道理與接物的準則

不過，皇侃的「先王之道」除了「禮」之外，還有「道理」的意義。這裡所說的「道理」，是指「先王之道」的另一個層面，有別於「禮」的方面，屬於比較通則性的說法，但對皇侃而言，仍然是屬於「先王之道」的範疇，因此，我們姑且稱呼他爲「立身的道理與接物的準則」。

所謂「立身的道理與接物的準則」，雖然是通則性的說明，但和朱熹所說的「天理流行」之「理」卻不太相同，這是必須加以注意的地方。對皇侃而言，「先王之道」所指的「道理」，主要是在「立身處世」方面，是「先王之道」抽象後，落實在現實生活行爲上，作爲「準則」、「指標」，而非「形而上」的「天理」。就如《論語集解義疏・學而第一》篇裡對「本立而道生」的解釋：「若其本成立，則諸行之道悉滋生也。」對皇侃來說，「道」就是「諸行之道」，它的內容是「先王之道」，它的說明範圍則在立身處世、接處進退方面。

我們從《論語集解義疏・雍也第六》篇中，皇侃對「誰能出不由戶者，何莫由斯道也」的解釋可以得到印證：

> 道，先王之道也。人生得在世，皆由於先王道理而通，而世人多違理
> 背道，故孔子為譬，以示解時惑也。言人之在室，出入由戶而通，亦如在
> 世，由道理而生。而人皆知出室由戶，而未知在世由道，故云「誰能出不
> 由戶，何莫由斯道也」。……故范甯云：「人咸知由戶，而行莫知由學而成
> 也。」

皇侃將「道」解為「先王之道」，同時更進一步地指出：「人生得在世，皆由於先王
道理而通」。因此，「在世由道」便是將「先王之道」視為立身處世的準則，是人生
在世，和人事物接處的道理。這裡的解釋便和先前視為「禮」的「君子之道」不同。

因此，我們可以說，具體「先王之道」是泛指「禮樂教化」及五經典籍〔註4〕，
而這些文明、文化象徵的「先王之道」再抽象為立身處世所依憑的「道理」。因此，
對皇侃而言，這兩種「道」的本質是一樣的，只是層次不同而已。接者，我們就皇
侃對抽象意義的「道」的解釋來看。

皇侃對「道」抽象的特性說明得最清楚的，莫過於在《論語集解義疏·述而第
七》「志於道，據於德，依於仁，游於藝。」章。何晏《論語集解》在這一章中對「志
於道」的解釋只有：「志，慕也。道不可體，故志之而已。」而皇侃則將之疏解為：
「不可體謂無形體也。」皇侃將「道不可體」的「體」視為「沒有形體」，也就是「因
為沒有形體，不是感官事實，所以無法以感官印證。」關於這一點，王弼也有類似
的說明。王弼說：「道者，無之稱也。無不通也，無不由也。況之曰：『道寂然無體，
不可為象。』是道不可體，故但志慕而已。」〔註5〕

我們再繼續看皇侃《論語集解義疏》對「道」的解釋：

> 志者，在心向慕之謂也。道者，通而不壅者也。道既是通，通無形相，
> 故人當恆存志之在心，造次不可暫捨離者也。

所謂「道」，皇侃說他是「通而不壅者」。這段話大概是整本《論語集解義疏》裡面
對「道」最清楚、最直接，但也最抽象的解釋了。這段話有兩點是我們必須注意的：
一、「道」是「通而不壅」；二、「道」無形相，人當恆存志之在心，不可暫捨離。由
這兩點，我們知道「道」是一種「理」，一種只能存在心中的，不能失去的一種「道
理」。因此「道」無形象，不能捨離。其次，皇侃的解釋和王弼看似相同，但事實上

〔註4〕 《論語集解義疏·子張第十九》「雖小道，必有可觀者焉」章中，皇侃即將「小道」
定義為「諸子百家之書」而說：「故君子之人，秉持正典，不學百家也。」此處可以
看出所謂正典，指的是「五經典籍」。而朱熹於此章將「小道」解為「農圃醫卜之屬」，
也可以對比出皇侃對「正典」、「正道」、「大道」的解釋方向。

〔註5〕 王弼《論語釋疑》這本書已經亡佚，如今只散見於皇侃《論語集解義疏》等書的轉
錄中。此處關於王弼對「道不可體」的解釋，保留於邢昺的《論語注疏解經》中。

不同的地方是，皇侃認爲「道」是一種領導生命的「道理」，並不是如王弼所言「道者，無之稱也。無不通也，無不由也」，將「道」視爲一種整體宇宙世界中，恆常不變的規律。皇侃認爲「道」是存在人世間、人生命中，一種「引領」的「道理」和「信念」，因此「道」只能「恆存志之在心」，既不是充滿宇宙，也不是無所不通，而是「志之在心，不可暫捨離」。

如果我們同時比較邢昺及朱熹的注解，我們更能瞭解皇侃對「道」的觀點。邢昺對這一章的解釋爲：

> 道者，虛通無擁，自然之謂也。王弼曰：「道者，無之稱也。無不通也，無不由也。況之曰：道寂然無體，不可爲象。是道不可體，故但志慕而已」。

顯然邢昺對「道」的解釋傾向王弼的說法，他將「道」視爲一種「自然之道」，這種解釋觀點似乎較爲接近道家所謂的「道」，而較無法說明何以需要「志之」的理由。關於此點，皇侃應該知道王弼有此種說法，綜觀《論語集解義疏》全書，皇侃也曾舉出若干王弼的說法加以保留，但何以此處並不著錄，反而是後代的邢昺將之提出呢？筆者竊以爲，這應該是皇侃的選擇。皇侃或許認爲這樣的解釋並不符合《論語》的觀點，所以捨棄未用，而只提出自己的看法。如果就這一點來看，皇侃和邢昺對「道」的解釋是非常不一樣的。我們也可看出皇侃的抉擇是有其道理的。

而朱熹對這一章的解釋則爲：

> 志者，心之所之之謂。道則人倫日用之間所當行者是也。知此而心必之焉，則所適者正，而無他歧之惑矣。……此章言人之爲學當如是也。蓋學莫先於立志，志道，則心存於正而不他。

朱熹將此處的「道」解釋爲「人倫日用之間所當行者」。這樣的解釋乍看之下和皇侃的解釋有點相似，但仔細來看，卻也是大大不同。朱熹這裡所謂的「道」，是指「理」、「天理」。所謂「道則人倫日用之間所當行者」，是先前所說「形而上」的「天理」，如：「凡言道者，皆謂事物當然之理，人之所共由者也。」〔註7〕、「道者，事物當然之理」〔註8〕、「天道者，天理自然之本體，其實一理也。」〔註9〕、「人外無道，道外無人」〔註10〕等等。朱熹在《論語集注》中也十分一致地將「道」解釋爲「理」，這種「事物當然之理」即是「天理流行」；此「天」雖然不是有意志的「天」，但卻

〔註7〕 《論語・學而第一》「君子食無求飽」章。
〔註8〕 《論語・里仁第四》「朝聞道，夕死可以」章。
〔註9〕 《論語・公冶長第五》「夫子之文章可得而聞也」章。
〔註10〕 《論語・衛靈公第十五》「人能弘道」章。

也是「形而上」的、宇宙自然的天。因此，朱熹所說的「道」，其實和刑昺及王弼比較接近，而皇侃和前面三者的看法則都不相同。

而就皇侃和朱熹對這一章整體的解釋來看，兩者著重的部分與解釋的角度就判然可分了。皇侃對這一章的解釋是：

> 此章明人生處世，須道藝自輔，不得徒然而已也。志者，在心向慕之謂也。道者，通而不壅者也。道既是通，通無形相，故人當恆存志之在心，造次不可暫捨離者也。據者，執杖之辭也。德謂行事得理者也。行事有形，有形故可據杖也。依者，倚也。仁者，施惠之謂也。施惠於事宜急，故當依之而行也。仁劣於德，倚減於據，故隨事而配之。游者，履歷之辭也。藝，六藝，謂禮樂書數射御也。其輕於仁，故云不足依據，而宜遍游歷以知之也。

首先，皇侃認為此章的主旨在於說明「人生處世，須道藝自輔，不得徒然而已也。」也就是說，皇侃將這章視為孔子對人立身處世的說明。「道」是諸行之本，是最高的指導原則；人生於世，都必須依「道」而行，沒有「道」，人就無法和其他人事物接通。因此「道」無形體，他是先王所告訴我們的「道理」，是一種我們應該要學習、並且藉由不斷努力，希望能實現的目標，所以「人當恆存志之在心，造次不可暫捨離者也。」皇侃同時認為孔子「志於」、「據於」、「依於」、「游於」這四個用詞，代表了「道」、「德」、「仁」、「藝」四者先後的順序和基本性。

對皇侃而言，「道」無形體，故只能志之，而「德」是行事有形，所以能據之；至於「仁」，皇侃則認為「仁」是行為本身，所以是變動的，隨著事情不同，努力造福他人，因此他是在「道」、「德」的基礎上，依事而行。因此，我們可以看出，皇侃在這一章的解釋中，是有所分判和安排的。「道」是無形體，而「德」則是能得於理，是「道」的落實完成；不管是「道」或「德」，對皇侃而言都是通則性的原理原則說明。「仁」雖然也是五德之一，是五德之初，但卻不能代表全面的、普遍的「德」，若照整本《論語集解義疏》的思考脈絡來看，「仁」應是皇侃最用力說明的「德行」實踐，代表皇侃對「德行」的思考。但由於「仁」對皇侃而言是「德行」之一，雖然「仁」相對於其他「德行」，有著非常特殊的地位與意義，但他畢竟不是通泛普遍的原理原則，而只能隨事展現，在行為實踐中產生實質意義，因此只能用「依於」來說明。到這裡為止，皇侃對「道」、「德」、「仁」的先後順序認定就很清楚了。

我們再來看朱熹對這一章的解釋。朱熹在這一章中說：

> 志者，心之所之之謂。道，則人倫日用之間所當行者是也。知此而心必之焉，則所適者正，而無他歧之惑也。據者，執守之意。德者，得也，

得其道於心而不失之謂也。得之於心而守之不失，則始終惟一，而有日新
之功矣。依者，不違之謂。仁則私欲盡去而心德之全也。功夫至此而無終
食之違，則存養之熟，無適而非天理之流行矣。游者，玩物適情之謂。藝，
則禮樂之文，射御書數之法，皆至理所寓，而日用之不可闕者也。朝夕游
焉，以博其義理之趣，則應物有餘，而心亦無所放矣。此章言人之為學當
如是也。……

就上面這一段注解來看，朱熹也將「道」和「德」視為基本，這一點似乎和皇侃十
分相似，但我們前面說過，朱熹所說的「道」，不論是內容或範圍，都和皇侃的「先
王之道」不同。其次，朱熹認為「仁」是完成，但皇侃卻認為「仁」是行為表現。
朱熹說：「仁則私欲盡去而心德之全也。功夫至此而無終食之違，則存養之熟，無適
而非天理之流行矣。」是將「仁」視為功夫的完成與最高境界。

　　換句話說，朱熹的目標是放在「仁」的完成上，而我們前面討論過，皇侃卻是
放在「道」上。這是朱熹和皇侃注解《論語》時，非常不同的地方。朱熹將《論語》
一書的重點放在個人心性修養上，雖然他所說的「理」是人倫日用，但明顯地，重
心卻是放在修養心性方面。而皇侃解釋「道」時，卻著重於立身處世及理想的完成。
同樣都是對「人」的思考，朱熹是從「本體」的角度切入，皇侃則是從「個體」和
其他「個體」的互動與定位的角度出發。所以我們可以知道，對皇侃來說，個人的
立身處世是十分重要的課題。

　　因此在《論語集解義疏・衛靈公第十五》「君子謀道不謀食」章中，皇侃便說：
　　　　人非道不立，故必謀道也。自古皆有死也，不食亦死，死而後已。而
　　道不可遺，故謀道不謀食也。

皇侃認為「道不可遺」，是因為「人非道不立」。人處身立於世，與人接處進退，憑
依著「道理」，才能在群體中立足，就如人依賴食物才能維持自然生命一樣。在一個
文明社會中，人不可能單獨存活，必然會與他人發生關聯；而人如何在群體社會中
找到自己的位置，並且維持與群體的良好關係和互動，對皇侃來說，與如何找到食
物維持自然生命，是同等重要的。

　　而在《論語集解義疏・泰伯第八》「篤信好學，守死善道」章，皇侃也說：
　　　　此章教人立身法也。云篤信好學者，令篤厚於誠信，而好學先王之道
　　也。云守死善道者，寧為善而死，不為惡而生，故云守死善道也。……江
　　熙曰：「不枉道而事人，何以致無道寵？寵所以恥也。夫山林之士笑朝廷
　　之人束帶立朝，不獲逍遙也；在朝者亦謗山林之士褊厄也。各是其所是，
　　而非其所非。是以夫子兼弘出處之義，明屈申貴於當時也。」

在這一章解釋中，皇侃除了說明好學「先王之道」以「立身」之外，還引錄了一段江熙的話，十分耐人尋味。「有道則見，無道則隱」原本只是君子進退出處的原則說明，但在江熙的陳述中，卻可看出當時朝野士人，束帶立朝與枕石漱流的對立狀況。皇侃引錄這段話，是在「教人立身法」的大前提底下，因此我們可以看出，對皇侃而言，並無所謂「自然」與「名教」的對立，而只有人立身處世的原則思考而已。以往我們在討論魏晉南北朝思想時，常常著重於「名教」與「自然」的對立，但在皇侃及江熙的解釋中，我們可以發現，其實如果從經學的角度來看當時人的思考，便會發現爭論的焦點並不在於「名教」與「自然」的衝突，而是人在社會群體中，對自身處世的原則問題的思考。也就是說，「名教」與「自然」的衝突只是一種現象，但現象的背後、最原始的焦慮，則是士人在一個混亂無秩序的時代中，無法找到自己的位置。

相同的一章，朱熹的解釋就不一樣：「不篤信，則不能好學；然篤信而不好學，則所信或非其正。不守死，則不能以善其道；然守死而不足以善其道，則亦徒死而已。蓋守死者篤信之效，善道者好學之功。」在朱熹的解釋下，就無關乎人與世界之間，而是人自身修養的問題。

因此，在皇侃的思考中，「道」作為「先王之道」除了是文明文化的象徵，立身處世所依憑之「道理」外，「道」還代表了一種信念和理想、一個待實現的目標。

三、信念與理想

前面我們說到，「道」除了是「先王之道」、立身處世的準則外，「道」還代表了信念和理想的內涵。上一小節末尾我們談到知識份子處於混亂失序的時代，無法在自我與群體之間確立自己的位置與本分、責任，而產生了焦慮。這種焦慮除了表現在對「立身」與「處世」的思考外，同時還表現在對政治秩序的期待。

我們不能否認，不同的時代背景產生不同的思考方式。在漢代那個大一統的時空中，知識份子們所關心的，是如何讓整個國家能完美地運作、讓人民百姓能安樂生活、讓政治維持穩定。因此，經學發展成為政治上的「經國濟世」之學，是可以理解的。而在宋代，雖不若漢代在版圖及政局上的穩定，但畢竟偏安的局面、維持幾百年的同一政權，和魏晉南北朝時期比較起來，是相對統一與穩定的。因此，宋代在理學的基礎上談經學，關心的方向雖然不直接著重在政治上，但卻也能往內去思考探索人的主體本身。不論是外展地去思考政治，或內向關心人自身主體，都是必須在一個穩定有序的時代中才能有的發展，而魏晉南北朝時代，則獨獨缺少了「穩定」和「秩序」。

如果我們將魏晉南北朝的局勢與春秋戰國來比較，就會發現有某些相似之處。首先，這兩個時代都不屬於大一統的時代。春秋時期雖然仍有周天子的名義，但周天子卻已無足以帥令各諸侯的強大力量；諸侯稱霸，和戰國時期只有一線之隔而已。至於魏晉南北朝，政治動盪不安，政權輪替之速，是史上有名的，不待贅述。其次，因為政治不穩定，知識份子流落。部分知識份子為政權效力，部分則流落出來。清醒的知識份子們面對時局動盪、倫理失序，所關心的目標也就自然而然轉向對秩序的期待。這秩序不只是政治上的，也是倫理上的。唯有在有理序的世界裡，知識份子才能重新認識到自己的位置和目標。這一點，我們從皇侃《論語集解義疏》中對「道」的解釋裡，關於「信念」和「理想」的部分，就可以得到印證。

我們可以先從皇侃和朱熹對《論語・里仁第四》「朝聞道，夕死可矣」章的解釋中看出這兩人關心方向的不同：

> 《論語集解義疏》：「歎世無道，故言設使朝聞世有道，則夕死無恨。故云可矣。欒肇曰：『道所以濟民，聖人存身為行道也。濟民以道，非為濟身也。故云誠令道朝聞於世，雖夕死可也。傷道不行，且明己憂世不為身也。』」

> 《論語集注》：「道者，事物當然之理。苟得聞之，則生順死安，無復遺恨矣。朝夕，所以甚言其時之近。」

皇侃將「朝聞道」解釋為「朝聞世有道」，而朱熹則認為所謂「朝聞道」是指得聞「事物當然之理」。從這裡我們就能很清楚地發現兩者關懷方向的差異。如我們先前所言，朱熹是從人自身為出發點來思考，而皇侃則是由人與世界的角度來說明。於是我們接著就可以問：何謂「世有道」、「世無道」？

在「朝聞道，夕死可矣」章中，皇侃所說的「聞世有道」，顯然是指國家社會有秩序、有倫理，「先王之道」得以實現而言。這是對國家社會秩序的期望，而不是對自身內在修養的勉勵。而在《論語集解義疏・季氏第十六》「天下有道，則禮樂征伐自天子出」章中，皇侃則同時用了兩種解釋：

> 禮樂，先王所以飾喜；鈇鉞，先王所以飾怒。故有道世，則禮樂征伐並由天子而出也；若天下無道，天子微弱不得任自由，故禮樂征伐從諸侯出也。……政由於君，故不在大夫。在大夫，由天下失道故也。君有道，則頌之聲興，載路有時雍之，則庶人民下無所街群巷聚，以評議天下四方之得失也。若無道，則庶人共有所非議也。

前面的「有道世」，是指「有道之世」，「有道」仍然是指有倫理秩序、能行「先王之道」。後面解釋「天下有道，則政不在大夫」時，「有道」則變成了「君有道」。這中

間的關連，就是皇侃所說的：「政由於君」。

在君主專制時代，政治倫理、社會秩序，全都維繫在君王身上。對皇侃而言，君王能行「先王之道」，就是「天下有道」。此外，我們也可以發現，皇侃在《論語集解義疏》中論及「邦有道」、「邦無道」時，都非常一致地將其解釋為「君有道」、「君無道」。於是我們可以說，對皇侃而言，君主「有道」、「無道」直接地影響國家社會的倫理秩序和穩定；而創造一個有秩序、有倫理、安樂的社會，即是「有道」的表現。

我們先前說過，皇侃對「道」最基本的解釋是「先王之道」，本節所討論的「道」的各種意義與內涵也都和此基本義有著密切關聯。而堯舜地位之所以崇高，並非因為本身修養完美的緣故，而是能創造一個有文化有理序的社會；而在《論語集解義疏》的思考脈絡裡，這種「治世」的實現，便是能行「先王之道」的世界。這種世界相對於皇侃當時所處的時代，無疑是一種無法實現的理想世界。因為這是一種理想，所以堯舜的地位才會如此崇高。因此，「道」與其說是對君王自身修養的要求，不如說是期待君王代為實現的理想。

這種在政治上對「世有道」的期待，在個人身上則是一種信念。在《論語集解義疏・季氏第十六》「隱居以求其志，行義以達其道」章，皇侃解釋：

> 志違昏亂，故願隱遁，言幽居以求其志也。行義以達其道，常願道申，
>
> 故躬行仁義，以達其道也。唯聞昔有夷齊能然，是聞有其語也。

這段解釋仍是在「人←→世」的思考脈絡裡來說的。「志違昏亂」、「世無道」的情況下，外在對政治理序世界的期待，就個人來說就變成對「道」的信念：「常願道申，故躬行仁義，以達其道也。」成為一種內在的引領、理想。就這一段解釋看來，「道」不等於「仁義」，「道」是有待實現的目標。這待實現的目標，是透過學習受教育，「躬行仁義」，盡力去實現的。而回到教育學習的原點來說，「道」也正是所學、所知。所以說「道」是內在的引領、理想，是個人展現之「德」的內在憑據和信念。

前面說「道」是「先王之道」、是人立身處世的依憑，也是對政治的期待和對道理的信念。不論從哪一個角度來說「道」，「道」都具有待實現性。當皇侃在解釋《論語・公冶長第五》「子謂子產有君子之道四焉」章時，就在「君子之道」上繞了個圈，將「君子之道四焉：其行己也恭，其事上也敬，其養民也惠，其使民也義。」先解釋為「德」，然後再說「並是君子之道也。」由此可知，「德」和「道」不同，但卻有相當緊密的關聯。以下我們就來討論皇侃《論語集解義疏》中的「德」，藉由皇侃對「德」的解釋，我們也能更進一步瞭解「道」的待實現性。

第二節　論「德」

　　《論語》中的「德」和「道」一樣，都是多義名詞。陳大齊先生在《孔子學說》〔註11〕一書中說：「孔子言論中所用的德字、亦是一個多義的名言，其各種意義之間、雖有關聯，其內容則頗有差異。此一多義的名言可大別爲兩種不同的意義：一爲性能，二爲恩惠。性能發出作用，對人對物必有影響，其影響或爲有利或爲有害。有利的、是恩惠。所以恩惠是性能所引致的一種結果，與性能有別，不是性能本身。」皇侃《論語集解義疏》對「德」的解釋也是隨文不同。就如陳大齊先生所言，孔子所說之「德」分爲兩個面相，互有差異卻又兩相關聯；皇侃解釋《論語》時，也將《論語》中的「德」分爲兩個部分說明：一是做「德澤」解，一是做「行爲修養」解。有關「行爲修養」的部分，我們可以以「道」與「德」的關係來加以說明。

一、「德」與「道」

　　在討論「道」與「德」之前，我們要先釐清，所謂「德」，並不是指天生之「德」；天生之「德」只有「聖人」秉有，不是中人能懂，也不是「修養」能致。

　　《論語集解義疏・述而第七》「天生德於予，桓魋其如予何？」章說：

> 言天生聖德於我，我與天同體，桓魋雖無道，安能違天而害我乎？故云如予何也夫。凶人亦宜不屢謝，而有時須以道折之。故江熙曰：「小人爲惡，以理喻之，則愈凶強；晏然待之，則更自處。亦猶匡人聞文王之德而兵解也。」

皇侃將「德」解釋爲「聖德」，「聖德」乃是聖人天生所秉有之德。我們一再強調，皇侃並不認爲聖人和中人同，聖人之性，是天生而德，不待修養、學習。所謂「聖德」，是「與天同德」，「桓魋雖無道，安能違天而害我乎？」如果就《論語》原文來看，孔子固然說「天生德於予」，但卻看不出來「與天同德」這樣的意思。《論語》原意或指「能行德之能力」而未可知，然而卻絕非說自己「與天同德」。所以，皇侃的解釋說明了一件事：皇侃認爲孔子爲聖人，因此孔子之「德」乃是「天生」的，不只是天生的，還「與天同體」。

　　其次，皇侃認爲「桓魋無道」，所以「須以道折之」。然而本章的《論語》原文並不曾提到「道」的問題，皇侃何以認爲孔子說這句話是「以道折之」呢？

　　我們先前提過，在《論語・公冶長第五》「子謂子產有君子之道四焉」章中，皇侃就在「君子之道」的解釋上繞了個圈，以「德」來說明「道」。我們如果就《論語》

〔註11〕《孔子學說》陳大齊著，國立政治大學出版委員會出版。1969年3月臺四版。

原文來看,「君子之道」所指的是:「其行己也恭,其事上也敬,其養民也惠,其使民也義。」但皇侃卻說:「言子產有四德,並是君子之道也。」皇侃迴避將「道」解為「行為實踐」,而轉個彎說是「四德」,以「四德」來說明後面的「其行己也恭」、「其事上也敬」、「其養民也惠」、「其使民也義」等「行為實踐」,然後再說「並是君子之道也。」因此我們可以瞭解,對皇侃而言,「道」不是「行為實踐」,而應該是「行為實踐」背後所依憑的準則。而「德」呢?「德」是「道」的外顯,是透過實踐「道」所表現出來的行為。也就是說,「德」是以「道」為內容與準則的「行為表現」,這種「行為表現」是外顯的,是人的「行為修養」。

因此,我們再回到前面所說「桓魋無道」及「子謂子產有君子之道四焉」的解釋問題來看,就會發現皇侃這樣的解釋其實是在他自己對「道」和「德」的定義與關係的系統中所做的說明。「道」和「德」是脫離不了關係的。孔子天生「聖德」,是孔子天生「德行」皆合於「道」,「桓魋無道」,所以必須「以道折之」。明白了「道」和「德」的基本關係之後,我們就要來談「德」作為「道德」解釋的意義。

在《論語集解義疏》中,「德」作為「道德」解,主要著重在「行為修養」的層面上,亦即著重在對「德行」的強調。換言之,「德」是良好的行為實踐,是作為立身依憑的「道」落實在行為上的表現,亦即「道」的外顯。所謂實踐,必然有被實踐的指標對象與實踐此種行為本身的目的。皇侃論「德」,主要便是著重在對「道」的實踐,認為「德」是一種行為實踐,他的目的便是使「道」能外顯、實現。而「道德」者,就是「實現道的德行表現」。關於這一點,我們可以從《論語集解義疏‧先進第十一》「志於道,據於德,依於仁,游於藝。」章得到證明。在此章中,皇侃說明「道」與「德」的關係為:

> 道者,通而不壅者也。道既是通,通無形相,故人當恆存志之在心,造次不可暫捨離者也。……德謂行事得理者也。行事有形,有形故可據也。……仁者,施惠之謂也。施惠於事宜急,故當依之而行也。仁劣於德,倚減於據,故隨事而配之。……

對皇侃而言,「道」是「通」,「通無形相」,所以只能志之;而「德」是「行事得理」,「行事有形,有形故可據也。」這裡所謂的「得」,即是道得於心、行事能循道的意思。換言之,「德謂行事得理者也」為「道」和「德」作了最清楚的說明。因為「德」是行事能循道,所以能作為立身處世的基本和根據。這「據」便是「能據以立」的意思。此外,皇侃《論語集解義疏》在同一篇「德之不脩」章中也說:

> 言德之不脩者,得理之事宜脩治在身也,而士人不脩也。

皇侃將「德」解釋為「得理之事」,認為「德之不脩」即是「得理之事」不脩治在身。

而在《論語集解義疏・憲問第十四》「有德者必有言章」，皇侃另引述殷仲堪的話說：

> 修理蹈道，德之義也。

由以上兩段解釋，我們可以發現，對皇侃而言，「德」和「理」密不可分，「德」的主要特性是「得理」，而「德之義」便是「修理蹈道」。

我們前面分析過皇侃《論語集解義疏》裡的「道」，皇侃對「道」最主要、也是最基本的解釋便是「先王之道」。而「先王之道」的內容則從具象的文明和政治，乃至抽象為「道理」和人立身處世的準則與理想等，都包含在內。因此，當我們談論「理」時，必須明白他的最基本來源仍是「先王之道」。在《論語集解義疏》中，無論是「理」或是「道」，其內在的指涉都是相同的。在《論語集解義疏・雍也第六》「中庸之為德」章中，皇侃即說：「中和可常行之德，是先王之道，其理甚至善。」

其次，「德是行事得理」同時也說明了皇侃認為「德」是「德行」，是合於「道」的行為表現，並不是超越的「德性」。「德行」是合於「道」的行為表現，是對「道」的行為實踐，也就是「道」的外顯表現。在《論語集解義疏・先進第十一》論孔門四科章中，皇侃有進一步的解釋。

關於「孔門四科」章，朱熹和王弼的看法大致相同。王弼說：「此四科者，各舉其才長也，顏淵德行之俊尤兼之矣。……弟子才不徒十，蓋舉其美者以表業分名；其餘則各以所長，從四科之品也。」而朱熹也是這麼認為：「弟子因孔子之言，記此十人，而並目其所長，分為四科。孔子教人各因其材，於此可見。」王弼與朱熹均認為「孔門四科」是孔門弟子所長不同，故列四科；因此四科之間並無高低評斷，乃是並列的關係。

而皇侃在這一章的解釋中則認為此章以「德行」為第一，乃是因為「德行為人生之本」：

> 四科者，德行也，言語也，政事也，文學也。德行為人生之本，故為第一，以冠初也。……王弼曰：「此四科者，各舉其才長也，顏淵德行之俊尤兼之矣。」范甯曰：「德行謂百行之美也。四子俱雖在德行之目，而顏子為其冠。」……王弼曰：「弟子才不徒十，蓋舉其美者以表業分名；其餘則各以所長，從四科之品也。」侃案：四科次第，立德行為首，乃為可解。而言語為次者，言語，君子樞機，為德行之急，故次德行也。而政事是人事之別，比言語為緩，故次言語也。文學指博學古文，故比三事為泰，故最後也。

就《論語集解義疏》的解釋來看，四科之間並不是並列的各有所長，而是有緊急緩泰分別的立身順序。也就是說，王弼和朱熹均認為四科是四種專優，而皇侃則認為

是四個立身步驟，更說「四科次第，立德行爲首，乃爲可解。」這一點和王弼及朱熹的看法有很重要的基本分歧。對皇侃而言，「德行」是人生的基本，就跟「道」是立身之本一樣。因爲「德行」是行爲能合於「道」，這是一個士人立身處世的基本。「德行」確立之後，進一步便是「言語」上與人接通，接著是「政事」的表現，最後才是「文學」的涵養。對皇侃來說，這四者是有機的結合，說明了立身處世的步驟。

皇侃將「德」視爲「德行」的看法在《論語集解義疏》中隨處可見，如皇侃在《論語集解義疏・衛靈公第十五》「君子不以言舉仁」章中說：「舉人必須知其德行，不可聽言而薦舉之。」在同一篇「君子求諸己」章中也說：「君子自責己德行之不足，不責人也。」都十分一致地將「德」視爲「德行」。又如《論語集解義疏・爲政第二》「子貢問君子」章中，皇侃說：

> 云子貢問君子者，問施何德行而可謂爲君子乎？云子曰先行其言，而
> 後從之者，答云：君子先行其言，而後必行，行以副所言，是行從言也。
> 若言而不行，則爲費辭，君子所恥也。

「子貢問君子」一句，可以有兩種可能的解釋：一、子貢問孔子，怎麼樣叫做君子呢？二、子貢問孔子，怎麼樣做才能成爲君子呢？前者的重點在於是或不是，而後者則強調「如何做」的問題。皇侃解釋爲「施何德行而可謂爲君子乎？」時，是採第二種解釋，強調出實踐的德行觀，也就是說，皇侃認爲所謂的君子，他的意義在於「德行」的實現上—君子必須有具體的德行實踐，通過一個人的言行表現來決定其人是否爲君子。對皇侃而言，內蘊而不發的德性，並不具道德意義，因爲以「德性」作爲先天依據，「德行」的表現只是一種必然，看出不其「應然」的道理。

我們前面兩章討論「性」或「仁」時，我們都強調，在《論語集解義疏》中，皇侃一直彰顯出「自覺選擇」的可貴，在論「性」上如此、論「命」上如此，在論「仁性」時亦是如此。「仁性」之不足可貴者，正是因爲「稟氣性定」；「仁行」之可貴者，則是因爲有自覺的抉擇和實踐。此處論「德」亦是如此。「德行」是必要的、自覺的、選擇對「道」的實踐，「道」是後天學習所得，「德」是學習「道」後所展現出來的行爲實踐。因此，皇侃論「德」即是從行爲實踐的「德行」觀點切入，由「德行」來體現出「道」，進而討論個體實現與個體行爲實踐在群體之間的影響。

簡單來說，對皇侃而言，所謂道德，是一種實踐；所謂「德」，即是「德行」。同一章中，皇侃也收錄了時人「又一通」的解說，並且廣引王朗之說與《傳》來加以解釋說明「又一通」裡所說的「君子之言，必爲物楷。」的說法，而這「又一通」的解釋觀點則近於第一種解釋：怎麼樣叫做君子呢？強調的是君子本身的表現。皇

侃不採取這樣的說法作爲直接的疏解，而只是列於章末作爲參考，此處很明顯地可以看出皇侃解釋的趨向。

最後我們要加以說明的是，所謂的「行爲表現」，並不是只限於士人等知識份子，「德」作爲「德行」解，還有普遍基本的意義。在《論語・顏淵第十二》「季康子問政於孔子」章中，孔子所說：「君子之德，風也；小人之德，草也。」從字面上並不太容易看出「德」的意思所指。朱熹《論語集注》在這一段落裡無詳細解釋，而陳大齊先生在《孔子學說》一書中則認爲：「此中兩個德字、尤其下一德字、與其解作養成的性能，不如解作自然的性能。」陳大齊先生所謂「自然的性能」是指：「某類事物各個體同具的自然而然的性能。」如果依陳大齊先生的看法，則「德」在某一方面即是指「自然的本能」而言。所以才能說「在上者是能影響的，在下者是所影響的。而此能與所的分別、是社會地位自然而言的結果，不是個人所特別養成的。」

皇侃《論語集解義疏》對這一段的解釋則是：「言人君所行，其德如風也；民下所行，其德如草也。」我們如果比較皇侃和陳大齊先生的解釋，會發現二者說法的相異處在於，陳大齊先生所謂「性能」的說法（無論是「自然的性能」或「養成的性能」）是將「德」視爲「德性」來看，而皇侃則是從「德行」的角度言。皇侃在這一段中將「德」解釋爲「所行」，「所行」乃是「行爲表現」，是外顯的、後天的，而非關天生性能。以「行爲表現」的角度來解釋這一段即是：「君子的行爲表現就像風一樣具有薰染力、影響力；而小人的行爲表現就像草，是很容易因爲受到影響而改變的。」

但須注意的一點是，不論是「君子之德」或「小人之德」，對皇侃而言，都屬於有價值的表現。「君子之德」固然有著良好的示範作用，「小人之德」未嘗不是因爲學習模仿而有的善行。因此，「德」固然有不同層次的分別，但「德」這個概念本身屬於價值判斷的範疇則是肯定的。

我們如果看《論語集解義疏・子張第十九》「大德不踰閑，小德出入可也。」章的解釋就更清楚了：

> 大德，上賢以上也。閑，猶法也。上德之人常不逾越於法則也。小德，
> 中賢以下也，其立德不能恆全，有時暫至，有時不及，故曰出入也。不責
> 其備，故曰可也。

皇侃將「大德」、「小德」視爲「德」的分級表現。上賢之人有「大德」，中賢以下「其立德不能恆全」，所以稱爲「小德」。而由「有時暫至，有時不及」可以看出，皇侃所謂的「德」是一種有價值的行爲表現。前面我們討論過，對皇侃而言，「德」是行爲得理循道，所以上賢之人能常常秉持著「道」的原則行事，自然表現出來的行爲

都能得理合道，因此能「常不逾越法則」，才能稱爲「大」；而中賢以下之人在行爲表現上或偶能致道，或時有出軌，這是不恆，所以爲「小」。就「德」的普遍性來看，則每個人都能有良好合理的行爲表現，只是隨人能力不同、性分不同、展現不同，所以要求不同。所以皇侃才會說：「不責其備，故曰可也。」

在《論語集解義疏・爲政第二》「子張問十世可知也」章中，皇侃在解釋「三綱五常」〔註12〕時說：

> 三綱謂夫婦、父子、君臣也。三事爲人生之綱領，故云三綱也。五常謂仁、義、禮、智、信也。就五行而論，則木爲仁，火爲禮，金爲義，水爲信，土爲智。人稟此五常而生，則備有仁、義、禮、智、信之性也。人有博愛之德，謂之仁；有嚴斷之德，爲義；有明辨尊卑、敬、讓之德，爲禮；有言不虛妄之德，爲信；有照了之德，爲智。此五者是人性之恆，不可暫捨，故謂五常也。雖復時移世易，事歷今古，而三綱五常之道不可變革。故世世相因，百代仍襲也。

「德」在此處很明顯也是「德行」的意思。人生來就備有「仁」、「義」、「禮」、「智」、「信」之性，但這「性」只能說是「天生的質性」，如果沒有透過自覺的行爲實踐，就不能直接稱爲「仁」、「義」、「禮」、「智」、「信」。所以皇侃才說：「人有博愛之德，謂之仁；有嚴斷之德，爲義；有明辨尊卑、敬、讓之德，爲禮；有言不虛妄之德，爲信；有照了之德，爲智。」「博愛」、「嚴斷」、「明辨尊卑、敬、讓」、「言不虛妄」、「照了」等，都是「好的行爲表現」，換言之，都是「德行」。但因爲每個人天生差異的不同，所以每個人的行爲表現也都不同。這是我們一開始論「性」時就極力說明的。皇侃注重每個個體天生的差異，所以不只是前面說過的「仁」有差異表現，在「德」上仍然是無法擺脫的。

在前面論「仁」章最後一節中，我們談論到關於「仁德」的問題。我們說到，皇侃認爲「仁德」是「行仁」的成果、一種有價值的行爲，能被他人認同和敬服。

〔註12〕對於三綱的解釋，朱熹在《論語集註》中的解釋爲：「君爲臣綱，父爲子綱，夫爲妻綱。」這樣的解釋將君臣、父子、夫婦視爲三種上下主從的關係。而皇侃對三綱的解釋則完全不同：「三綱謂夫婦、父子、君臣也。三事爲人生之綱領，故云三綱也。」皇侃認爲，所謂的三綱就是人生中最主要的三件事情，分別是成家（夫婦）、生子（父子）、仕業（君臣）。這三件事貫穿一個人的生命，所以是人生的綱領。因此說「雖復時移世易，事歷今古，而三綱五常之道不可變革。故世世相因，百代仍襲也。」從皇侃的解釋裡我們可以發現，皇侃強調的是，人生命的過程和實踐，人的自我完成與人的社會完成。三綱正是社會完成，而五常的實現則是自我完成。這和朱熹的解釋非常不一樣。朱熹將三綱視爲社會架構裡的三種人際的主從關係，因此他說：「三綱五常，禮之大體，三代相繼，皆因之而不能變。」

所謂「天下歸仁」，不只說明了效果，還說明了此種行為受到群體的肯定和認同。這種得到肯定和敬服的行為就有了價值判斷，而能稱為「善」。因此，「仁行」能為「仁德」，是後天行為實踐的成果，較諸天生「氣性」的特質而言，有更積極的意義。所以，「仁德」說明了對「仁行」的肯定，或者說是「仁行」在個體身上所展現出的整體成果。回過頭來說，「德」這樣的通則概念也同樣牽涉到他人及群體。因為如果只就人自身來看，根本無所謂有德無德；「德」是受肯定的價值判斷，代表他人對我的正面評價。

在《論語集解義疏・陽貨第十七》「年四十而見惡焉，其終也已。」章，皇侃說：「人年未四十則德行猶進，當時雖未能善，猶望可改。若年四十，已在不惑之時，猶為眾人共所見憎惡者，則當終其一生無復有善理。故云其終也已。」則可以證明「德」這樣的概念是「善」同時也是關乎社會評價的。

由以上的討論，我們可以知道，「道」與「德」乃是互為表裡。「道」是心志之，「德」是行立之。因此，無論是「道」或「德」，都有關於個體內在自我與外在實現的部分。關於「道」，由於是「無形相」、「心志之而已」，在信念和理想的層面上當然屬於個體的自我內在範圍，但關於「先王之道」或者「道理」的部分，就是屬於外在客觀的對象了。當然這兩者並不是截然不可互通，而是相對於個體而言，必先由外學然後才能內化。至於「德」也是一樣。「德」除了是普遍良好的整體行為表現之外，還代表了內在信念（「道」）的實踐（意即「德行」）及表現在外在社會群體中的效果與評價。

二、「德」是「善」

繼「德」是實踐「道」的「德行」之後，我們此處要說明的，是「德」乃是一種「善」；將「德」解釋為「德行」時，即是「善行」。「善」者，具有絕對的價值意義。在《論語集解義疏》中，「善」是「對」、是「正」，隱含「真」的意義在內；「善」不是「美」，因為「美」是社會評價，但「善」卻能包含「美」的層面。皇侃對「善」和「美」這兩個層次分得很清楚：

> 美者，堪合當時之稱也；善者，理事不惡之名也。夫理事不惡，亦未必會合當時；會合當時亦未必理事不惡。故美善有殊也。

這一段是皇侃解釋《論語・八佾第三》「子謂韶」章，對孔子評論韶樂、武樂：「子謂韶盡美矣，又盡善也。謂武，盡美矣，未盡善也。」的說明。皇侃藉由「盡善」、「盡美」的對照與分開說明，來強調「理事不惡」與「會合當時」的不同。

所謂「理事不惡」，是「道理」上的對、善；而所謂「會合當時」，卻是社會的

評價與看法，有一時相對的「善」或「對」可言，但卻不一定是「真」。皇侃認為韶樂、武樂的分別在於：

> 聖人制樂，隨人心而為名。韶，紹也。天下之民樂舜揖讓紹繼堯德，故舜有天下而制樂名韶。……韶樂所以盡美又盡善，天下萬物，樂舜繼堯；而舜從民受禪，是會合當時之心，故曰盡美也。揖讓而代，於事理無惡，故曰盡善也。……天下樂武王從民而伐紂，是會合當時之心，故盡美也。而以臣伐君，於事理不善，故云未盡善也。

理事上的正確不一定和社會認同相符，符合社會評價的好並不代表符合道理上的對。然而就「善」來說，「善」本身其實具有絕對價值，不必經過人為的社會評價。而「美」本身在具有社會價值評斷之時，同時也就擁有具特殊時地性的、社會判斷下所產生的相對合理性。美者不一定善，善者不一定美。而顯然當我們說「善行」時，所指的即是這種具有絕對正確性的行為。所以當我們回過頭來看韶樂、武樂盡善與否的問題時，我們就可以發現，皇侃由舜與武王的行為表現來解釋盡善與否的問題。舜揖讓的行為是「紹繼堯德」，所以可以說是合於事理、道理的表現，而武王雖然能「從民而伐紂」、「會合當時之心」，但這樣的行為卻是不合道裡、不合「先王之道」的。

我們前面說過，在皇侃「稟氣性定」的人性觀中，「性」本身無善無惡，所謂善惡，是「就事而顯」，是「涉乎用」。關於這一點，我們可以舉邢昺《論語注疏解經》與朱子《四書集注》裡的解釋來對照比較。邢昺《論語注疏解經》的解釋是：

> 德能紹堯，故樂名韶。言韶樂其聲及舞，極盡其美；揖讓受禪，其聖德又盡善也。……以武得民心，故名樂曰武。言舞樂音曲及舞容則盡極美矣，然以征伐取天下，不若揖讓而得，故其德未盡善也。

而接著疏孔安國注曰：

> 〈禮器〉云：「樂也者，樂其所自成。」注云：「作樂者，緣民所樂於己之功。然則以武王用武，除暴為天下所樂，故謂其樂為武樂。」……云「以征伐取天下，故未盡善者」，以臣代君，雖曰應天順人，不若揖讓而受，故未盡善也。

邢昺完全忽略皇侃《論語集解義疏》裡對「善」和「美」的說明，認為孔子所說的「美」是指聲、舞極盡其美，而武樂之所以「未盡善」則是因為不夠「好」。何以如此說呢？因為雖然皇侃和邢昺都認為「未盡善」的原因在於「以征伐取天下」，但邢昺所謂「以征伐取天下，不若揖讓而得」、「以臣代君，雖曰應天順人，不若揖讓而受」的說法，基本上並不認為於事理不善，只是不夠「好」、不夠「完美」

而已，而皇侃則認為「未盡善」是指「於事理不善」，在「道理」上是「不對」的。也就是說，「以臣伐君」不只是瑕疵，這種以下犯上的行為，根本就是不合「道理」的行為表現。

「應天順人」是一回事，但「道理」上的對錯是另外一回事，皇侃分得很清楚。武王伐紂是不是「應天」，這要看「天」指的是「天理」還是「天下」；如果是「天下」則可，「天理」則未必、也未可知。「順人」則指出武王伐紂這件事合於當時社會群眾的期待，在「會和當時」的情況下，這件事具有相對的價值性和合理性，但卻非永恆的正確性。同時，我們也必須瞭解，「善」指的是「正」，而非「常」。行為獲得怎樣的評價，跟行為對錯是不同一回事；「正」跟「常」不同，「對」跟「好」也不一樣。皇侃論「善」，強調的重點在於「行為之正確合理」，而不是主觀的好、壞之別或是否合乎社會評價。社會判斷是會隨「時」而變，所謂「常」也會變，不變的只有「理」。

因此，「合理」或「得理」是「善」的基本前提，也是「善行」能有絕對價值的依據。就皇侃以「德」來說明韶樂、武樂的分別，「德」作為合理、得理的行為表現方面來看，「德」（或者說「德行」）有其絕對的價值依判。就「善」與「善行」來說，合於「道」、實踐「道」即是「德行」的價值所在。

同樣論「善」，朱子在《論語集注》中有另一種說法：

> 美者，聲容之盛。善者，美之實也。舜紹堯致治，武王伐紂救民，其功一也，故其樂皆盡美。然舜之德，性之也，又以揖遜而有天下；武王之德，反之也，又以征誅而得天下，故其實有不同者。

朱子認為所謂「美」，是指「聲容之盛」，因為舜跟武王致治教化，「其功一也」。至於「善」，則認為是「美之實也」。所謂「實」，應該是指美的內容。也就是說，韶樂、武樂表現出來的「聲容之盛」是事功的表徵，而事功的內在是來自於「德」—「舜之德，性之也」、「武王之德，反之也」。舜的德來自於順性，武王之德則是逆性，所以有盡善與否的分別，「故其實有不同者」。如此看來，則「性之」所指應該是「順從有德之性而行」，所以才會發而為「又以揖讓而有天下」的事功表現。因此，朱子的「德」可以理解為「德性」之「德」，此種「德」來自於先驗的「德性」，只要順從此種「德性」而動，則行為自然就可以合於「天理」。這種「善」是「性善」之「善」。

反觀皇侃，皇侃論「善」，既不是邢昺所說的「好」，也不是朱子所說的「性善」，而是「就事而顯」的「事理不惡」。事件與行為表現有對錯的判斷，人性卻沒有善惡的分別，這突顯出對人後天行為表現的重視。也就是說，後天表現出來的「德行」（「善行」）比依順先天具有的道德性而發的舉動更可貴，更值得稱讚。

　　對皇侃而言,「德行」的必要性根基於人性無善無惡,因為人性無善無惡,所以人必須學習「先王之道」才能展現人的價值所在;而學習「先王之道」的目的是在於作為人立身處世的依憑。我們前面不斷強調,皇侃《論語集解義疏》最基本的思考出發點在於他對個人處於群體社會之中的思索。人是群體的動物,沒有其他個體的存在,人的行為便談不上有意義,因此,個體存在意義的產生來自於個體處在於群體之中。所以,學習「先王之道」作為立身處世的依憑,同時以「先王之道」為準則與實踐目標,「德」(「德行」)的必要性來自於人必要好好地處立於群體之中,這是人處於社會中不可避免的問題。「德行」的必要性也由此來說。

　　我們比較幾位同樣以「氣性論」為思考出發點的思想家,如果就「德行」的必要性來說,荀子論「性惡」時,固然能將禮樂文明文化的重要性與人文的價值突顯出來,但荀子「性惡」之說卻無法為「德行」找到一個絕對必要存在的依憑。而就董仲舒來說,董仲舒並沒有明顯地談到「德行」如何能是人「必然」的追求。如果就「有善質而未能善」及「仁貪之氣兩在於身」來說,則董仲舒的「德行」依據大概只能說是在自然主義下一種「天」與「人」的類比式思考,所以對於「德行」的「必然」也就不用解釋了。這樣看來,皇侃和這幾位思想家最大的不同就在於,皇侃的「德行」論有一個「必然」的依憑,那就是「先王之道」、就是基於人立身處世的必然需要。此種必然需要和以「德性」來說「德」的超越依據不同,皇侃並不將人的價值寄託在超越的人性意義上,而是就「人」這種生物所組成的群體關係裡來談其絕對必要。

　　進一步來說,荀子以「性惡說」來凸顯「禮樂教化」,也就是文化文明薰習的重要性;漢代董仲舒直接點出實踐的重要性,認為即使是潛在的「善質」,也不能稱為善,唯有實踐的「善」才是真正的「善」。皇侃更進一步的發展即在於,就「質性」的角度來點出,人無異於禽獸,人也同時不同於禽獸。皇侃認為人性無善無惡,即使天生有「仁」、「義」、「禮」、「智」、「信」等「質性」成分,但仍不足以夠成人之所以為人的最大條件。人能異於禽獸者,在於行為,在於能明白道理、能自覺地實踐「德行」。因此,皇侃的發展也可說是將「氣性論」人性觀中不具有超越的價值的人性和人具有絕對意義價值的「德行」實踐關聯起來,同時給了「德行」實踐一個必然的依據和理由。

　　因此,我們前面談「仁」時,也一直強調,對皇侃而言,「仁」絕對是個體在群體之中對其他個體的付出與關懷,是個體與個體、個體與群體的互動。此處我們分析皇侃所說之「德」,仍是同樣的道理。而「德」較之於「仁」,則是更普遍的通則原理與行為表現,就這一點來究其必要與必然,就能完全看明白了。

三、「德」者，得萬物之性

　　「德」除了是「善」，還能延伸爲「德澤」。皇侃討論「德」的「德澤」義時，時常從「君德」及「政治」的角度來說。不過我們可以先從《論語集解義疏・衛靈公第十五》「君子不可小知，而可大受也」章來看「道」與「德」的整體表現：

　　　　君子之道深遠，不與凡人可知，故云不可小知也；德能深潤物，物受
　　之深，故云而可大受也。

由這一段解釋來看，「道」和「德」的確互爲表裡。就君子而言，志於「先王之道」這種信念和理想不是普通人所能瞭解的，但君子源於學「道」所展現出來的所作所爲，卻能造福大眾。因此，由「道」而生的「德」，就個體自身而言，是「人生之本」，就本質而言是「善」，就個體相對於其他個體或群體而言，就是「恩澤」。關於「恩澤」的用法，最常見於對「君主」或「政治施政」上的討論。

　　在《論語集解義疏・論語爲政第二》「爲政以德」章中，皇侃說：

　　　　德者，得也。言人君爲政，當得萬物之性，故云以德也。故郭象云：
　　「萬物皆得性，謂之德。夫爲政者，奚事哉？得萬物之性。故云德而已
　　也。」……譬人君若無爲而御民以德，則民共尊奉之而不違背，猶如眾星
　　之共尊北辰也。故郭象云：「得其性則歸之，失其性則違之。」

在這一章中，皇侃對「德」的解釋除了「得」，還進一步說明，乃是「得萬物之性」，同時更引郭象「萬物皆得性，謂之德。夫爲政者，奚事哉？得萬物之性。故云德而已也。」的說法來加以佐證。

　　所謂「人君無爲而御民以德」的「德」，指的是人君當行的「君德」而言。在《論語集解義疏・顏淵第十二》「齊景公問政於孔子」章中，皇侃解釋「君君、臣臣、父父、子子」時說：

　　　　言爲風政之法，當使君行君德，故云君君也。君德謂惠也。

我們如果就「爲政以德」章上半段解釋來看，則所謂「得萬物之性」，也可以說成是「萬物皆得性」；更明白地說，即是人君爲政，必要明白萬物之性，並使其各適其性、各得其所。而如果連下半段解釋一起來看，則會發現所謂「得萬物之性」、「萬物皆得性」，更確切的解釋便是：人君爲政有「德澤」。

　　《論語・季氏第十六》「季氏將伐顓臾」章提及：「蓋均無貧，和無寡，安無傾。夫如是故，遠人不服則修文德以來之；既來之，則安之。」皇侃的解釋是：

　　　　若國家之政能如此安不傾者，若遠人猶有不服化者，則我廣修文德於
　　朝，使彼慕德而來至也。故舜舞干羽於兩階而苗民至。遠方既至，則又用
　　德澤輔安之。

所謂「文德」，皇侃舉「舜舞干羽」的例子作爲說明，很明顯是以「先王之道」爲內容，廣修文治，讓遠人「慕德而來至也」。這麼看起來，「德」是「慕」的對象，「廣修文德」固然是以「先王之道」爲內容，但應當是以所展現出的美好的文治武功使人愛慕。因此，「德」和「道」仍是表裡關係。更甚者，皇侃又認爲能「安之」的條件即是「德澤」。「德澤」者，就是皇侃所說的：「君子之道深遠，不與凡人可知，故云不可小知也；德能深潤物，物受之深，故云而可大受也。」「舜舞干羽於兩階而苗民至」，苗民自然不會是因爲懂得禮樂文明的價值而遠至，必然是愛慕禮樂文明的表現而來。遠人來至，能用以安之的，也不是什麼大道理，而是能造福、施惠於他們，使他們安居樂業。

我們以《論語集解義疏・憲問第十四》「南宮适問於孔子」章對「禹稷躬嫁而有天下」句的解釋爲例就更清楚了：

> 言禹身治溝洫，手足胼胝，勤勞九州，稷播種百穀。二人不爲篡，並
> 有德爲民。……禹稷有德故貴重也。

皇侃以爲南宮适此句是「以孔子之德比於禹稷，則孔子亦當必有王位也。」進一步來看，禹稷兩人之所以爲「有德」，乃是因爲治溝洫、種百穀，造福百姓、爲百姓謀利，所以貴重其「德」。「德」在此即是作爲「德澤」義解。此外，兩人除了並有「德澤」於天下外，作爲統治者，皇侃仍不忘記強調「二人不爲篡」的「理事不惡」。可見，對皇侃而言，「德澤」固然是「美」，能「會合當時」，但「德」本身之「善」依然是不能忽略的。

換言之，「道」乃是行爲的內容和準則，良好的行爲表現（「德行」）除了是個人信念的體現，同時在群體裡也能造福群眾。因此我們說，「德」由得理循道引伸而出，而「德澤」則是「德」的衍生，是「德」之「澤」，是「德」由個體自身外推於群體後的必然結果。所以從皇侃所舉的例子與加強的說明來看，「德」在政治上的意義應該以「德澤」爲最主要的解釋，但「德澤」卻是與行事得理的個人之「德」息息相關，也與「道」有密切的關聯。

瞭解了《論語集解義疏》中「道」、「德」、「德澤」的關係後，我們再來看「爲政以德」章的解釋就更清楚了。皇侃這裡所說的「德」，顯然並不只是指個人良好行爲的「德行」，而是更進一步指君主治理國家的作爲。朱熹在解釋這一段話時，雖然也將「德」解爲「得」，但卻是傾向於品德修養的概念：

> 德之爲言得也，得於心而不失也。……眾星四面旋繞而歸向之也。爲
> 政以德，則無爲而天下歸之，其象如此。程子曰：「爲政以德，然後無爲。」
> 范氏曰：「爲政以德，則不動而化、不言而信、無爲而成。」

朱熹認爲，一個君主之所以能讓百姓歸心，完全是因爲君主本身擁有高超的品德修養所致，這在朱熹談論到堯、舜等古之聖王時，尤爲明顯。朱熹認爲堯、舜之所以爲古之聖王，乃是因爲堯、舜擁有完美的人格修養所致。但皇侃在這一點上與朱熹有不同的看法。

皇侃認爲，「爲政以德」的意義在於能知悉百姓的需求，並且讓百姓萬物都能按其自然本性生存、成長、發展。所謂的「德政」，消極來說是讓百姓在不受政治手段干擾的情況下，自然地生存發展。這樣看起來，彷彿和老子所說的「無爲」並無兩樣，但老子的「無爲」所強調的是去除人爲政治手段的擾民作爲，嚴格來說，並看不太出來有積極意義。但皇侃解釋「眾星共之」時，卻不只有消極意義，還有更積極的意義在內，這是皇侃獨到之處。所謂的積極意義，是指君主能提供一個良好的社會環境讓百姓安居樂業。要能提供一個良好的社會環境，就必須知道百姓所喜所惡，要能「得」其性，然後才能有積極的意義。

「性分」這一個觀點是郭象注《莊子》時所提出來的。郭象在解釋〈逍遙遊〉中鯤、蜩與學鳩的差異時，就以「其性」不同的觀點作說明：「苟足於其性，則雖大鵬，無以自貴於小鳥；小鳥無羨於天池，而榮願有餘矣。故大小雖殊，逍遙一也。」小鳥有小鳥的天性，大鳥有大鳥的天性，只要各各完足於其本性，就是逍遙。這種對「其性」的解釋，放到這裡來就成了「要瞭解百姓之性，且同時使人民能各盡其性」。所謂「譬人君若無爲而御民以德，則民共尊奉之而不違背，猶如眾星之共尊北辰也。」人君若只是無爲，並不能凝聚百姓的向心力；人君必須無爲且「御民以德」。透過對百姓需求的瞭解，努力提供一個良好環境讓百姓能自由發展、安居樂業，各適其性，各盡其份，這樣君主才可能獲得百姓的「尊奉」。

這樣的看法同時也表現在皇侃對於「先王」歷史地位的解釋上。皇侃認爲，堯、舜之所以成爲後世尊敬的聖王，一方面是因爲他們制禮作樂對文化的貢獻，另一方面也因爲他們能讓百姓安居樂業，對百姓有「恩德」，所以受到百姓們的尊敬擁戴，而非因爲他們是人格完美的君主。在《論語集解義疏‧堯曰第二十》章中，皇侃說：

> 此篇凡有三章。雖初稱「堯曰」，而寬通眾聖。故其章內并陳二帝三王之道也。就此一章中凡有五重。自篇首至天祿永終爲第一，是堯命授舜之辭。又下云舜亦以命禹爲第二，是記者序舜之命禹，亦同堯命舜之辭也。又自予小子履至萬方有罪在朕躬爲第三，是湯伐桀告天之辭。又自周有大賚至在予一人爲第四，是明周武伐紂之文也。又自謹權量至章末爲第五，明二帝三王雖有揖讓與干戈之異，而安民取治之法則同也。又下次「子章問孔章」，明孔子之德同於堯舜諸聖也。上章諸聖所以能安民者，不出尊

> 五美、屏四惡,而孔子非不能爲之,而時不值耳。故師資殷勤,往返論之
> 也。又下一章「不知命無以爲君子」也,此章以明孔子非不能爲,而不爲
> 者,知天命故也。

就像我們前面所說的「禹稷」的例子一樣,治溝洫、種百穀才是對百性的「德澤」,也才能讓百姓擁戴,讓遠人「慕德而至也」。

因此,對皇侃來說,「德行」的要求是因人而易的。君子有君子的標準,平民百姓有平民百姓的標準,君王當然也要有良好的德行表現,但這德行表現並不決定他是否爲一個好的君主。我們前面論「仁」時也說過,對皇侃而言,君主做爲君主的責任,和君主自身個體的行爲表現是必須分開看的。因此,好的君主該由他的施政與百姓的擁戴與否來判斷。這就是「君君、臣臣、父父、子子」,每個人在自己的崗位上都該盡到各自的本分,表現出各自的價值。君主要盡到作君主的責任,爲人臣子者也該盡職守分。因此,一個君主固然必須有好的德行足以作爲百姓的楷模,但更重要的是,一個好的君主則必須盡到君主的責任,也就是提供好的環境,讓每個子民都能在自己的崗位上好好發揮、安居樂業。

在《論語集解義疏・爲政第二》「導之以德,齊之以禮,有恥且格。」章,皇侃對「導之以德」的解釋就是游移在兩種「德」義之間:

> 云導之以德者,謂誘引民以道德之事也。郭象云:「德者,得其性也。」
> 云齊之以禮者,以禮齊整之也。郭象云:「禮者,體其情也。」云有恥且
> 格者,既導德齊禮,故民服從而知愧恥,皆歸於正也。郭象云:「情有所
> 恥,而性有所本;得其性則本至,體其情則知恥。知恥則無刑而自齊,本
> 至則無制而自正。是以導之以德,齊之以禮,有恥且格。」……苞氏曰:
> 「德謂道德也。」亦得合郭象解也。

我們之前說皇侃解釋「爲政以德」的「德」並非指品行修養的道德性,而是指君王能夠實現君王應有的責任,瞭解人民的需求、好惡,進而能提供好的環境和條件,使人民在其中各各安居樂業,這就是:「德能深潤物」。郭象的解釋前後是很一致的,所謂的「德」並不含有道德的意味在內,那麼爲什麼皇侃在這一章最後疏苞氏之注:「德謂道德也。」時卻說:「亦得合郭象解也。」呢?

在這一章裡,皇侃同時也收集了當時學者沈居士的解釋,我們可以比對一下。沈居士說:「由夫其自然之性也,若導之以德,使物各得其性,則皆用心不矯其真;各體其情,則皆知恥而自正也。」如果由沈居士的說法來看,所謂「導之以德」的「德」,恐怕帶有某種「使道德實現」的意味。這種「使道德實現」本身並不是後來朱熹《論語集註》裡的心性道德,而是一種「德行」實踐的要求,也就是使實現一

種良好的行爲。因此，皇侃之所以會說「亦得合郭象解也。」，也就是從這樣的解釋角度出發。

總結以上，我們討論過「德」和「道」的關係以及「德」的幾種解釋，可以發現，「德」和「道」其實是很難分開加以說明的。要單獨說明「道」也許比較容易，但要說明「道」的落實和實踐成果，就非得透過「德」不可；然而要單獨說明「德」則不容易，非得透過「道」作爲基本概念來加以延伸不可。明白了「道」和「德」的關係及「德」的意涵後，我們或許就可以姑且就用「道德」兩個字統一來說明「道」和「德」作爲個體內在外在的整體信念和表現。

第三節 小 結

綜觀本章，皇侃《論語集解義疏》認爲「道」的最基本義乃是「先王之道」，「先王之道」的內涵包括了禮樂文明制度及處世道理。就「道」的政治面來說，堯、舜等先王所代表的是文明禮樂制度的創造，以及禮樂文明制度實現後的理序世界；就個人立身處世面來說，「道」是立身處世之本，是妙通萬物的「理」，這源於「先王之道」的「理」說明了行事舉止的合度、適當，也說明了待人處事的原理原則。此外，「道」還具備了「待實現性」，「道」不是完成，而是追求的目標，是知識份子的信念，同時也是對世界理序與自我實現的理想、期待。

其次，就皇侃將「道」視爲「先王之道」而言，皇侃和朱熹、刑昺乃至王弼都大不相同。朱熹論「道」著重於「天理流行」之「道」義，刑昺《論語注疏解經》即使大多抄襲皇侃《論語集解義疏》，但顯然也和王弼一樣，將「道」視爲自然流行之「道」，這樣的解釋角度與其說是儒家之「道」，不如說較偏向道家所說之「道」。因此我們可以看出，皇侃解釋「道」時，其實是傾向較爲樸實的原始儒家義。這種樸實詮釋在佛學、玄學流行的魏晉南北朝，實屬難得。

皇侃論「道」時，我們強調「道」是人內在性的信念和理想，同時也是待實現的目標，以及立身處世的「道理」；而皇侃對於「德」的詮釋，則主要偏向於「德行」面，也就是將「德」視爲良好的行爲表現、「道」的實踐外顯。「德行」爲人生之本，是良好且有價值的行爲表現。「德行」以「理」爲準則及實踐目標，同時也是「理」的體現。「理」是「善」，所以「德行」表現出來的也是「善」，因此才能說「德」是良好的行爲表現，這種良好不只在於社會評價，同時還包括了絕對的價值在裡面。

「德」的延伸是「德澤」，「德澤」是「德行」而能造福他人的表現，是「德」的另一價值所在。對「利他」行爲的重視，一直是皇侃思考的重點。不論是論「仁」

或論「德」，皇侃都一致地從「德行」實踐的角度來解釋，同時將「德行」實踐視為價值所在，這是因為皇侃總是從個體與群體的關係來思考人的世界。而正因為皇侃思考的重點在於個體與群體的關係，所以皇侃並不從「心性」的角度來論「德」。如果就「德性」的角度來說，那麼「德」作為「德澤」之義，不過就是一種附加價值；然而就皇侃《論語集解義疏》來說，「德行」與「德澤」卻是「德」最終的價值。個體透過學「道」，表現出良好的行為，這是最基本的「德」義；個體透過學「道」，而能有「德行」（良好的行為表現），此良好「德行」表現的同時，還能造福他人、使他人得到幸福，這就是人為什麼必須要有德行的原因。

就「道」來說，「先王之道」所象徵的理想理序世界是皇侃認為應當立志追求的；就「德」而言，透過「君德」的實踐，能讓國家社會安定富足，讓百姓安居樂業，這就是對「先王之道」的實踐。因此，總結來說，「道」是個體內在的主導，而「德」是個體內在信念的實踐。「德」一方面是個體良好行為的表現，一方面也是個體在群體中將「道」體現出來的成果。

第五章　結　論

　　總結以上諸章，我們嘗試從皇侃《論語集解義疏》對《論語》中的「性」、「命」、「仁」、「道」和「德」等概念的解釋，來看皇侃《論語集解義疏》詮釋《論語》的特色。在「論『性』與『命』」一章中，我們發現皇侃對「人性」的看法基本上乃沿自先秦荀子、漢代董仲舒、王充等人的氣性論及強調教化、實踐等觀念而下。不過皇侃在《論語集解義疏》所展現出來的，不只是氣性論的繼承，同時還有更成熟的發展。就氣性論而言，皇侃認為性無善無惡，因此人的價值不就性論善惡，而以「德行」實踐來看。這樣一來，教化與學習、行為實踐等的意義便能凸顯無遺。

　　在「用氣為性」的思考角度下，「性」只是天生的實質或特質，雖有稟氣不同的差異，但無法有道德評價。倫理道德的價值不在「性」上顯現，而是在學習或教化後，「為善」的「德行」實踐上講。這是和道德先驗的心性論不同思考方式的一套倫理道德標準。其次，皇侃對「命限」的思考也是特別的，皇侃由人的自知自覺出發，肯定個別個體的差異，並且以完成個體「性分」為目標，雖然使用郭象的思考方式，但卻不止於美學欣趣，反而能轉為對積極道德行為實踐的要求，不同於宋理學中對儒家超越心性的探索，表現出另一種強調現實實踐的思考方式。

　　在論「仁」一章中，我們多處比較朱熹《論語集注》與皇侃《論語集解義疏》的異同點，是為了瞭解皇侃如何詮釋《論語》中的「仁」以及皇侃的思考特色。我們從對「仁」的討論中可以發現，皇侃對「仁」的看法著重於實踐與「利他」的層面。比較特別的是，皇侃同時認為「仁」有兩種面相，一種是個人特質表現，一種則是透過學習教化所表現出來的行為。關於前者，皇侃透過人性特質的角度來承認人天生質性的差異無關乎善惡，而是不同。

　　除了「仁性」外，皇侃認為「仁」最重要的意義是「仁行」。「仁行」是行為實踐，由行為實踐本身論「仁」，進而引出「行盛」的概念。「行盛」換句話說就是「君

子以自強不息」，「仁」的實踐沒有終止，最終就轉成一種積極剛健的精神，這種精神必要由實踐與自我認知來實現。這個層面的「仁」固然是一種精神，但還是不同於超越道德論的「仁」，也不同宋理學中接近「天理道」，最終價值的「全德仁」。

其次，皇侃認爲「仁」和「德」和「道」三者的層次是不同的。朱熹則認爲「仁」是「德」的最終極表現，將「仁」的地位提高凌駕於「德」之上，並且認爲「仁」即是「道」的實現。我們在論皇侃《論語集解義疏》的「道」與「德」一章中，探討過皇侃對「道」和「德」的解釋。皇侃對「道」的解釋應該可以算是十分樸實，在《論語集解義疏》一書中，皇侃對「道」的基本解釋即爲「先王之道」，這「先王之道」所代表的是堯、舜等聖人爲王者所創造的禮樂文明制度。這種文明文化的表徵抽象之後，便是立世的道理。而所謂的「德」，即是「道理」外顯、實現在行爲處事上所表現出來的「行事合善」。「德」是良好的行爲表現，因此也可以說，「德」是介於個體和群體之間。就個體而言，「德」是個人教養的展現；對群體來說，「德」的最主要意義在於「德澤」。「德澤」是個體良好的得理行爲表現實踐在群體中，對群體所產生的影響。在政治上，一個「有德」之君，在「德」的領域裡是雙面的意義；他一方面有良好的「德行」，另一方面，也因爲「德」的展現，而能讓百姓都共其「德」，此「德」即是「德澤」。

我們如果以最簡單的方式來縱貫地理解皇侃《論語集解義疏》中的思考，那就是由「道」而「德」而「仁」。這是皇侃《論語集解義疏》中一組最清楚而重要的思考系統，清楚地展示皇侃《論語集解義疏》背後所面臨的時代問題與思考進路。「道」是普遍恆常的「道理」，「德」是一個廣泛的概念，強調「德行」實踐與發揮，而「仁」則是「德」此種概念中最具體也是最特殊的德目實踐。

由「道」而「德」而「仁」，這套《論語集解義疏》背後的思考重點主要著重在對人處於群體社會當中的關懷。就人身爲社會群體的一份子的思考角度而言，皇侃非常關心人如何立身，然後處世的問題。就人自身來說，是「安身」，就處於群體來說是「立命」，知識份子如何能安身立命就是皇侃《論語集解義疏》背後最大的思考重點。這不同於漢代「經國濟世」的經學思考，將關懷的重心完全放在政治的方面。固然政治是古代仕人實現理想與經世濟民最直接的辦法，但其所面對與直接思考的，仍是整個國家政治的運作。漢代與南北朝的政治、社會環境都不相同，關懷的對象與問題也不同，這是非常合理且值得注意的，而我們也能由此看出南北朝經學的思考方向與特色。

此外，縱而觀之，我們還可以看出皇侃對《論語》有一套獨立的詮釋系統，和我們習見的宋儒朱熹的說法都不相同。不過，皇侃與朱熹雖然有的地方見解不同，

但也有類似的地方。比如對「仁」的看法，與漢儒相較之下，皇侃和朱熹對「仁」的分析與理解就較為接近。此外，在對「道」的理解上，就「道」作為「道理」解釋的部分而言，兩人的看法也是相近的。又比如在「天命」的解釋裡，皇侃雖然保留了先秦人格天的意味，但也做了轉化，這種轉化就趨近於朱熹對「天命」的看法。因此，我們不能將魏晉南北朝與宋代的經學思想完全二分，在對皇侃《論語集解義疏》的觀察中，我們就時常都能發現二者的相似處。

不過基於本論文以探討皇侃《論語集解義疏》為主，希望藉著對照朱熹《論語集注》，來看出皇侃詮釋《論語》的特色，故多強調二者之不同處。事實上，如果兼之觀察邢昺的《論語注疏解經》，三者並重，應該可以看出皇侃、邢昺、朱熹三人對《論語》的詮釋，在思想與方法上有明顯的轉變與銜接。

整體來說，皇侃《論語集解義疏》的基本思考點是放在個體理想實現與在群體中的立身處世來看，而其最後所關懷的，是理序世界的實現。理序世界不只是聖人治世，同時還是一個每個個體都能實現自己、都能完成自己的理想世界。我們從皇侃對「道」的詮釋中即可看出此一期待。這種期待呈顯出魏晉南北朝長期的政治紛亂中，人們對自我與世界的期待與思考。皇侃的《論語集解義疏》不僅表現出一個經學家的思想，同時也呈現出對時代的關懷，這是其可貴之處。

最後，筆者想說的是，邢昺《論語注疏解經》一出，許多保存在皇侃《論語集解義疏》中的想法和觀點就此流失、殘缺，而朱子《論語集注》一出，詮釋《論語》的方法即訂於一格，不復得見其他說法。這對經典本身是一種無形的殘害，會讓經典逐漸僵化、異化，乃至死亡。宋儒之後，我們普遍認為繼承孔子思想的是孟子，而荀子是歧出〔註 1〕，但如果我們就《論語》不斷強調「教化」和「學習」的思考模式來看，從荀子由「性惡」來極力推崇禮樂教化的價值，到漢代董仲舒認為「善質」必須靠教化來完成，乃至皇侃的《論語集解義疏》中認為無善無惡的性需經由學習和教化，才有價值，才能「成德」、「為君子」，這一條傳承似乎更接近原始的《論語》內涵。這也許也能提供我們後代在瞭解《論語》時一條進路。

〔註 1〕　牟宗三先生在《才性與玄理》中即說：「魏晉之玄理，其前一階段為才性。故此書即曰『才性與玄理』。『才性』者自然生命之事也。此一系之來源是由先秦人性論問題而開出。但不屬於正宗儒家如孟子與中庸之系統，而是順『生之謂性』之『氣性』一路而開出。故本書以『王充之性命論』為中心，上接告子、荀子、董仲舒，下開『人物志』之『才性』，而觀此一系之源委。此為生命學問之消極一面者。」

參考書目

一、古典原籍及注疏

1. 《論語》（定州漢墓竹簡）河北省文物研究所、定州漢墓竹簡整理小組，文物出版社出版，1997 年 7 月第一版第一刷。
2. 《論語集解義疏》梁・皇侃疏，廣文書局印行，1991 年 9 月再版。
3. 《四書章句集注》宋・朱熹撰，北京：中華書局出版，1996 年 9 月北京第 5 印刷。
4. 《論語注疏解經》宋・邢昺疏，藝文印書館、十三經注疏本，1982 年 8 月 9 版。
5. 《論語正義》清・劉寶楠撰，藝文印書館、論語集成本，1966 年出版。
6. 《論語皇疏考證》清・珪文燦撰，藝文印書館、論語集成本，1966 年出版。
7. 《孟子注疏》宋・孫奭撰，藝文印書館、十三經注疏本，1982 年 8 月 9 版。
8. 《禮記正義》唐・孔穎達疏，藝文印書館、十三經注疏本，1975 年出版。
9. 《經典釋文》唐・陸德明撰，鼎文書局印行，1975 年出版。
10. 《經義考》清・朱彝尊撰，中文出版社印行，1978 年出版。
11. 《增注經學歷史》清・皮錫瑞撰，藝文印書館印行，1996 年 8 月初版 3 刷。
12. 《經學通論》清・皮錫瑞撰，河洛圖書出版社出版，1974 年 12 月臺景印初版。
13. 《四庫全書總目》清・紀昀等撰，漢京文化公司印行，1981 年出版。
14. 《四庫全書簡明目錄》清・永瑢等撰，河洛圖書公司印行，1975 年版。
15. 《四庫全書總目提要補正》清・胡玉縉撰，漢京文化公司印行，1981 年出版。
16. 《漢書》漢・班固撰、唐・顏師古注，鼎文書局印行，1976 年出版。
17. 《南齊書》梁・蕭子顯撰，鼎文書局、正史全文標點讀本，1980 年版。
18. 《梁書》唐・姚思廉撰，鼎文書局印行，1975 年出版。
19. 《隋書》唐・魏徵撰，台灣中華書局印行，1971 年臺二版。

20. 《舊唐書》後晉・劉昫等撰，鼎文書局、正史全文標點讀本，1980 年版。

21. 《新唐書》宋・歐陽修等撰，鼎文書局、正史全文標點讀本，1980 年版。

22. 《宋史》元脫脫等撰，鼎文書局、正史全文標點讀本，1980 年版。

23. 《新語、新書、春秋繁露注》楊家駱主編，世界書局印行，1989 年 10 月 4 版。

24. 《王弼集校釋》樓宇烈校釋，華正書局有限公司發行，1992 年 12 月初版。

25. 《莊子集釋》清・郭慶藩撰，華正書局有限公司發行，1979 年出版。

26. 《人物志今註今譯》陳喬楚註譯，台灣商務印書館股份有限公司出版，1996 年 12 月初版第一次印刷。

27. 《東塾讀書記》清・陳澧撰，台灣商務印書館印行，1967 年出版。

二、現代學術論著

1. 《論語譯注》楊伯峻著，華正書局有限公司發行，1990 年 8 月初版。

2. 《孔子學說》陳大齊著，國立政治大學出版委員會，1969 年 3 月臺四版。

3. 《孔子與論語》錢穆著，聯經出版事業公司，1979 年 8 月第四次印行。

4. 《高明孔學論叢》高明著，黎明文化事業股份有限公司出版，1986 年 2 月 1 日三版。

5. 《論語義理疏解》王邦雄、曾昭旭、楊祖漢著，鵝湖月刊雜誌社印行，1983 年 1 月初版。

6. 《皇侃之經學》陳金木著，國立編譯館印行，1995 年 8 月初版。

7. 《中國經學史》日・本田成之撰，古亭書屋出版，1975 年出版。

8. 《中國經學史》馬宗霍撰，台灣商務印書館印行，1971 年出版。

9. 《中國經學發展史論》李威熊著，文史哲出版社印行，1988 年初版。

10. 《群經要義》陳克明著，北京：東方出版社出版，1996 年 12 月第一版。

11. 《今古文經學新論》王葆玹著，北京：中國社會科學出版社出版發行，1997 年 11 月第一版第一次印刷。

12. 《中國經學史論文選集》林慶彰編，文史哲出版社印行，1992 年 10 月初版。

13. 《今存南北朝經學遺籍考》簡博賢著，黎明文化事業股份有限公司，1975 年 2 月出版。

14. 《中國哲學史》勞思光撰，三民書局出版，1983 年版。

15. 《中國思想史》韋政通撰，大林出版社出版，1981 年版。

16. 《中國哲學十九講》牟宗三著，台灣學生書局印行，1991 年 12 月第 4 次印刷。

17. 《中國哲學大綱》張岱年著，北京：中國社會科學出版社出版，1982 年 8 月第一版第一刷。

18. 《中國倫理思想研究》張岱年著，貫雅文化事業有限公司，1991 年 7 月初版。

19. 《玄儒評林》張岱年著，湖南人民出版社出版，1985 年八月第一版第一刷。

20. 《才性與名理》牟宗三著，學生書局出版，1993 年 2 月修訂八版。

21. 《政道與治道》牟宗三著，台灣學生書局出版，1987 年 7 月第三刷。

22. 《漢魏兩晉南北朝佛教史》湯用彤著，駱駝出版社，1987 年初版。

23. 《兩晉南北朝史》呂思勉撰，台灣開明書局印行，1977 年出版。

24. 《理學、佛學、玄學》湯用彤著，北京：北京大學出版，1991 年第一版。

25. 《魏晉玄學論稿》湯用彤，中華書局、《湯用彤學術論文集》，1983 年版。

26. 《古籍的闡釋》董洪利著，遼寧：遼寧教育出版社出版，1997 年 4 月第三刷。

27. 《儒、佛、道與傳統文化》文史知識編輯部編，北京：中華書局出版，1996 年 10 月北京第三次印刷。

28. 《漢末人倫鑑識之總理則—劉邵人物志研究》江建俊著，文史哲出版社印行，1983 年 3 月出版。

29. 《魏晉六朝文學與玄學思想》袁峰著，西安：三秦出版社，1995 年 12 月第一版第一次印刷。

30. 《六朝情境美學綜論》鄭毓瑜著，台灣學生書局印行，1996 年 3 月初版。

31. 《詮釋的衝突》里克爾著、林宏濤譯，桂冠圖書股份有限公司出版，1995 年 5 月初版一刷。

三、學術期刊論文

1. 〈皇侃論語義疏的內涵思想〉戴君仁撰，「孔孟學報」第二十一期，1971 年 4 月。

2. 〈皇侃論語集解義疏的性質和形式〉戴君仁撰，「中央圖書館館刊」第三卷第三、四期，1970 年 10 月。

3. 〈評論皇侃義疏之得失（上）〉董季棠撰，「孔孟學報」第二十八期，1974 年 9 月。

4. 〈評論皇侃義疏之得失（下）〉董季棠撰，「孔孟學報」第二十九期，1974 年 10 月。

5. 〈論語皇本異文舉要〉董季棠撰，「孔孟學報」第二十三期，1972 年 4 月。

6. 〈論皇侃的論語義疏〉孫述圻撰，《中國經學史論文選集》上冊，文史哲出版社印行，1992 年 10 月初版。

7. 〈論儒、釋兩家之講經與義疏〉牟潤孫撰，「新亞學報」第四卷第二期，1958 年 8 月。

8. 〈經疏的衍成〉戴君仁撰，「孔孟學報」第十九期，1970 年 4 月。

9. 〈隋、唐經籍及義疏之學的探討〉李威熊撰，「孔孟學報」第四十八期。

10. 〈王弼、何晏的經學〉戴君仁撰，「孔孟學報」第二十期，1970 年 9 月。

11. 〈魏晉南北朝時期的經學〉牟鍾鑒撰，《中國經學史論文選集》上冊，文史哲出

版社印行，1992 年 10 月初版。

12. 〈六朝儒經注疏中之佛學影響〉張恆壽撰，《中國經學史論文選集》上冊，文史哲出版社印行，1992 年 10 月初版。

13. 〈王弼之《周易》《論語》新義〉湯用彤撰，《中國經學史論文選集》上冊，文史哲出版社印行，1992 年 10 月初版。

14. 〈經史分和與《疑古》《惑今》〉代繼華撰，《中國經學史論文選集》上冊，文史哲出版社印行，1992 年 10 月初版。

15. 〈《論語》中的「道」與「仁」〉張錦青撰，香港浸會大學宗教及哲學系，孔子學術國際會議發表論文。

16. 〈宋儒對於「仁」的詮釋〉林月惠撰，中央研究院中國文哲研究所籌備處助研究員，孔子學術國際會議發表論文。

17. 〈從〈禮運〉篇探索孔子思想〉陳章錫撰，孔子學術國際會議發表論文。

18. 〈《論語學案》在劉宗周思想中的地位〉黃敏浩撰，孔子學術國際會議發表論文。

19. 〈董仲舒宇宙論進路的儒學建構〉杜保瑞撰。

20. 〈從「生之謂性」到「用氣爲性」的内部分析〉岑溢成撰。

21. 〈伏生《尚書大傳》的解經方法與思想内容〉丁亞傑撰，「孔孟學報」第七十五期。

林兆恩《四書正義》研究

吳伯曜　著

作者簡介

吳伯曜，台灣彰化人。東吳大學中文系學士、彰化師大國文系碩士、高雄師大國文系博士。曾任高雄師大國文系兼任講師，目前任教於大葉大學。主要研究領域：經學、四書學（史）、《四書》詮釋、經典詮釋、陽明思想。課餘經常撰寫文章闡揚《四書》哲理，並致力於推展成人讀經、經典讀書會。

提　要

　　林兆恩處在晚明三教合一思潮、四書學研究熱潮和王陽明心學風潮三大時代學術、思想潮流之下，其思想、著述多少會受到影響。其《四書正義》，可以說正反映出這樣的時代思潮。

　　對於《四書》的詮釋，林兆恩有其獨特的詮釋方法與態度，即：一、根據個人的研讀理解與生命體悟來詮釋《四書》；二、廣引諸家以及三教之說；三、說理輔以歷史、寓言或傳說故事；四、以「三教一致」觀點詮釋《四書》；五、對朱注的引用闡發與批評。

　　林兆恩的「三教合一」論與「歸儒宗孔」說為《四書正義》的思想主軸，而其「心學」思想、本體說與心性說亦為《四書正義》重要的思想內涵。而林兆恩在《大學正義》當中，所提出的關於《大學》經、傳區分的看法以及其對「格物致知」說的見解，亦為《四書正義》的內容特色。

　　此外，晚明四書學著作當中，託名李卓吾著的《李氏說書》，經筆者核對證明其為改竄自林兆恩《四書正義》的偽書。

　　關鍵字：林兆恩、四書學、三教合一、心學、格物致知。

目
錄

林兆恩畫像

（林國平先生提供，轉錄自其《林兆恩與三一教》一書）

第一章　緒　論

第一節　研究動機與目的

　　筆者素來深好《四書》，屢次細心品讀《四書》之後，深覺它指點出許多有關安身立命、爲人處世的道理，也提供許多有關提昇生命境界的修養工夫。因此筆者認爲《四書》實爲「生命學問」之源泉活水，任何人皆可從中汲取智慧甘泉，來滋潤其生命。而歷來學者如何看待它、研究它，也就成爲筆者的研究興趣所在。

　　另一方面，筆者對中國文化的包容、融合精神頗爲欣賞，這樣的文化精神也連帶影響到中國人對宗教的態度以及中國宗教彼此間的相容互攝的立場，明代的三教合一思潮的發展，即是一個顯著的例子，它也是筆者頗感興趣的研究課題。在對明代三教合一的思想發展作初步探索的過程中，筆者接觸到了晚明三一教主林兆恩的相關研究資料，在閱讀過其傳記之後，筆者深爲其潔超的人格、人道精神的種種義行以及濟世渡民的理想抱負所感動，對其學行亦感到崇敬與仰慕。於是在明代諸多主張三教合一的人物中〔註1〕，筆者決定選擇林兆恩作爲研究的對象。據鄭志明先生《明代三一教主研究》所述，林兆恩生前，其弟子即將林兆恩生平著作彙編成《林子三教正宗統論》三十六冊，該叢書市面未有出版，筆者在前往請教鄭志明先生之後，得知台北縣中和市夏教〔註2〕祠堂仙興堂曾印贈該書，遂奔往懇索，幸蒙該堂

〔註1〕　明代主張三教合一的人物，儒家有管志道、李卓吾、袁了凡等人；道教有張三丰、陸西星、伍守陽等人；佛教則有憨山德清、蕅益智旭等人

〔註2〕　夏教全稱爲「夏午尼氏道統中一三教」簡稱「三一教」或「夏教」，爲明代林兆恩所創，主張三教合一，主要經典爲「林子三教正宗統論」、「三一教主夏午尼經」皆林氏所著。夏教初盛於閩省莆田、仙遊等縣，明末擴展至我國東南各省，清代華僑攜帶《三教正宗》傳至南洋各地，民國以來漸次遍及海外歐美等地。台灣夏教於光復

惠贈一套，使筆者得以攜回家中詳讀，俾窺林氏思想之大略。在翻閱《林子三教正宗統論》此一浩製巨編之時，始知當中亦有四書學著作：《四書正義》，細心閱讀，發現其詮釋觀點有別於一般儒者，作者乃是以三教合一的思想詮釋《四書》，而此書的性質、內容正是上述筆者向來的興趣所在〔註3〕，因此筆者乃選定以林兆恩的《四書正義》作爲論文研究的主題。

清代以來，有關林兆恩思想、著作的論述或研究並不多見，似乎直到近幾年來他的思想、著作始較爲廣泛地獲得學術界的重視，除了作客觀的研究之外，近來在學術界當中，已開始有人引用林氏的著作、觀點〔註4〕。從林兆恩諸多傳記中，我們瞭解到，林兆恩在創立三一教之前的中年時期，早已成立學術性團社，著述立說並教授生徒，其學說思想早已影響福建各地。創教之後，隨著教派的向外傳佈，其著作、思想更廣泛地影響到東南各省。因此，筆者認爲林兆恩的思想，在晚明的學術思想發展史上佔有重要的地位〔註5〕，值得學者多予研究探討。

就中國的學術思想而言，任何一種思想著作，多少反映出當時代或地域性的文化思潮。例如：戰國末期至西漢時盛行的兩種思想學說，黃老思想和陰陽五行學說，就具體地反映於《呂氏春秋》、《淮南子》和董仲舒的《春秋繁露》中〔註6〕；朱熹的《四書集注》反映出宋代的理學思潮；而明代林希元的《四書存疑》〔註7〕則反映出明代後期的閩學〔註8〕思想。林兆恩處在晚明三教合一思潮、四書學研究熱潮和王陽明心學風潮三大時代學術、思想潮流之下，其思想、著述多少會受到影響，其《四書正義》是否反映出這樣的時代思潮？又林兆恩本身爲閩〔註9〕人，閩地的思想文化或多或少在某些程度上亦影響到林兆恩的思想，《四書正義》是否亦反映出閩地的思想文化？這些是本文於《四書正義》的思想背景方面，想要探討的。另一方面，《四書正義》亦是晚明四書學環境下的產物，它與晚明的四書學的關係、對晚

　　後傳入，目前設堂於台北地區。

〔註3〕《四書正義》是一部四書學著作，亦是明代三教合一思想的人物——林兆恩，其思想反映的著作。

〔註4〕如大陸邱進之《老子的智慧》中即引用了林兆恩《道德經釋略》的說法。見台北：漢藝色研出版《老子的智慧》頁195。該書原爲延邊大學出版社出版。

〔註5〕筆者認爲不論是在三教合一思想史、明代理學史或四書學史上都不能忽略林兆恩其人。

〔註6〕陰陽五行之說俱可見於此三書當中，而《呂氏春秋》、《淮南子》則又分別反映出秦地和楚地的黃老思想。

〔註7〕林希元，福建同安人，明武宗時進士，其生平及著作，參見高令印、陳其芳《福建朱子學》。

〔註8〕此指福建朱子學，明代中葉以後，雖王學遍天下，然福建朱子學仍十分盛行。

〔註9〕即福建地區。

明四書學的影響以及它在晚明四書學中的價值與地位，亦是筆者擬予探討和瞭解的目標。

第二節　研究內容與方法

過去我們總是一味地信從所謂的「學術權威」，隨其對人物思想、著作之褒貶而褒貶，未能實事求是地去探求眞相，例如以往學者一味地信從《四庫全書總目》對前人著作的褒貶與評價即是。筆者發現《四庫全書總目》提要的撰寫者，往往以其主觀的意識和本位〔註10〕、官方的立場來評價一本著作，致使某些著作本身的價值無法得到客觀的評定，甚至被判入「禁」、「燬」的命運。林兆恩的著作即遭此不公平的待遇，《林子三教正宗統論》，《四庫全書》未收，而《林子全集》則被列入禁書之列，《四庫全書總目》僅存其書目，並給予「誕妄」、「荒謬」的評價。〔註11〕此外林兆恩亦因其三一教主的宗教身份和三教合一的思想，被清初以來以「正統儒家學者」自居的黃宗羲、朱彝尊等人視爲「異端」，而將其學說摒除於學術界之外〔註12〕。

幸而今日的學者已較能實際地面對原典並根據歷史材料進行較客觀的研究與評述。本論文的撰寫，在研究態度上，筆者將力求以客觀的態度，摒棄前人陳腐的論點，破除偏狹的門戶之見，還予林兆恩及其著作一客觀的評價。

孟子云：「讀其書，不知其人，可乎？」不論是文學創作或是思想著作，作品的內涵通常反映出作者之思想、情感以及人格特質，因此對於作者本身及其生平環境背景之瞭解，將有助於對其著作內涵之掌握和理解。

因此，在研究方法方面，筆者首先由彙整、研讀林兆恩生平之傳記、文獻和評

〔註10〕尤其是正統儒學本位的自我優越立場。

〔註11〕《四庫全書總目》卷一二五，子部雜家類存目二云：「《林子全集四十卷》明林兆恩撰。兆恩字懋勳，號龍江，又號子谷子，又稱三教先生，莆田人。生平立說，欲合三教爲一，悠謬殆不足與辨。至稱夢中見孔子，授以魯論微旨，尤爲誕妄。是編乃其門人塗元輔彙刻，分元、亨、利、貞四集，每集十冊，皆猖狂無忌之談。謝肇淛《文海披沙》曰：「吾閩莆陽林兆恩，亦自博學能文，能以艮背之法治病。其門人傳之者不得其學，徒以上章降魔捉鬼之爲事，儼然巫矣。縱日捉百鬼何益？況從其教者日盛，姦僞詐盜，無所不有，恐他日一方之患，不下黃巾、白蓮也。」肇淛爲兆恩鄉人，其言如此。而顧大韶《炳燭齋集》有《林三教集序》，乃盛推之，謬矣。」

〔註12〕素以王學正宗流脈自許並爲明代學術思想史權威的黃宗羲於其《明儒學案》中，對林兆恩隻字未提；朱彝尊則在《靜志居詩話》中批評林兆恩與李贄爲閩之二異端。這些學術界名人對林兆恩的貶抑態度，或許就是造成林兆恩一直被正統儒學所冷落而長期湮沒無聞的重要原因之一。

述等相關資料入手，並對其生活背景和時代環境做整體性之瞭解，以「知其人」、「知其世」。

其次，再根據作者生平及其時代背景之認識與瞭解，深入探析《四書正義》之思想淵源、內涵與特色。

最後，則由《四書正義》內容所呈現的意義和特色，探討《四書正義》之價值與影響。

其中關於《四書正義》的研究文本方面，筆者儘可能就學者曾所提到的版本，多方尋找蒐集，選擇最有利於筆者研究的版本作為研究的依據。

另外，有關《四書正義》的成書經過、體例、詮釋方法、流傳與後人研究的情形，筆者亦將逐一研究、分析與探討。

第三節　研究困境與期望

現今研究所課程的安排，時常無法切合研究生論文研究的需要，而課業的繁重，又令研究生無法以充分的時間自我充實、補足論文研究所需的學識與能力。以筆者所寫的論文「林兆恩《四書正義》研究」為例，林兆恩學識廣博，融通三教，就其學問、著作之豐碩與學說體系之龐大而言，堪稱為一大家；而林兆恩所處的時代，乃是三教合一思想與宋明理學（王學）風行以及四書學研究風氣熱絡的時代，若欲深入瞭解和分析林兆恩的思想以及《四書正義》的內涵，筆者認為必須有充分的時間，詳細地瞭解中國三教合一思想發展的脈絡、明代的三教思想、宋明理學（尤其是王學）的思想以及明代四書學的內涵與發展的歷史。因此，時間與學力的限制，實為筆者在研究上的主要困境。

另外，筆者曾查索日人的學術著作或目錄，發現有許多日人的學術著作，其內容與本論文所涉及的研究範圍有關，如：

（日）佐野公治著：《四書學史の研究》（東京：創文社，1988 年 2 月。）

（日）松川健二編：《論語の思想史》（東京：汲古書院，1994 年 2 月。）

（日）荒木見悟著：《明代思想研究》（東京：創文社，1972 年 5 月。）

（日）荒木見悟著：《明末宗教思想研究——管東溟の生涯とその思想》（東京：創文社，1979 年 10 月。）

（日）間野潛龍著：《明代文化史研究》（京都：同朋會，1979 年。）

（日）酒井忠夫著：《明末の儒教與善書》（東方宗教第七號，1955 年。）

限於日文能力的不足，日人的學術著作成了筆者閱讀上的障礙。則此外國語文（日

文）上的障礙，亦爲筆者在資料的研究、利用上的困境。

雖然本論文在研究上有其困境，以致所欲達到的成果可能有限，然而就長遠的研究興趣與研究志向而言，或許可把這一階段自己努力的小成果，作爲下一階段學問的基石，累積學力，期待來日有更大研究成果的完成。

本論文在研究的過程當中，發現晚明的四書學具有新的思想傾向和風貌，此一晚明四書學的特色亦呈現於《四書正義》當中。筆者希望本論文的完成，對晚明四書學的研究亦能提供若干貢獻，筆者亦自我期許未來能以本論文的研究成果爲基礎，對晚明四書學作更深入、完整的研究。

第四節　林兆恩的生平、交遊與著作

一、生平事略與交遊情形

有關林兆恩的生平傳記，目前可以看到較爲詳盡的有明人陳衷瑜撰寫、清人董史修改的《林子本行實錄》〔註13〕、明人張洪都撰寫的《林子行實》〔註14〕以及林兆恩胞弟林兆珂撰寫的《林子年譜》〔註15〕。此外，今人鄭志明的《明代三一教主研究》、林國平的《林兆恩與三一教》以及馬西沙與韓秉方合著的《中國民間宗教史》第十三章〈林兆恩與三一教〉對林兆恩的生平、思想亦有詳細的研究與論述。其餘各書所載皆過於簡略，並且常加入作者主觀的評價。〔註16〕茲就上述傳記資料綜合整理，簡述林兆恩之生平與交遊情形如下〔註17〕：

林兆恩，福建省興化府莆田縣人，字懋勛，別號龍江、三綱先生、三綱主人、常明先生，道號子谷子、心隱子。晚年又號混虛氏、無始氏。其門徒尊稱其爲三教先生，後改稱三一教主，又稱夏午尼氏。生於明正德十二年（1517），卒於明萬曆二十六年（1598），享年八十二歲。

兆恩出生於書香官宦門第，其宗族「莆田林氏」自唐代開始即爲福建的望族，

〔註13〕筆者採用的版本爲民國 28 年錦江尚陽書院重印本。
〔註14〕筆者採用的版本爲明崇禎 4 年本《林子全集》收錄的《林子行實》。
〔註15〕現藏於日本蓬左書庫，間野潛龍所著之《明代思想研究》附有影印本。
〔註16〕管志道的《覺迷蠡測》、黃宗羲《南雷文案》卷九的〈林三教傳〉以及謝肇淛的《五雜俎》對林兆恩生平、思想，皆有簡略的敘述，然多加入個人主觀的評價；其他如何喬遠的《名山藏》、鄭王臣的《莆風清籟集》以及《明史》、《福建通志》、《興化府志》等等對林兆恩的生平，亦僅有簡略的記載，讀者從中所得有限。
〔註17〕筆者另製作「林兆恩生平簡表」詳見附錄一。

唐人林披生有九子，九子皆登進士第，並同爲刺史〔註18〕，世稱「九牧林家」。兆恩爲林披長子端州刺史林葦之後，世居莆田城東的赤柱巷，兆恩爲林葦第七代孫，七代之間，林家共出了十二位進士，第七代有進士三人，其中林兆金爲兆恩長兄、林兆珂爲兆恩胞弟。可見林家堪稱世代「科甲世家」，文風鼎盛。兆恩祖父林富，弘治年間登進士第，博學多聞，武功政績亦頗顯赫，與王陽明同朝爲官，彼此相稱善；兆恩生父林萬仞，蒙林富蔭，而爲「太學生」。兆恩自幼即接受祖父教導，成長過程乃循著「家風」，用功讀書，準備參加科考。兆恩後來成爲一個貫通儒、釋、道的大學問家，著述豐碩，其儒學的根砥、入世的精神與尊儒的主張，當來自其家學背景的影響。

關於林兆恩的一生，依青年、中年、晚年以及人生的重大轉變來劃分，大致可分爲三個階段。

第一階段：三十歲以前

林兆恩自幼即具悲天憫人的胸懷，例如十三歲時，兆恩每次與母親出門，自己都會掏出一些銀兩佈施給窮苦人家，其母起初責備兆恩勿隨意花費金錢，豈料兆恩竟回答：「天道惡盈，胡不以吾之有餘，補人之不足？」其母聽了頗欣喜兆恩之仁心，於是對兆恩更「深許而器重之」。這一個時期，林兆恩和當時一般士子一樣勤奮讀書，致力於科舉考試。首次應考是在嘉靖十九年（1540），兆恩二十四歲之時，赴福州應省試，落選而歸。到了嘉靖二十二年（1543），兆恩二十七歲，再次到福州重考省試，不幸再度落第。嘉靖二十五年（1546），兆恩三十歲，第三次應試，不料竟又名落孫山。這樣的結果對林兆恩而言，可說是一個相當嚴重的打擊。林兆恩抱著沉痛的心情回到家中，經過數日的省思之後，決定重新規劃人生道路，棄去舉業。

此一階段的林兆恩，主要接受儒學的薰陶。兆恩三十歲時，曾爲了替其去世的叔父林萬潮向羅洪先〔註19〕求寫墓誌銘，前往江西拜見羅洪先，之後二人常有書信往來。林兆恩之與羅洪先書信往來，加上兆恩的祖父亦頗推崇陽明學問，據此推測，兆恩之接觸「王學」思想，可能源於羅洪先與祖父林富。

第二階段：三十歲以後至六十餘歲

林兆恩三十歲科考失利之後，決定放棄科考，專心致力於心身性命之學的探求，自此開始四處尋師訪道，出入儒、釋、道三教。後悟「三教合一」之理，於是開始

〔註18〕唐代，刺史爲一州之行政長官，又稱「州牧」。

〔註19〕羅洪先（1504～1564），字達夫，號念庵，江西吉水人。十一歲，讀古文，慨然慕羅一峰之爲人，即有志於聖學。嘉靖八年，舉進士第一。學宗王陽明，間汲取程朱之學，《明儒學案》將其歸爲「江右王門」學人。

宣講三教精義、提倡「三教合一」思想。

嘉靖二十七年，兆恩三十二歲。某日莆田道士卓晚春登門拜訪，兆恩與之相談甚歡，遂成莫逆之交，自此二人經常相與論道、縱飲行歌，人稱「卓狂林顛」。卓晚春精通道教內丹之學，道教內丹學乃道教的心性、精神修煉理論，兆恩素好心身性命之學的探求，在卓晚春的影響下，亦開始重視內丹之修煉。

嘉靖三十年，兆恩三十五歲。時兆恩之學說日趨精密融通，益為人所信服，復受其友黃州之請，兆恩於是歲開始收受門生，漸次組織成一個學術、文化、教育團社，講學著述立說。收受的對象主要以讀書人為主，其學主要以三教心性之學為主，儒家倫理綱常之教為本；亦教之以讀經、作文、作詩之道〔註20〕以及各種禮節、禮儀、禮學〔註21〕；並訂定明經堂、崇禮堂規條，列明讀書、生活、應對進退等應注意的事項，供諸生遵行。〔註22〕此時期林兆恩所成立的學術、文化、教育團社，就其所進行的教育內容與教育方式而言，頗類似宋、明的「書院教育」。

嘉靖三十四以後，莆田地區連年遭受倭寇侵掠，復流行瘟疫，造成莆田地區人民死亡無數，貧者無力為親人購棺安葬，且飢病交迫。兆恩四十歲時，眼見鄉民遭難慘況，以其布衣之身，無分文俸祿，仍毅然變賣田產，購製棺木為貧者安葬死難親人，並捐米、錢賑濟災戶、貧民。此後，兆恩持續賑災濟貧，義舉不斷，而家產亦幾告罄。

此一階段兆恩交遊的人物，較為著名者有泰州學派學者何心隱與平倭大將戚繼光將軍。明世宗嘉靖三十八年，林兆恩四十三歲，何心隱來訪，對兆恩之三教合一論頗為稱許。嘉靖四十三年，兆恩四十八歲，戚繼光將軍體病，聞兆恩以「艮背法」癒人疾無數，乃至兆恩處求治。兆恩癒之，此後戚公戎事稍暇，輒來訪道，必竟日而去。後二人常有書信往來。

第三階段：六十餘歲至八十二歲

此一階段兆恩之門徒益眾，萬曆十五年，門徒以兆恩救世啓民，德高望孚，又所倡三教合一之旨廣受信服，於是開始尊稱兆恩為三一教主，兆恩所開創的學術社團，也因此順勢演變為宗教組織，自此「三一教」〔註23〕正式成立，並確立三一教修道的工夫進階，分為立本、入門和極則三個部分。以儒家的綱常禮教為立本；以道教內丹修煉為入門；以佛教的涅槃寂靜境界為極則。而三一教「三教合一」的本

〔註20〕見《林子三教正宗統論》第4冊《詩文浪談》。
〔註21〕見《林子三教正宗統論》第4冊《文武禮射圖說》、《著代禮祭圖說》。
〔註22〕見《林子三教正宗統論》第4冊《明經堂》、《崇禮堂》。
〔註23〕教名亦稱「三教」、「夏教」。

旨，則是「三教歸儒」，即主張三教的修行，根本上都應以「孔子之儒」爲遵歸，而其所謂的「孔子之儒」則是指以儒家三綱五常爲常德，以士農工商爲常業，以心本體的體證爲最終目標的思想。「三一教」成立後，收受的門徒也由讀書人擴及社會大眾，三教祠堂紛紛成立，兆恩亦經常往來各地傳教，而兆恩學說亦隨著「三一教」的傳佈，流傳更爲廣遠。〔註24〕

此一時期，由於林兆恩的豐富學養、高潔的人格與平生四處賑災濟貧等偉大義行，使得許多士大夫階層的人士對其深表敬重與欽服，紛紛投諸門下，虛心受教，例如萬曆十七年，兆恩七十三歲時，即有翰林官員袁宗道、王圖、蕭雲舉、吳應賓以及太學生吳用等人拜其爲師，致書請教。

萬曆二十五年，兆恩八十一歲。由於年事已高，又身罹重病，雖平時熟悉者來訪亦多不憶其姓名。次年正月十四日，兆恩與世長辭，享年八十二歲。

兆恩自幼即具悲天憫人的胸懷，成年後尤顯現其濟世救人的熱忱。嘉靖年間，倭寇入閩侵掠，民眾死傷無數，兆恩以布衣之身，變賣家產，悉皆用以救死扶傷，而收埋禮葬無主之屍則多達一萬多具，此所謂「毀家紓難」的義行至今仍爲閩人所稱頌。此亦爲兆恩之所以受人尊仰，其教大行之重要原因之一。

二、著 作

林兆恩勤學博覽，學貫三教，一生著述豐盛，或注儒經、講禮學，或言道經、論內丹，或涉佛典、說禪理，或闡明三教合一之旨，或宣揚倫理綱常之教，要皆以儒門身心性命之學爲依歸，洋洋灑灑，共百餘萬言。其著作不僅爲三一教信徒所尊奉恭讀，亦受到三教的重視，分別登錄於儒家書目或收入佛、道叢書當中。例如：

登錄於儒家書目的有：

《四書正義》，爲《千頃堂書目》以及《經義考》所登錄。

收入佛教叢書的有：

《金剛經統論》收入《卍續藏經》第 39 冊。（臺北市：新文豐出版社，1983 年。）

《般若心經釋略》收入《卍續藏經》第 41 冊。

《般若心經概論》收入《卍續藏經》第 41 冊。

收入道教叢書的有：

《常清靜經釋略》，收入《叢書集成新編》第 26 冊道教類。（臺北市：新文豐出

〔註24〕根據馬西沙、韓秉方《中國民間宗教史》的統計，明末至清末，林兆恩信仰的傳教區域，已由福建，擴展到浙江、江西、江蘇、安徽、湖北、直隸、北京、台灣等地以及東南亞各國。

版社，1985年。）

　　《道德經釋略》六卷，（清）盧光輝訂正，收入胡道靜等主編：《藏外道書》第1冊（成都：巴蜀書社，1992年。據清咸豐辛酉（1861）重刊本影印）

　　有關林兆恩的著作，大部分保存於其門人所彙編之「全集」當中，現存之林兆恩著作「全集」主要有二種，一為《林子全集》；一為《林子三教正宗統論》，此二編之版本與收藏詳見本文第三章第三節。另外林兆恩著作當中有關《四書正義》的部分，為本文探討的主題所在，詳見本文各章節。林兆恩生平各時期的著作，筆者於附錄一「林兆恩生平簡表」中亦已按其年歲順序附入說明，請參閱。

　　保存於北京圖書館的明崇禎4年41冊刻本《林子全集》與北京大學圖書館的明萬曆36冊刻本《林子三教正宗統論》，二編編者不同，刻印時文字稍有出入；而《林子三教正宗統論》又有清代、民國三一教信徒之重刻本，流傳於民間，此民間版本文字間亦有出入，且脫漏、訛誤頗多，實不及北京大學圖書館藏本。因此筆者認為，學者於研究林兆恩著作時，宜採用北京圖書館藏之《林子全集》與北京大學圖書館藏之《林子三教正宗統論》，並取二編對照參看。〔註25〕

　　茲就北京圖書館的明崇禎4年41冊刻本《林子全集》與北京大學圖書館的明萬曆36冊刻本《林子三教正宗統論》二編之目錄，製表如下：

（一）《林子三教正宗統論》目錄表

《林子三教正宗統論》目錄						
（據北京大學圖書館藏明萬曆36冊刻本）						
元涵	第一冊	總序	第二冊	林子	第三冊	夏語
		目錄		宗孔堂		心鏡指迷
		三教合一大旨		欲仁篇		本體教
		原宗圖				常明教
		倡道大旨				原教
	第四冊	明經堂	第五冊	擬撰道釋人倫疏稿	第六冊	九序摘言
		詩文浪談		六美條答		附諸生疏啓
		歌學解		井田		附戒訊帖勉
		文武禮射圖說		導河迂談		疏天文稿
		著代禮祭圖說		三綱卦		附報束
		崇禮堂				倡道疏啓條答

〔註25〕此二編近來已有出版社翻印出版，詳見本文第三章第三節。

元涵	第七冊	心聖直指 心聖教言	第八冊	元神實義 夢中人 佛菩薩義 見性篇 附壇經訊釋 常道篇	第九冊	先衍
亨函	第十冊	三教會編 日部 盤古氏至秦二世	第十一冊	三教會編 月部 漢高祖至隋恭帝	第十二冊	三教會編 星部 唐高祖至後周恭帝
	第十三冊	三教會編 辰部 宋太祖至元順帝	第十四冊	三教無遮大會 眞我昌言 道業正一篇	第十五冊	絲銀喻 心聖圖說 心身性命圖說 性命答語 心爻 天人一氣
	第十六冊	存省規條 七竅答問 初學篇 教外別傳 何思何慮解	第十七冊	金剛經概論四卷	第十八冊	心經釋略并概論 常清靜經釋略
利函	第十九冊	道德經釋略 乾部	第二十冊	道德經釋略 坤部	第二十一冊	四書正義 論語上
	第二十二冊	四書正義 論語下	第二十三冊	四書正義 大學全	第二十四冊	四書正義 中庸全
	第二十五冊	四書正義 孟子上	第二十六冊	四書正義 孟子下	第二十七冊	豫章答語 豫章續語
貞函	第二十八冊	權實 破迷 寓言 持齋辯惑 念經辯惑	第二十九冊	心本虛篇 心本虛直指 須識本心	第三十冊	林子舊稿 續稿
	第三十一冊	醒心詩 醒心詩摘註 聯句	第三十二冊	聖學心要 玄宗大要 性空宗旨	第三十三冊	無生篇上下卷
	第三十四冊	正宗要錄 非三教 世出世法 立本 易解禪語 信難篇	第三十五冊	附玄譚 寱言錄 卓仙詩	第三十六冊	附中一緒言 性靈詩 道統論 念祖明訓

（二）《林子全集》目錄表

<table>
<tr><td colspan="7" align="center">《林子三教正宗統論》目錄
（據北京大學圖書館藏明萬曆 41 冊刻本）</td></tr>
<tr>
<td rowspan="24">元部</td>
<td rowspan="6">第一冊</td>
<td>自序三篇附諸門人序跋</td>
<td rowspan="7">第二冊</td>
<td>道一教三</td>
<td rowspan="6">第三冊</td>
<td>心是聖人</td>
</tr>
<tr><td>目錄</td><td>萬古此綱常</td><td>須識眞心</td></tr>
<tr><td>五切不可</td><td>綱常教之本</td><td>艮背行庭</td></tr>
<tr><td>作聖</td><td>復古之道</td><td>煉心實義</td></tr>
<tr><td>仲尼天地</td><td>宗孔之儒</td><td>世出世法</td></tr>
<tr><td>度世</td><td>孔門心法</td><td>在世出世</td></tr>
<tr><td></td><td>九序</td><td></td></tr>
<tr>
<td rowspan="6">第四冊</td>
<td>性命</td>
<td rowspan="7">第五冊</td>
<td>常道篇</td>
<td rowspan="4">第六冊</td>
<td>經傳釋略</td>
</tr>
<tr><td>性命仁丹</td><td>無生篇</td><td>德性問學</td></tr>
<tr><td>常明教</td><td>太虛天地</td><td>格物正義</td></tr>
<tr><td>本體教</td><td>眞我昌言</td><td>立本</td></tr>
<tr><td>河圖洛書</td><td>佛菩薩義</td><td></td></tr>
<tr><td>心交</td><td>元神實義</td><td></td></tr>
<tr><td></td><td>夢中人</td><td></td></tr>
<tr>
<td rowspan="6">第七冊</td>
<td>信難</td>
<td rowspan="6">第八冊</td>
<td>權實</td>
<td rowspan="8">第九冊</td>
<td>心鏡指迷</td>
</tr>
<tr><td>儒經訊釋</td><td>寓言</td><td>絲銀喻</td></tr>
<tr><td>黃老訊議</td><td>破迷</td><td>七竅</td></tr>
<tr><td>無爲眞實義</td><td>三教異端</td><td>易解俚語</td></tr>
<tr><td>見性篇壇經訊釋</td><td>持齋辯惑</td><td>著代禮祭</td></tr>
<tr><td>教外別傳</td><td>念經辯惑</td><td>崇禮</td></tr>
<tr><td colspan="3"></td><td>歌學解</td></tr>
<tr><td colspan="3"></td><td>詩文浪談</td></tr>
<tr>
<td rowspan="7">第十冊</td>
<td rowspan="7">六美條答</td>
<td rowspan="7">第十一冊</td>
<td>井田</td>
<td></td><td></td>
</tr>
<tr><td>導河迂談</td><td></td><td></td></tr>
<tr><td>山人</td><td></td><td></td></tr>
<tr><td>遍叩三門</td><td></td><td></td></tr>
<tr><td>天人一氣</td><td></td><td></td></tr>
<tr><td>帖門辭謝</td><td></td><td></td></tr>
<tr><td>跋二篇</td><td></td><td></td></tr>
<tr>
<td rowspan="6">亨部</td>
<td>第一冊</td><td>論語正義上一卷</td>
<td>第二冊</td><td>論語正義下一卷</td>
<td>第三冊</td><td>大學正義一卷</td>
</tr>
<tr><td>第四冊</td><td>中庸正義一卷</td><td>第五冊</td><td>孟子正義上一卷</td><td>第六冊</td><td>孟子正義下一卷</td></tr>
<tr>
<td>第七冊</td><td>道德經釋略上三卷</td>
<td>第八冊</td><td>道德經釋略下三卷</td>
<td rowspan="2">第九冊</td><td>常清靜經釋略一卷</td>
</tr>
<tr><td></td><td></td><td></td><td></td><td>心經釋略一卷
心經釋略一卷</td></tr>
<tr><td>第十冊</td><td>金剛經統論四卷</td><td></td><td></td><td></td><td></td></tr>
</table>

	第一冊	會編盤古氏至秦二世二卷	第二冊	會編漢高祖至隋恭帝二卷	第三冊	會編唐高祖至後周恭帝二卷
利部	第四冊	會編宋太祖至元順帝三卷	第五冊	先衍一卷 三教經略一卷 儒經一卷	第六冊	醒心詩一卷 林子舊稿一卷
	第七冊	林子續稿五卷	第八冊	林子續稿二卷 疏天文稿	第九冊	夏語註釋二卷
	第十冊	夏語註釋二卷 三教合一大要一卷 頌章一卷				
貞部	第一冊	分內集性命至聖賢禽獸之分三卷	第二冊	分內集宗教至法身無法三卷	第三冊	分內集問仁至時人按劍三卷
	第四冊	分內集知往藏來至三教以孔子為宗三卷	第五冊	心聖直指一卷	第六冊	道統中一經三卷
	第七冊	寤言錄二卷 林子書札一卷	第八冊	醒心詩摘註一卷 聯句一卷	第九冊	林子行實一卷 金陵中一堂行實一卷
	第十冊	林子文略				

第二章 《四書正義》的時代背景

第一節 宗教背景

由《四書正義》的內容，可以看出林兆恩思想廣博，通貫三教。其佛、道思想以及「三教合一」的觀念，主要受到當代及當地宗教思想的影響，而呈現其特有的思想風貌。本節擬就其宗教背景加以探討。

一、明代的佛教、道教與三教合一思想的發展

（一）明代佛教的發展

由於明太祖朱元璋早年曾爲皇覺寺僧，因此對佛教特加護持，並著有《御製護法集》，肯定佛教的思想有助於輔佐王道。明成祖朱棣得禪僧道衍之助而登帝位，因此即位後對佛教尤加推崇，此後的皇室基本上都維持著儒、道、佛三教並尊的立場。明初以來，朝廷除了對佛教抱持與儒、道二教同等尊崇的態度外，亦重視對佛教的整頓，例如設置僧錄司，健全僧官制度；命令各地寺院僧眾研究、講論《心經》、《金剛經》與《楞伽經》三經，提昇佛教徒的佛學素養。明代中葉之前的佛教雖經朝廷的尊崇、整頓，在形式上有振興的氣象，如寺廟的大肆興建、僧徒數量的大量增加等。但是就其質量而言，僧徒素質良莠不齊，而佛學理論也缺乏新的建樹。就佛教宗派的發展而言，基本上只有禪、淨二宗較爲興盛，其餘各宗皆已趨於沒落。淨土宗方面，由於淨土宗自宋元以來已成爲佛教各宗的基本信仰，因此儘管明代佛教各宗或盛或衰，淨土宗的佛教信仰仍能獲得延續與傳布。禪宗方面，主要以臨濟、曹洞二宗爲主，而臨濟宗之勢則略盛於曹洞宗，但是就禪學思想的發展而言，明中葉以前，臨濟、曹洞二宗仍未有優秀的大師與禪學論著出現。直到明代中葉以後，佛教三大師雲棲袾宏（1535～1615）、紫柏眞可（1543～1603）、憨山德清（1546～1623）

的出現〔註1〕，佛學思想才開始出現復興、榮盛的情形。雲棲、紫柏、憨山三位大師均抱持教禪並重的態度，既重視禪學，也重視淨土，並主張三教合一。袾宏繼承北宋延壽大師「融宗教，會性相」的傳統，主張性、相二者皆不可廢，亦不可偏執。袾宏一生著述三十多種，死後門人匯輯成《雲棲法匯》。真可則志在復興禪宗，同時亦對佛教禪、教各派主張與性、相的修持主張融會調和，並認為三教皆歸本於「湛然圓滿而獨存」的「妙心」，嘗謂：

> 我得仲尼之心而窺六經，得伯陽之心而達二篇，得佛心而始了自心。
>
> 雖然，佛不得我心不能說法；伯陽不得我心二篇奚作；仲尼不得我心不能
>
> 集大成也。〔註2〕

真可死後，門人將其存文編輯成《紫柏尊者全集》三十卷。德清也主張和會禪、教和性、相，晚年尤倡禪淨兼重。此外，德清亦力倡三教融通並重的思想，他認為「三教聖人，所同者心，所異者跡。」〔註3〕又說：

> 不知《春秋》不能涉世；不精老莊，不能忘世；不參禪，不能出世。〔註4〕

德清的著作豐碩，計有《華嚴法界境》、《楞嚴通義》、《憨山老人夢遊全集》等三十三種。

明代中葉以後的佛教，在上述三大高僧的帶領下，蓬勃發展，至晚明更吸引士人參禪、習佛的風氣，帶動居士佛教的發展。據潘桂明《中國居士佛教史》的論述，袾宏弟子不下數千人，其中在俗弟子占大多數，而居士弟子中又以士大夫為主體，例如大司馬宋應昌、太宰陸光祖、司馬馮夢禎、陶望齡等皆為袾宏弟子，深受袾宏淨土信仰的影響。而紫柏門下亦常有士人前往參禪問道，例如陶望齡、陸光祖、焦竑、袁宏道、湯顯祖、董其昌等人，形成規模宏大的居士群體。至於德清門下亦有許多士大夫居士，著名者有吳應賓、錢謙益、董其昌、屠隆等。這些佛教居士受到三大師的影響多抱持禪、淨兼修並融的態度，既參禪理亦念佛、放生，同時亦多有佛學論著的撰作，佛教思想和修行方法經由這些居士的傳佈而深入民間，並與民間的傳統信仰相結合。

〔註1〕就佛教史而言，晚明有所謂四大師，即雲棲袾宏（1535～1615）、紫柏真可（1543～1603）、憨山德清（1546～1623）與蕅益智旭（1599～1655）。雲棲、紫柏與憨山三位大師均出生於萬曆前，活躍於萬曆年間；蕅益智旭則出生於萬曆後，活躍於萬曆後，為前三大師之後輩。本文明代中葉以後三大師，指活躍於萬曆年間的雲棲、紫柏與憨山三位大師，明代中葉以後佛教思想的復興實開始於此三大師。

〔註2〕參考何其敏：《中國明代宗教史》頁27～28引文。

〔註3〕參考何其敏：《中國明代宗教史》頁29引文。

〔註4〕見明·釋德清撰《觀莊老影響論》（又名《三教源流異同論》），《夢遊集》卷45。

　　林兆恩在接觸佛教之時，亦受到佛學思想以及當時禪、淨兼修風氣與居士佛教的影響，對佛學思想頗爲肯定，並亦有佛經闡論之作〔註5〕。而由《四書正義》中林兆恩對《六祖壇經》之推崇〔註6〕以及經常引用禪宗大師的話〔註7〕，作爲義理的印證，可知禪宗思想對林兆恩最具影響〔註8〕。

（二）明代道教的發展

　　道教發展至明代，形成以正一道和全眞道兩大教派爲主的局面。正一道主要重視符籙道術，全眞道則重視內丹、心性的修煉。明初以來朝廷對此二大教派的態度是揚正一、抑全眞。因此明初至明代中葉，正一道擁有較高的政治地位，全眞道則潛修隱煉於民間。

　　明世宗是明朝諸帝中最崇奉道教者，其在位的嘉靖年間（西元1522～1566年）除了禮遇道士外，並大興宮觀，因此明代中葉道教更爲昌盛繁榮。

　　自從重視內丹、心性修煉的全眞道道士張三丰受到明世宗尊崇，敕封爲「清虛元妙眞君」後，全眞道在明代中葉逐漸興盛起來，對社會的影響也與日俱增。明代士人受到道教思想的影響主要來自全眞道，當時全眞道士不乏眞修實煉、修道有得者，並且留下許多豐富的內丹學著作。如，張三丰（生卒年不詳）著有《大道論》、《了道歌》〔註9〕；陸西星（西元1520～1606年）著有《金丹就正篇》、《玄膚論》〔註10〕；伍守陽（西元1573～1644年）著有《天仙正理》、《仙佛合宗》。在全眞道的大力提倡與著述的廣爲流傳之下，內丹學思想盛行於全眞道以外的正一道以及民間士人當中。整體而言，明代的道教由盛轉衰，晚明時期則復興於民間，並逐漸世俗化。明代全眞道大師中，影響林兆恩最深者爲張三丰。林兆恩於明代道教大師中最崇敬張三丰，除了講學時常引用張三丰的思想外，其著作中並附錄了張三丰的畫像及據稱是張三丰的道學著作《玄歌》與《玄譚》〔註11〕。

〔註5〕　林兆恩的佛經闡論之作有《金剛經統論》、《般若心經略釋》與《般若心經概論》，分別收入《卍續藏經》第39、41冊。

〔註6〕　例如《孟子正義・滕文公上》「皆所以明人倫也」章：「林子曰：佛之教，莫明於六祖；佛之書，莫明於《壇經》。」

〔註7〕　例如《孟子正義・公孫丑上》「善養浩然」章引歸宗智常禪師之語；《孟子正義・公孫丑下》「學焉後臣」章引趙州稔禪師之語；《論語正義・子罕篇》「仰之彌高」章引君山覺禪師之語；《論語正義・堯曰篇》「不知命無以爲君子」章引堯峰顯遷禪師之語。

〔註8〕　《孟子正義・滕文公上》「夫道一而已矣」章林兆恩云：「釋迦之教，禪教也。」

〔註9〕　清人李西月編有《張三丰先生全集》，收入《道藏輯要》。

〔註10〕　收入《方壺外史》。

〔註11〕　見《林子三教正宗統論》貞函，第35冊。

（三）明代三教合一思想的發展

對於三教統合的觀點，歷來學者有多種義涵相近的稱法，如「三教調和」、「三教交涉」、「三教融通」、「三教會通」、「三教交流」、「三教一致」、「三教合一」等名稱〔註12〕。一般論述中國三教統合現象的學者，都將此中國特有的宗教統合現象歸因於中國文化本質中的包容、融合精神。〔註13〕但筆者認爲，之所以形成中國文化本質中的包容、融合精神，主要是由於中國固有根源思想之一的「大道思想」所致。此「大道思想」提出，最晚歸始於老子《道德經》。《道德經》云：

> 道生一，一生二，二生三，三生萬物。萬物負陰而抱陽，沖氣以爲和。
> 〔註14〕

> 有物混成，先天地生。寂兮、寥兮，獨立而不改，周行而不殆，可以爲天下母，吾不知其名，字之曰道。〔註15〕

> 昔之得一者，天得一以清，地得一以寧，神得一以靈，谷得一以盈，萬物得一以生。侯王得一以爲天下貞。其致之，天無以清將恐裂，地無以寧將恐發，神無以靈將恐歇，谷無以盈將恐竭，萬物無以生將恐滅，侯王無以貴高將恐蹶。〔註16〕

老子體悟出宇宙萬事萬物有其共同而且唯一的創生本源；此一創生本源賦予宇宙萬事萬物各具自然的律則（道、理），故亦是宇宙自然律則（道、理）的本源。對於此一宇宙萬物與自然律則的本源，老子以「道」來總其稱。對於老子的此一思想，筆者稱之爲「道本源」的思想〔註17〕。事實上，孔子亦有類似的思想，其云：「天何言哉？四時行焉，百物生焉，天何言哉？」〔註18〕又云：「大道之行也，天下爲公。」〔註19〕

戰國之後，莊子繼承了「道本源」的思想，也主張「道」是宇宙萬物之源，他說：

〔註12〕另有三教同源、三教一源、三教一道、三教一理、三教一法、三教無分別等稱。

〔註13〕例如：唐大潮於《明清之際道教「三教合一」思想論》「引言」當中即認爲：「中國學術思想發展的普遍性規律是融匯各家各派的思想。作爲中國學術、文化思想的三大支柱的儒、釋、道，相互間的吸收、融合就比較典型地反映了這種規律。三教合一思想正可謂是中國學術思想發展規律的最具特色的表現。」

〔註14〕見《道德經》第42章。

〔註15〕見《道德經》第25章。

〔註16〕見《道德經》第39章，老子此處所稱之「一」義同於「道」。

〔註17〕即一般學者所稱的「宇宙本體論」。

〔註18〕見《論語‧陽貨篇》。

〔註19〕見《禮記‧禮運篇》。

夫道有情有信，無爲無形，可傳而不可受，可得而不可見；自本自根，

未有天地，自古以爲固存，神鬼神帝，生天生地；在太極之上而不爲高，

在六極之下而不爲深，先天地生而不爲久，長於上古而不爲老。〔註20〕

天地與我並生，萬物與我爲一。〔註21〕

除了道家人物外，儒家的經典如《周易・繫辭傳》亦採納並闡發了「道本源」

的思想，其云：

一陰一陽之謂道，繼之者善也，成之者性也。仁者見之謂之仁，知者

見之謂之知，百姓日用而不知。

可見早期儒家思想即普遍具有「道本源」思想。先秦即出現的大道思想，孕育了中

國人恢弘開闊的宇宙觀與一本同源的本體思想。雖然先秦以來中國思想即百家爭

鳴、異說層出，但先秦大道思想所蘊含的同源觀與包容合一的精神早已內化到中國

文化的本質當中了。

由於中國文化所蘊含的本源（同源）觀和包容開納的精神，因此對於不同的思

想文化，多能從「一本同源」的角度去看待，並進而尋求彼此相同與通貫之處；或

採取包容開納的態度予以兼融並蓄，並求其相輔相成。或許這就是爲何在世界宗教

史中，唯獨中國出現宗教融合（三教合一）的現象的原因。

東漢之際，佛教傳入中國，道教也於中土產生，自此以後儒釋道三教彼此間便

展開漫長的競爭、激盪、交涉、吸收與融合的歷程。中國文化所蘊含的本源（同源）

觀和包容開納的精神繼續在三教交涉的過程中，發揮其潛移默化的影響。隨著三教

交涉之日久與互融之日深，「三教合一」的思想逐漸在中國社會形成，到了明代的中、

晚期，「三教合一」的思想發展到極點，成爲時代的思潮。

有關「三教合一」思想發展的相關歷史〔註22〕，歷來許多學者已有探討〔註23〕，

〔註20〕見《莊子・大宗師》。

〔註21〕見《莊子・齊物論》。

〔註22〕有關三教合一思想之起源，最早可追溯到東漢末年牟融的《理惑論》，該書已有三教
　　　一致、三教並存的觀點。魏晉南北朝時期，思想界與宗教界人士援儒入道和援儒入
　　　佛的風氣盛行，三教合一論也開始出現，代表人物有慧遠、陶弘景、寇謙之、蕭衍
　　　等。到了唐代，無論是佛教或是道教的發展，都達到了鼎盛的狀態，於是儒道佛三
　　　家形成鼎立的局面。高祖李淵首創三教講論之制，認爲「三教雖異，善歸一揆」，就
　　　現存文獻可查者，唐代共有高祖、太宗、高宗、玄宗、德宗、憲宗、文宗、宣宗、
　　　懿宗等九帝在朝廷召開三教講論，民間亦感染此一風氣，不時興起三教之辯論。可
　　　以說，由唐代的三教講論所帶來的影響，至爲深遠，一是增多了三教交涉的機會；
　　　一是深化了三教交涉的內涵；進而使三教交涉的立場，由原先的對立論辯，逐漸轉
　　　化爲調和與會通。在這樣的影響下，三教合一論遂在唐代中期以後再度廣爲盛行，
　　　其中儒佛相融合的現象尤爲突出，代表人物有宗密（著有《原人論》）、李翱、白居

筆者於本文部分不再深入說明，僅就「三教合一」的思想何以至明代發展到極點，成爲時代的思潮，略作探討。

就明代政治層面的影響來看，明朝自開國以來，主政者對於三教即採取並重的態度，太祖朱元璋於立國之初，即帶頭鼓吹三教調和，認爲「天下無二道，聖人無兩心」，〔註24〕而此一理念，也成爲明代三教發展的指導思想。

就明代的道教思想的發展來看，早在明代之前，道教已提出三教合一的主張，例如北宋道士張伯端於其《悟眞篇·序言》即謂：「教雖分三，道乃歸一。」〔註25〕南宋道士白玉蟾也說：「三教異門，源同一也。」〔註26〕元代新道教——全眞道創教之初，即力倡三教合一，創教祖師王重陽即曾表示：「三教者如鼎之足，身同歸一，無二無三。三教者不離眞道也，喻曰：似一根樹生三枝也。」〔註27〕明代的道教思想的發展主要以全眞道較有建樹，影響也較深遠，而明代的全眞道仍延續前代道教以「三較合一」爲其思想重心。全眞道內丹學者也以屢以「三教一致」的思想來詮釋道教經典，例如陸西星在解說《道德經》第八章「不爭」之義時說：

> 夫修道者，以不爭爲上善，老聖蓋屢言之。佛經云：「我得無諍三昧，人中最爲第一。」偈曰：「諍是勝負，與道相違背，便起人我相，安能得三昧。」《語》曰：「君子無所爭」。三教聖人同曰一詞，實修行之上德，入聖之要機也。〔註28〕

就明代的儒學思想來看，明代中葉以前朱熹理學長期被人們尊奉爲儒學權威，朱學中亦融有佛、道思想，且朱學中所吸納的宋代理學思想，如邵雍、張載的宇宙

易（著有〈三教論衡〉）等。到了宋代，儒佛道三家的交涉融合已有長遠的歷史，並形成不可抗拒的歷史潮流，隨著時代日益演進發展。宋代理學發達，而此「理學」，就其思想內涵而言，實融合了儒釋道三家的思想，此正說明理學的產生，很大程度的受到三教合一論或三教交涉風氣的影響。宋代比較明確的主張三教合一論的，儒家方面有張商英（著有《護法論》）、李綱（著有《三教論》）等人；佛教界有智圓和契嵩（著有《輔教篇》）等人；道教界主張三教合一論者尤多，代表人物有全眞道南宗的張伯瑞和全眞道北宗的王重陽，二者皆主張用身心性命之學融合三教。

〔註23〕例如：羅香林《唐代三教講論考》（東方文化1：1，1954）、饒宗頤《三教論與宋金學術》（東西文化11期，1967）、杜而未《儒道佛之信仰研究》（學生書局，1985）…等。

〔註24〕見明太祖〈宦釋論〉。

〔註25〕見《正統道藏》第4冊。

〔註26〕見《正統道藏》第47冊。

〔註27〕見《元史·釋老傳》。

〔註28〕見陸西星《道德經玄覽·序》，收錄於《藏外道書》第5冊。

觀〔註29〕，以及程頤的「理一分殊」論〔註30〕，對明代「三教同源」、「三教合一」觀亦產生正面的影響，但畢竟朱學仍秉持排佛抗老的態度，因此對明代「三教同源」、「三教合一」的推進未發生積極的效用。明代中葉以後，王學興起並風行於世，使朱學的學術權威地位產生動搖。王學較朱學更明顯而普遍地引用佛老之說，其「排佛老」態度亦有淡化和消失的傾向，於是至王門後學乃正式揭示「三教合一」之說，隨著王學「遍天下」而影響深遠。

因此基本上，明代中葉以後，「三教合一」思想之所以成為思想風潮，王學的興起，使儒學界正式接納佛、道思想，放棄「排佛老」的態度，並進而主張「三教合一」說，形成儒、道二教同倡「三教合一」的局面是主要原因。

明代中葉以後，佛教受到濃厚「三教合一」思潮以及佛教本身唯心思想的影響，也相繼提出「三教合一」之說，例如晚明佛教界四大師〔註31〕中的憨山德清即云：

> 若以三界唯心、萬法唯識而觀，不獨三教本來一理，無有一事一法，不從此心之所建立。〔註32〕

四大師中的雲棲袾宏云：

> 三教……理無二致，而深淺歷然。深淺雖殊，而同歸一理，此所以為三教一家也。〔註33〕

另外，紫柏真可也云：

> 儒也，釋也，老也，皆名焉而已，非實也。實也者，心也；心也者，所以能儒能佛能老者也。噫！能儒能佛能老者，果儒佛老各有之耶？共有之耶？又，已發未發，緣生無生，有名無名，同歟？不同歟？知此，乃可與言三家一道也。而有不同者，名也，非心也。〔註34〕

> 惟徹悟心光者，信手便用。……如是之用，出世即名為佛，經世即名

〔註29〕邵雍、張載都曾提出「道本源」觀點。邵雍曾云：「道生一，一為太極。一生二，二為兩儀。二生四，四為四象。四生八，八為八卦。八生六十四，六十四具而後天地萬物之道備矣。天地萬物莫不以一為本，原于一而衍之以為萬，窮天下之數而復歸于一。一者何也？天地之心也，造化之原也。」（見《宋元學案・百源學案（下）》語錄。）張載〈西銘〉有云：「乾稱父，坤稱母。予茲藐焉，乃渾然中處。故天地之塞，吾其體；天地之帥，吾其性。民吾同胞，物吾與也。」邵、張二人之說，以及程頤所謂的「理一分殊」，其思想淵源實皆來自先秦「道本源」的思想。

〔註30〕理一分殊，亦稱一本萬殊。《二程集》河南程氏遺書卷六，云：「二氣五行剛柔萬殊，聖人所由惟一理，人須要復其初。」

〔註31〕晚明佛教四大師指雲棲袾宏、紫柏真可、憨山德清、蕅益智旭。

〔註32〕見明・釋德清：《夢遊集》卷45《三教源流異同論》。

〔註33〕見雲棲大師《正訛集・三教一家》。

〔註34〕見《紫柏尊者全集》卷9〈長松茹退〉。

爲儒，養生即名爲老。〔註35〕

晚明佛教界「三教合一」說的提出，使得「三教合一」的思潮更爲壯闊浩盛，而影響深遠。林兆恩的「三教合一」論當亦深受此時代思潮之影響。

二、閩地的佛教與道教

（一）佛教方面

佛教於西晉之際傳入閩地，漸次興盛。唐時，佛教各宗派先後傳入閩地，而以禪宗影響最大。據《福建新通志》所述〔註36〕：

> 佛教傳入中國四百年，而達摩至六傳，至惠能其教彌昌，後分南岳懷讓、青原行思。思傳石頭希遷，又數傳至洞山良价，价傳曹山本寂，是爲曹洞宗；讓傳馬祖道一，一傳百丈懷海，海傳黃檗希遷、潙山靈佑，佑傳仰山慧寂，是爲潙仰宗；運傳龍潭崇信，信傳德山寶鑒，鑒傳雪峰義存，存傳雲門文偃，是爲雲門宗；又傳玄沙師備，備傳羅漢桂琛，琛傳法眼文益，是爲法眼宗，總曰五宗。而百丈長樂人也，……黃檗福州人也，……潙山長溪人也，雪峰南安人也，玄沙福州人，曹山莆田人，是福建唐代高僧天下莫盛焉。

禪宗五大派的祖師，或爲福建人、或爲福建僧人門徒，可見禪宗在福建之興盛以及其對福建影響之深遠。

宋代時，福建由於經濟文化的迅速發展，佛教也隨之愈益蓬勃，閩地寺院、僧尼之多爲全國之冠，〔註37〕而名僧亦輩出。這些名僧多參融儒學，並與士大夫往來密切，例如崇安圓悟禪師、莆田德潛禪師皆精通儒釋，尤溪大覺禪師也指稱釋氏與孔老相合，因此士大夫多好與之論交。

到了明代，閩地佛教興盛一如宋代，民間有許多信佛的地主將田產贈予寺院、僧人，據明人蔡清的說法，當時「天下僧田之多，福建爲最。」〔註38〕而朝廷也禮遇僧人，讓其享有免除各種賦役的特權。因此閩地佛教之興盛，除了佛教思想得以普及於當地外，僧人也得天獨厚，既無俯育仰事繇役之累，又能坐擁豪田。反倒是民不如僧，「當差良民無分寸地田」。〔註39〕

〔註35〕見《紫柏尊者全集》卷3〈法語〉。
〔註36〕見王耀華《福建文化概覽》第八章「福建宗教」引。
〔註37〕見何綿山：《閩文化概論》第七章「宗教」據《宋會要輯稿》等書之統計。
〔註38〕見何綿山：《閩文化概論》第七章「宗教」引《蔡文莊公集》卷一，〈民情四條答當路〉所說。
〔註39〕見康熙《建寧府志》卷19〈寺觀〉。

就明代閩地的佛教思想傳佈而言，基本上與當時全國的佛教發展態勢是一致的，即以禪宗與淨土宗爲主要流行的佛教宗派。

（二）道教方面

道教於東漢初年傳入閩地，至宋、元二代達到鼎盛的地步，道觀林立〔註40〕、著名道士輩出〔註41〕。宋代閩地道士之中尤以全眞道道士白玉蟾〔註42〕最負盛名，堪稱內丹學大師，其說融合道禪，重視內在精神的追求，主張心、性、道三合一，對元以後道教修煉術以及閩地的宗教思想影響深遠。明代閩地道教持續興盛，道觀關建頻繁，僅莆田一地在明代即創建了二十多所道觀。〔註43〕另外，由於宋明時期閩地道教之興盛，故文人士子與道教多有接觸，而閩地的儒者亦多涉及道教經典的研究與注釋，例如宋代朱熹即著有《周易參同契注》、《周易參同契考異》，呂惠卿著有《道德眞經傳》，曾慥則編有《道樞》〔註44〕；明代則有李贄的《易因》、林希逸的《道德眞經口義》等道教經典研究著作。可以說自南宋開始，閩地的道教即相當程度地滲入儒學界，尤其朱熹對道教曾屢屢投入關注和接觸，使得閩學的大宗「朱子學」融入許多道教思想。

由於明代閩地佛道二教的興盛，閩地民間宗教的思想、教義與儀式或多或少亦滲入佛道色彩，間接促使三教融合的思想深入閩地社會。

閩地的宗教中，影響林兆恩最深者爲道教。主要原因是林兆恩與道士友人卓晚春交往過程中頗受其思想影響。嘉靖二十五年（西元1548年），林兆恩三十二歲時，莆田道士卓晚春登門造訪林兆恩，二人一見如故，遂成莫逆之交，朝夕論道、縱飲行歌，形影不離。卓晚春提供了林兆恩許多道教方面的思想，影響林兆恩至深〔註45〕，《四書正義》中即反映了部分林兆恩的道教思想。

〔註40〕宋元閩地道觀的新建，宋代有四十六座，爲歷代之首，元代有亦十八座。詳見《重修福建通志》卷264〈寺觀〉。

〔註41〕例如莆田蔡攸，漳州邱元迪，福州歐陽器虛、王興敬，德化蘇紹成，同安陳以文，長樂陳通…等。詳見《閩書》卷138〈方外志・仙道〉。

〔註42〕白玉蟾（1194～1229），福建閩清人。本名葛長庚，字如晦、白叟，號海瓊子、瓊山道人、武夷散人。南宋道士。道教內丹派全眞道南宗第五祖，詔封紫清眞人，世稱紫清先生。著有《海瓊問道集》（留元長編）、《海瓊白先生語錄》（謝顯道等編）

〔註43〕見何綿山：《閩文化概論》第七章「宗教」。

〔註44〕《道樞》爲一綜合性道教典籍類書。

〔註45〕例如林兆恩「人身乃一天地」的思想與內丹理論「九序心法」，其思想淵源皆來自卓晚春。後來林兆恩特將卓晚春的言談與歌詩編輯成集，分別爲《寤言錄》與《卓仙詩》附錄於自己的著作當中，見《林子三教正宗統論》貞函，第35冊。

三、林兆恩「三一教」的宗教屬性

　　一般學者都將林兆恩所創立的「三一教」歸屬於民間宗教，例如鄭志明：《明代三一教主研究》、馬西沙、韓秉芳：《中國民間宗教史》。「三一教」在中國的社會，不為官方認可為正統的宗教（如佛教、道教），其發展、流行於民間社會，又符合民間宗教「三教雜揉」的特色，將之歸屬於民間宗教固合其宜，但是它有一特點是歷史上任何民間宗教所沒有的，就是「三一教」是由一個知識份子的學術文化社團（書院組織）演化而成宗教組織，與一般民間宗教由佛教或道教的支派演化為新興民間宗教，在思想起源、創設基礎與弘教的動機上有很大的不同。而「三一教」除了道教色彩濃厚外，教義思想中幾乎很少涉及當時民間宗教（如羅教、齋教等）的特殊思想（如無生老母思想、三期末劫思想），林兆恩的相關傳記中也未見有林兆恩與其他民間宗教有交涉的記載。林兆恩的宗教因緣似乎與當時的民間宗教較為疏離。

　　由於「三一教」的「三教歸儒」的教旨與濃郁的儒教性格，也有學者將之歸屬於儒教，例如李申的《中國儒教史》，李氏認為就「三一教」的教義和它所信奉的至上神（上帝）來看，「三一教」是一個儒教的變種，是儒教世俗化的產物。〔註46〕

第二節　明代閩學背景

　　福建舊稱「閩」。得名最早在戰國時，稱之「閩越」；秦代稱之「閩中郡」；唐以後各代則慣以「閩」為福建之簡稱。「閩學」一詞最早出現於南宋朱熹立學之後，通常是用來指稱朱學（福建朱子學），為宋代理學流派的一支。〔註47〕長期以來，學術界所以用「閩學」代稱「朱學」，乃由於朱熹生卒和居住地皆在福建，受學於福建的理學家（李侗），並著述、講學、從政於福建，其學之壯大興盛亦始於福建，且自南宋朱熹立學以來，福建學術主流始終為朱學，因此「閩學」一直作為「朱學」之代稱，一般學者也認定「閩學」即「朱學」。

　　朱熹「閩學」的開創，實源於閩地前賢之肇基。北宋時閩地人士游酢〔註48〕、

〔註46〕李氏雖視「三一教」為儒教，但對「三一教」似乎仍略有負面的評價，沿用清儒朱彝尊等人的觀點，稱「三一教」為儒教的「異端」。見《中國儒教史》第十章明代儒教，頁760。

〔註47〕傳統上對於宋代的理學流派，按理學家所在地域劃分，可分為「濂、洛、關、閩」四個主要學派。其中「濂學」是指周敦頤學派，周敦頤居於江西廬山濂溪；「洛學」是指程顥、程頤學派，二程居於河南洛陽；「關學」是指張載學派，張載居於陝西關中；「閩學」是指朱熹學派，朱熹生於閩之尤溪。

〔註48〕游酢（1053～1123），字定夫，北宋建州建陽（今福建）人。學者稱廌山先生。與呂大臨、楊時、謝良佐並稱為程門四大弟子。

楊時〔註49〕等人北上受學於二程，返回閩地後大力傳播理學，奠立閩地的理學學風。而二程思想則經由楊時、羅從彥、李侗三傳而到朱熹，經朱熹發揚改造成爲「閩學」。由於筆者在探討林兆恩思想背景時的實際需要，本文對「閩學」一詞，採用廣義的說法，即「閩地的學術」，包括朱熹之前的閩地理學——前期閩學〔註50〕、閩地朱子學及閩地陽明學（王學）。林兆恩所處的明代閩地學術，其主流事實上仍是朱子學，但是明代中葉以後「王學」遍天下，「王學」雖非閩地的學術主流，但畢竟「王學」亦流入閩地，有其一定的影響力。

一、前期閩學

　　所謂「前期閩學」是指朱熹之前的閩地理學。按蔡介裕先生的說法，以楊龜山得自明道，經羅豫章而至李延平一脈相承的學說稱爲「前期理學」〔註51〕，此稱除了欲以標明其學產生之時間先於朱熹外，並欲藉以突顯此派學說的內容性質有別於伊川、朱熹之學。

　　「前期閩學」與伊川、朱熹之學係二種不同思想內容及性質的學說，這樣的析別，從林兆恩學術傾向上也可以得到說明。林兆恩在其著作中經常對朱熹、程頤二人的觀點有所批評，但是對朱熹之前的理學家如周敦頤、張載、程顥，乃至楊龜山、羅從彥、李延平等人的觀點卻多持肯定與尊崇的態度，並時常引用其說。顯然朱熹、程頤二人的學說，與周、張、明道、龜山等人的學說必有很大的不同之處。整體上，林兆恩比較認周、張、明道、龜山等人的論點，其對心性方面的體悟與此諸儒之說也比較能相契。因此，可以說林兆恩也或多或少受到「前期閩學」的影響。茲就「前期閩學」作一簡要說明：

　　「前期閩學」的開創者是楊時。楊時向慕孔孟，進士及第後，聞明道倡孔孟之絕學於河洛，乃調官不赴，北上拜師明道門下。楊時深得明道之學，明道深喜楊時之穎悟好學，嘗謂：「楊君會得最容易。」及楊時學成南歸，明道目送依依，喜嘆：「吾道南矣！」〔註52〕雖明道歿後，楊時復從師伊川，歸閩後並傳明道、伊川之學，但龜山之學本質上仍與明道之學較爲接近。此外，楊時受業二程時，復於二程處聞

〔註49〕楊時（1053～1135），字中立，因居於龜山之下，學者稱其龜山先生。北宋南劍州將樂（今屬福建）人。著有《龜山文集》、《龜山語錄》。
〔註50〕朱熹之前的閩地理學，蔡介裕先生稱之爲「前期閩學」，見蔡介裕：《前期閩學之研究》，台中：東海大學哲學研究所博士論文，1995 年 12 月。筆者於本文沿用蔡氏「前期閩學」的說法。
〔註51〕同上。
〔註52〕見《宋元學案・龜山學案》。

得「濂」（周敦頤）「關」（張載）之學，亦皆探而納之。因此楊時歸閩後，周、張之學亦間接隨之入於閩地。因此北宋理學大家周敦頤、張載、二程之學入閩，實由於楊時之引進，其功不可沒。清人蔣垣於《八閩理學源流》即談到：

> 濂溪周子敦頤，繼孔孟絕學于仁宗間，以《太極圖》、《通書》授程伯子顥、叔子頤。二程之門受業最多，而劉絢、季籲、謝良佐、游酢、……楊時成德尤著。楊時，閩之將樂人，……楊時歸閩，受業者多，東南推其程門正宗，遂爲八閩理學之始。門人胡宏、羅從彥尤著。宏傳之張栻，從彥傳之李侗，侗傳之朱熹。〔註53〕

楊時之學主要承自明道之教，從《中庸》入手，而「觀中證體」。因此其學主要就《中庸》義理發揮。他曾就《中庸》首章「天命之謂性，率性之謂道。」提出他對「道德本體」的看法：

> 天命之謂性，率性之謂道。性、命、道，三者一體而異名，初無二致也，故在天曰命，在人曰性，率性而行曰道，特所從言之異耳。〔註54〕

楊時認爲道與性、命乃一理之殊稱，皆指同一道德本體。對於心性的修養，楊時認爲應以追求道德實踐的根源本體及本體所呈現的精神境界爲最高目標。他指出：「寂然不動，心之體也。」「正心到寂然不動處，方是極致，以此感而遂通天下之故。」〔註55〕楊時的心性論基本上是沿孟子心性論、明道「以仁識心」之說而來，孟子曾謂：「盡其心者知其性，知其性則知天矣」〔註56〕，明道本之而謂：「只心便是天，盡之便知性，知性便知天。」楊時承明道之說，乃謂：

> 千變萬化只說從心上來，人能正心，則事無足爲者矣！……心之爲物，明白洞達，廣大靜一。若理會得了然分明，然後可以言盡；未理會得心，盡個甚？能盡其心，自然之性不用問，人大抵須先理會仁之爲到，知仁則知心，知心則知性，是三者初無異也。〔註57〕

今人謝仲明先生曾說：

> 中國傳統論心，大體地可分成兩條脈洛，即「以仁識心」及「以智識心」。以仁識心，以孟子爲首，而由王陽明、陸象山等繼之而發展，而成一般所稱新儒學中之心學派。以智識心，以荀子爲典型；承伊川、朱子等

〔註53〕 見蔡介裕：《前期閩學之研究》，台中：東海大學哲學研究所博士論文，1995 年 12 月。頁38引蔣垣《八閩理學源流》文。

〔註54〕 見《楊龜山先生全集》，卷12，語錄三，〈餘杭所聞〉。

〔註55〕 見（清）納蘭成德《大易集義粹言》卷七十四。

〔註56〕 見《孟子·盡心上》首章。

〔註57〕 見《楊龜山先生全集》，卷12，語錄三，〈餘杭所聞〉。

之心論，亦屬此型態。〔註58〕

依謝氏的說法，則明道、龜山之心論，實近於陸王心學之說，而遠離伊川、朱熹的心論。另外，就龜山之「格物」說來看，龜山認爲：

> 致知在格物，物固不可勝窮也，反身而誠，則舉天下之物在我矣。〔註59〕
>
> ……反而求之，則天下之理得矣。由是而通天下之志、類萬物之情、參天地之化，其則不遠矣。〔註60〕

龜山認爲「格物」乃是「反身而誠」，返歸於自身以求「天下之理」，而非「窮究萬物」。顯然龜山之格物說亦本明道窮理乃窮「性之理」的觀點，與伊川「窮物之理」說已然分途。由此亦可以看出明道、龜山之學與「心學」的相近處。

二程之學，由龜山南傳入閩，而羅豫章，而李延平，血脈相承，是所謂「道南學派」。〔註61〕「道南學派」除傾向明道之學外，主要傳承、闡揚楊龜山的「觀中心法」即「觀未發氣象」、「靜中體驗未發」的工夫。明儒羅整庵即曾謂：

> 喜怒哀樂之未發謂之中，子思此言，所以開示後學，最爲深切。蓋天命之性，無形象可睹，無方體可求，學者猝難理會，故即喜怒哀樂以明之。夫喜怒哀樂人人所有而易見者，但不知其所謂中，不知其爲天下之大本，故持指以示人，使知性命即此而在也。……李延平教人須于靜中體認大本，未發時氣象分明，即處事應物，自然中節。李之此指，蓋得之羅豫章，羅得之楊龜山，楊乃程門高第，其傳固有自來矣。程伯子嘗言：「學者先須識仁，識得此理，以誠敬存之而已。」〔註62〕

可見「道南之傳」的學術性質和傾向，總括而言主要乃針對內在「心體」（本體）下工夫，追求和體悟本體的至高境界，與伊川、朱熹的「窮究物理」、「心、理爲二」的觀點有很大不同。朱熹雖從學於李延平，但對延平學說實不相契，乃於參研「中和」之理後，確認理路不同而離開延平，走向直承伊川，自立其說之途。因此龜山之學、「道南之傳」，只到延平而已，此即所謂「前期閩學」。「前期閩學」之學脈雖不得其傳，然由於「前期閩學」的諸賢皆有著作流傳〔註63〕，因此其學說思想仍獲

〔註58〕見謝仲明：《儒學與現代世界》第二章「識心之諸說」。

〔註59〕見《楊龜山先生全集》，卷18，〈答李杭〉。

〔註60〕見《楊龜山先生全集》，卷26，〈題蕭欲仁大學篇後〉。

〔註61〕羅豫章、李延平雖皆併習二程之學，但二人與楊龜山一樣主要傾向明道之學，明道有「吾道南矣」之語，故學界以「道南」之學指稱楊龜山、羅豫章、李延平相承的明道之學。

〔註62〕見《明儒學案·諸儒學案》「困知記」。

〔註63〕楊時著有《龜山集》、羅豫章著有《豫章文集》，李延年則有朱熹爲其所編的《延平問答》。

保存。由於生命特質與思想傾向的相契相近，林兆恩於「前期閩學」諸賢及其學說，頗多吸收與肯定。林兆恩於《中庸正義》「喜怒哀樂之未發謂之中，中也者，天下之大本也。」章所說的一段話，可作為其對「前期閩學」諸賢學說傳承的看法與認同：

> 昔李延平嘗受學於羅豫章，令靜中看喜怒哀樂未發前氣象，而求所謂中者。林子曰：羅豫章之學得之程明道，程明道之學得之周濂溪，故能知所謂未發之中而求之。殆非後世支離之儒之所能及矣。

林兆恩認為「前期閩學」的學者李延平、羅豫章皆傳承周濂溪、程明道重視未發之心體的證悟，這方面是後世專注章句的「支離之儒」所比不上的。由此也可以看出林兆恩思想的取向與淵源。

二、閩地朱子學

後人慣以「閩學」稱朱子學，可見朱子學在閩地的學術地位，及其代表性。然朱熹所傳承、闡揚、光大者實為伊川之學，而非「前期閩學」，故為區別其學與「前期閩學」不相隸屬、別立為宗的關係，宜徑稱其學為「朱子學」〔註64〕。

朱熹，號稱「宋代理學集大成者」，其學說對宋明理學的發展以及南宋以來中國人的思想影響深遠。其理學著作有《四書章句集注》、《伊洛淵源錄》、《近思錄》、《太極圖說解》、《通書解》、《西銘解》、《周易本意》等書。其中的代表作為《四書章句集注》，朱熹一生的精力大多投注於此，其理學思想亦多反映於此書，對後世學術思想影響最大的亦在此書。關於朱熹之《四書章句集注》及其影響，筆者留待下一節（經學背景）再作探討。此處本文主要簡述朱熹的理學思想以及明代閩地的朱子學。

朱熹的理學思想的內涵，主要融入了濂、洛、關三學派的思想，加上朱熹自己所創發的思想。在本體論方面，朱熹綜合周敦頤「太極說」和二程的「理本論」，提出太極為理之大全、宇宙本體的觀點，以及「理一分殊」之說。在修養工夫論方面，朱熹承繼和發展了伊川的「格物窮理」說以及「主敬」說，主張透過「居敬窮理」的修養工夫達到「心與理一」的精神境界。在人性論方面，朱熹本著張載所謂「天地之性」與「氣質之性」的說法，進一步推衍出「存天理滅人欲」的修養論，試圖控制「氣質之性」，使之「去惡從善」。關於「氣」論方面，朱熹則吸收了張載的「氣」論，認為「天地之間有理有氣」，「理在先，氣在後。」理是「生物之本」，氣是「生物之具」；「人物之生，必秉此理，然後有性，必秉此氣，然後有形。」此外，朱熹

〔註64〕廣義地說，朱子學包括朱熹的理學、經學與文學等之思想與著作。本文所論及之「朱子學」專指朱熹的理學思想而言。

學說「重義理，輕訓詁」的研經態度，亦爲朱學一貫的特色。

由於朱熹學說的建立和發展都在閩地，朱學在閩地根深柢固。尤其宋理宗開帝王倡導朱學的首例後〔註65〕，元、明二代帝王亦皆相續推尊朱學〔註66〕，並將之定爲官學，以其經學著作作爲科舉考試參考用書。在政治力的提倡推動下，元、明二代朱學不惟繁盛於閩地，更是風靡全國。

明代中葉，由於陽明心學崛起，程朱之說受到嚴厲的質疑與批判，致使朱學不再處於權威地位，全國研治朱學的熱潮也急遽冷卻。然而閩地的朱子學卻屹立不搖，依舊盛行如常，閩地的朱子學派並屢與陽明學派辯論爭勝。其主要原因是閩地地域學風的穩固性格與閩地朱子學學脈的紮實繁盛。據陳榮捷先生考定，朱熹的正式門人共有四百八十八人，其中福建籍有一百六十四人，占朱熹門人總數的三分之一。〔註67〕而這些福建籍的朱門弟子中，大部分是朱門的精英，例如：眞德秀、黃榦、陳淳、蔡元定……等人。由於閩地眾多優秀的朱門弟子對朱學的弘揚與發展，福建朱子學雄厚而穩健的實力歷久不衰。

在如此穩固的學術環境和條件下，有明一代的福建朱子學，持續地盛行與發展。明代閩地的朱學，前期〔註68〕以蔡清〔註69〕、陳眞晟〔註70〕以及周瑛〔註71〕三人最負盛名，宣揚朱學不遺餘力。關於此三人對福建朱子學的貢獻，清代朱子學學者雷鋐曾說：「明中葉如陳剩夫（陳眞晟）、蔡虛齋（蔡清）確守朱子，以津梁後學。」〔註72〕清人張伯行也指出程朱學說「代有傳人，……彰浦陳剩夫、周翠渠（周瑛）諸先生皆卓然直立，增光宇宙。」〔註73〕明代後期則以陳琛〔註74〕、林希元〔註75〕、

〔註65〕 見本章第三節之論述。

〔註66〕 見本章第三節之論述。

〔註67〕 見陳榮捷：《朱學論集》，台北：臺灣學生書局，1982 年。頁 279、281。

〔註68〕 史家有以朱學之興盛與衰落之時代分野，將明代分明前後兩期，以明世宗嘉靖年間爲分界線。

〔註69〕 蔡清（1452～1508）字介夫，稱虛齋先生，福建晉江人。

〔註70〕 陳眞晟（1411～1473），字晦德，又字晦夫，號剩夫。

〔註71〕 周瑛，字梁石，別號翠渠，福建莆田人。成化己丑進士，官至四川右布政使。少即有求道之志，《明史·儒林傳》稱瑛「始與獻章友，獻章之學主於靜，瑛不然之，謂學當以居敬爲主。」

〔註72〕 見劉樹勛主編：《閩學源流》，福建教育出版社，1993 年 12 月。頁 488 引雷鋐《經笥堂文鈔·童寒泉墓誌銘》。

〔註73〕 見（清）藍鼎元撰：《鹿洲初集》，張伯行〈序〉。

〔註74〕 陳琛（1477～1545），字思獻，因結廬於紫帽峰下，號紫峰，稱紫峰先生。福建晉江人。正德十二年進士

〔註75〕 林希元（1482～1567），字懋貞，號次涯，稱次涯先生。福建同安人。正德十二年進士。

張岳〔註76〕最具影響力。清人陳科捷曾對此諸人評述說：

> 明之中葉，有虛齋蔡文莊公（蔡清）出，盡心正學（朱子學），蔚爲
> 一代儒者之宗。陳（陳琛）、林（林希元）、張（張岳）、史（時江）四先
> 生繼之，道以大明。〔註77〕

可見閩地朱子學於有明一代，仍得眾多學人的闡揚和發展，持續影響閩地的學風與思想。林兆恩生處在朱學昌盛的閩地，而當時同鄉（莆田）尚有周瑛、林俊〔註78〕等朱學名家倡揚朱學，故其思想或多或少亦受朱學之影響。

三、閩地陽明學

明代中葉，王陽明創立其心學學說，後人稱之爲陽明學、王學，又因其學與陸九淵的心學接近，故亦合稱「陸王心學」。其學以「心即理」、「致良知」以及「知行合一」爲主旨；強調「心本體」的重要性，認爲心是宇宙萬物的本源，「心外無理」、「心外無物」。王學興起後，獲得明代廣大士人的迴響，旋即席捲全國，雖未取代朱學的「官學」地位，但卻對朱學造成嚴重威脅，瓦解了朱學的「學術權威」地位。

雖然陽明學爲明代中葉至明末的顯學，但是當時福建的陽明學並不若朱學興盛，其原因可能與閩地朱學穩固昌盛、排他性強悍有關。王學與朱學相對立，尤不易於閩地傳布。據《明儒學案·粵閩王門學案》所述，明代閩地陽明學之有力傳人，僅馬明衡〔註79〕一人而已。《四庫全書總目》卷十二，則謂：「《明史》稱閩中學者率以蔡清爲宗，至明衡獨受業於王守仁，閩有王氏學自明衡始。」可見馬明衡是閩地陽明學的引進者及主要傳佈者。就《明儒學案》加以考索，王門弟子中尚有許多非閩籍人士曾入閩爲官、弘學者，如〈浙中王門學案〉載季本〔註80〕曾任建寧府推官、〈江右王門學案〉載劉陽〔註81〕曾任福建道御史、〈泰州學案〉載耿定向〔註82〕曾巡撫福建。又〈泰州學案〉載羅近溪〔註83〕「往來閩、廣，益張皇此學。」、〈南中王門學案〉載沈

〔註76〕張岳（1492～1552），字維喬，號淨峰，稱淨峰先生。福建惠安人。正德十一年進士。
〔註77〕見高令印、陳其芳：《福建朱子學》頁293引《紫峰文集·序》。
〔註78〕林俊（1452～1527），字待用，號見素、雲莊。福建莆田人。成化十四年進士，官至刑部尚書。
〔註79〕馬明衡，明福建莆田人，字子萃。正德十二年進士，授太常博士，官至御史。著有《尚書疑義》。
〔註80〕季本字明德，號彭山，越之會稽人。正德十二年進士，授建寧府推官。
〔註81〕劉陽，字一舒，號三五，安福縣人。
〔註82〕耿定向，字在倫，號天臺，楚之黃安人。嘉靖丙辰進士。
〔註83〕羅汝芳字惟德，號近溪，江西南城人。嘉靖三十二年進士。

寵〔註84〕「在閩建養正書院」。諸此對閩地陽明學的傳佈或有所助益。

從林兆恩的著作中，可以明顯看出其學說具有濃厚的「心學」、「王學」色彩，因此現代多數的學者都認爲林氏之學淵源於王陽明心學〔註85〕，此一觀點恰同於清人徐珂所稱林氏爲“姚江別派”之說。〔註86〕不管林兆恩的學說是否爲陽明心學的支流，其著作受到王學的影響，有明顯的心學傾向，是可以確定的。推究其所吸納的王學思想，其淵源可能來自於與林兆恩有往來的馬明衡。另一可能是來自林兆恩的祖父林富。林富與陽明同朝爲官，相知相善，對王學亦頗爲推崇。總之，林兆恩所吸收的陽明心學思想，其淵源不明，閩地的陽明學以及入閩的陽明弟子可能是林兆恩心學思想的重要影響來源。

第三節 經學背景

林兆恩《四書正義》的撰著，除了有其個人的「發明孔學之旨」的動機外，研究、詮釋《四書》義理的時代學術風氣，亦是林兆恩纂述《四書正義》的重要學術背景。茲就南宋朱熹以來所形成的「四書學」，以及明代「四書學」發展的情況作一探討，藉以說明《四書正義》撰著時的「經學背景」。

一、《四書》學的形成

關於《四書》的獨立成學並形成研究的風潮，當溯源自朱熹《四書章句集注》一書（以下簡稱《四書集注》）的完成開始。朱熹窮畢生之精力於《四書集注》的編寫和修訂上，前後凡四十年，終於完成這部四書學上的經典鉅著。在有利的時代機遇下，《四書集注》受到了宋代帝王的推崇與提倡，從而奠立其「經典」地位，《四書》的價值亦因之而得到確立與彰顯，並進一步成爲宋代以後傳統中國社會人人必讀的一部「聖經」。《四書》因朱熹而正式提昇至「經」的地位，並隨即受到儒者們的尊奉與關注，於是接續《四書集注》之後研究《四書》者，如雨後春筍，源源不絕；其研究熱潮也歷宋、元、明、清，至今而不衰，留下浩瀚豐碩的「四書學」研究成果〔註87〕。這部中華要典的研究發展史，相當值得後人予以研

〔註84〕沈寵字思畏，號古林，宣城人。登嘉靖丁酉鄉書。官至廣西參議。
〔註85〕如台灣鄭志明的〈林兆恩與晚明王學〉、大陸林國平的《林兆恩與三一教》等。
〔註86〕此說參見馬西沙、韓秉方《中國民間宗教史》頁807引自徐珂《清稗類抄》宗教類。又王陽明學派在黃宗羲《明儒學案》中被稱爲《姚江學案》，故又稱姚江派。徐珂稱林兆恩爲姚江別派，在說明其思想源於王學而別出之。
〔註87〕據國立編譯館《新集四書註解群書提要附古今四書總目》之統計，歷代有關《四書》

究。本文擬於探討林兆恩《四書正義》的「四書學背景」之前，先對「四書學」
的形成略作說明。

由於《四書集注》的問世，《四書》始正式「經典化」；由於《四書》之「經典
化」，「四書學」乃順應而生。因此「四書學」之形成，主要歸因於《四書》之「經
典化」，而獲得儒者的重視與研究。《四書》之「經典化」是在歷史發展過程中逐步
演進而完成的，而朱熹的《四書集注》，則是促成《四書》正式地「經典化」的關鍵
性著作。

（一）《四書》經典化的歷程

南宋朱熹之前，並無「四書」的專稱，《論語》、《孟子》都是各自爲書；〈大學〉、
〈中庸〉則是分別隸屬於《禮記》第四十一篇和第三十一篇。自《四書集注》成書
之後，《四書》之名稱始正式確立，並廣泛地受到重視。之後由於元、明帝王對《四
書集注》的尊崇，奉爲科考要典，使《四書》之地位已然凌駕五經之上。然而事實
上在此之前，《四書》中各書（篇）在學術發展的歷程中即已逐步受到重視，甚至部
分早已「經典化」了（如：《論》、《孟》）。兹分別就四書各書（篇）經典化的歷程
簡述如下：

1. 《論語》

西漢時，《論語》已相當受到朝廷的重視，視之爲重要的「傳記」，例如《漢書‧
揚雄傳贊》謂：「傳莫大於《論語》」《漢書‧藝文志》也列《論語》於六藝略春秋類
之後，視之爲六藝（六經）之流亞。據東漢趙歧《孟子題辭》〔註88〕的說法，西漢
文帝時曾一度設置《論語》博士，後罷置傳記博士，僅設五經（《詩》、《書》、《禮》、
《易》、《春秋》）博士。雖然如此，但《論語》在西漢已成爲朝野傳習的重要典籍之
一，地位僅次於經。到了東漢，由於儒者普遍肯定《論語》與《孝經》的價值，於
是二書一同被納入「經」的範圍當中，與五經併爲「七經」。〔註89〕自此，《論語》
由「傳記」的地位，正式升格至「經」的地位。

與《論語》的著作（尚不包括《大學》、《中庸》與《孟子》三類），共有二千九百六
十四種。目前可見《四書》與《論語》著作之「存書」則有一千一百餘種，其中《四
書》類宋代有八種，元代有十八種，明代有二百三十五種，清代有一百八十五種，
民國有一百一十一種，日本有二十五種，韓國有十種；《論語》類漢代有十三種，三
國有七種，晉代有十七種，南北朝有十種，唐代有二種，宋代有十九種，元代有三
種，明代有十六種，清代有七十一種，民國有一百四十四種，日本有一〇九種，韓
國有八種。

〔註88〕見《十三經注疏‧孟子》錄。
〔註89〕見葉國良等編：《經學通論》頁 15「十三經形成的過程」。

北宋眞宗咸平四年（1001 年），邢昺奉命主持校勘的七經（《周禮》、《儀禮》、《公羊》、《穀梁》、《孝經》、《論語》、《爾雅》）義疏完成。至此《論語》也有了官方頒行的法定解釋，說明朝廷對《論語》注疏的注重。

2. 《孟子》

《孟子》一書，《漢書·藝文志》及《隋書·經籍志》都列入子部儒家類，未入於「經」。據趙岐《孟子題辭》所述，西漢文帝時，亦曾立《孟子》博士，後與《論語》一同罷置。雖然如此，但由此亦可見《孟子》於西漢時地位已逐漸提昇。

唐文宗開成年間，命刻石經十二經〔註90〕於太學，時尙無《孟子》〔註91〕。至五代末，蜀主孟昶命毋昭裔書十三經〔註92〕，刻石於成都學堂，即所謂的蜀石經，《孟子》見於其中。可知五代末，《孟子》已正式列入經部。〔註93〕。

北宋時，眞宗大中祥符五年（1012），孫奭奉命校定《孟子》，並爲《孟子》修正義。至此，《孟子》也有了官方頒行的法定注疏本。神宗時，王安石等議定以《論語》、《孟子》並科取士，《論語》、《孟子》首度成爲科舉考試的用書。又徽宗崇寧年間，詔令孟子得進祀孔廟。凡此都說明北宋時《孟子》經學地位的高顯。

3. 《大學》

《大學》本是《禮記》當中的一篇。主要在闡明儒家的政治哲學，即宋儒所謂的三綱領（明明德、新民、止於至善）和八條目（格物、致知、誠意、正心、修身、齊家、治國、平天下）。唐代以前，《大學》並未受到人們的重視，也無單行本。到了韓愈才把《大學》突顯出來，本著其中修、齊、治、平的理論作〈原道〉一文以反對佛教。

由於韓愈的提倡，《大學》日漸受到重視，至北宋時已有單篇之流傳。宋代程顥、程頤二兄弟，繼韓愈之後，大力推崇《大學》，把它當作是「孔氏之遺書，而初學入德之門」〔註94〕，並開始以之教授門徒。朱熹承二程之教，表彰《大學》，並爲之作《章句》，闡釋其精義。至《四書集注》編訂完成，《大學》乃提升至經的地位，關於這方面，筆者將於下文再加論述。

〔註90〕十二經包括《周易》、《古文尚書》、《毛詩》、《周禮》、《儀禮》、《禮記》、《左傳》、《公羊傳》、《穀梁傳》、《孝經》、《論語》、《爾雅》。

〔註91〕見傅武光：《四書學考》頁 35，唐石經論語考。

〔註92〕蜀石經刻有《易》、《書》、《詩》、《周禮》、《儀禮》、《禮記》、《左傳》、《公羊》、《穀梁》、《孝經》、《論語》、《爾雅》、《孟子》，凡十三經。

〔註93〕見李師威熊：《中國經學發展史論》（上），台北：文史哲出版社，1988 年 12 月。頁13「石刻經書」。

〔註94〕朱熹《大學章句》引程子語。

4. 《中庸》

《中庸》本亦爲《禮記》當中的一篇。主要在闡明儒家的性命之理。《漢書·藝文志》載有《中庸傳》二篇，可見西漢時已有人專門研究《中庸》了。

到了南北朝，佛教的心性說流行，於是有部分儒門之士援佛以入儒，融佛理於儒學中，《中庸》即當時會通儒釋的重要典籍，如：劉宋時的戴顒即撰有《中庸傳》，梁武帝蕭衍也撰有《中庸講疏》。

唐代李翱亦重視心性之學，乃依據《中庸》作《復性書》，論述儒家的性命之道。至宋代，因理學大興，心性之學成爲儒學討論的重點，於是研究《中庸》者益衆。朱子《四書集注》完成之後，《中庸》也隨之升上了經部的地位。對此，下文將再加說明。

（二）四書學的成立

由上述可知《論語》、《孟子》、《大學》、《中庸》於《四書集注》問世之前，即已分別受到重視而逐步提昇其經學地位。其中《大學》、《中庸》二書於宋代之前，其經學地位尚未確立，遠不及《論語》、《孟子》之受重視，直到北宋二程以《大學》、《中庸》開示後學、闡揚二書精義之後，《論》、《孟》、《學》、《庸》始受到並重。〔註95〕

南宋時，朱熹紹承二程遺緒，極力表彰《論》、《孟》、《學》、《庸》，並以畢生之精力著書闡述四書精蘊。宋光宗紹興元年，朱熹將前所撰著的《論孟集注》、《學庸章句》結集成一書刊行問世，併稱《四子書》（後簡稱《四書》）〔註96〕，自此，《四書》之名正式成立。

朱熹《四書集注》問世後，頗獲士人的肯定，並逐漸引起朝廷的重視。南宋寶慶三年（西元 1227 年），宋理宗下詔云：「朕觀朱熹集注《大學》、《論語》、《孟子》、《中庸》，發揮聖賢蘊奧，有補治道。朕定勵志講學，緬懷典刑，深用嘆慕，可特贈熹太師，追封信國公。」並鼓勵士人多習讀《四書集注》。〔註97〕雖然這是朱熹死後才獲得的殊榮，但是自此以後，朱熹的《四書集注》因皇室的尊崇和提倡，而廣爲流行；《四書》亦因之而普遍受到學者的重視和研究。於是「四書學」在這樣的歷

〔註95〕《宋史·道學傳》：「仁宗明道初年，程顥及弟頤寔生，及長，受業周氏，已乃擴大其所聞，表章大學、中庸二篇，與語、孟並行，於是上自帝王傳心之奧，下至初學入德之門，融會貫通，無復餘蘊。」

〔註96〕朱子以爲《論語》、《孟子》主要在記孔、孟之言行，《大學》、《中庸》分別是曾子、子思所作，而孔子之道傳於曾子，曾子傳之子思，孟子則受學於子思之門人，故四書之作蘊含道統傳承的意義，因此稱之爲《四子書》。

〔註97〕見《宋史紀事本末》卷八十。

史條件下誕生。

　　元代儒學界仍延續宋末以來的程朱學風。元仁宗皇慶二年，朝廷採用儒者的建議，詔令以《四書集注》作爲科舉考試的參考用書。《元史・選舉志》云：

> 皇慶二年，詔定考試程式，蒙古、色目人第一場經問五條，《大學》、《論語》、《孟子》、《中庸》内設問，用朱氏《章句集注》。……漢人、南人第一場明經、經疑二問，《大學》、《論語》、《孟子》、《中庸》内出題，並用朱氏《章句集注》，復以己意結之。

可見元代科舉考試已將《四書》選作經考的主要科目。於此，《四書》的地位不惟凌駕《五經》之上，甚且正式成爲一「經」。而元代《四書集注》之爲《四書》考試的指定參考書，說明《四書集注》所代表的朱子學說已登上「官學」的權威地位，標示著其雄厚的學術影響力。

　　自此經明代到清末七百年間，朝廷取士必考《四書》，於是《四書》成爲元、明、清三代讀書人必讀之書，《四書》儼然成爲中國的「聖經」。而「四書學」也成爲中國學術之顯學，《明史・藝文志》經部特立《四書》一門，清人編纂的《四庫全書》經部也別立《四書類》，凡此，皆說明「四書學」研究已居中國學術的重要地位。

　　宋代以來「四書學」之所以蓬勃發展，除了由於政治因素的推動和影響之外，朱熹《四書集注》之問世，使孔孟學說的思想價值得到彰顯，則是帶動「四書學」研究風潮，歷今不衰的主要原因。因此《四書集注》的完成與問世，可以說即是「四書學」成立的開始。

二、明代的《四書》學

　　自從元代詔令以《四書集注》爲科舉考試的標準讀本之後，「朱學」成爲「官學」，學者在此官學的引領下，解釋《四書》莫不以之爲圭臬。因此元代的「四書學」基本上是以《四書集注》之說爲宗的「朱學」四書學時代。

　　明代開國直到中葉前後，「四書學」基本上仍維持「朱學」的色彩，主要原因在於明皇室延續元代以來以「朱學」爲官學；以《四書》爲科舉主考科目；以朱子四書學著作爲科舉考試指定參考用書的教育與考試政策。

　　例如：洪武十七年，明太祖頒布科舉考試規定：

> ……第一場，試《四書》義三道，每道二百字以上；經義四道，每道三百字以上。……《四書》義主朱子《集注》，……〔註98〕

〔註98〕見趙子富：《明代學校與科舉制度研究》頁249引萬曆《明會典》卷77，《禮部・貢舉・科舉》記載。

可見明初仍延續元代的科舉考試精神，重《四書》及朱熹之《四書集注》。

到了永樂十二年（西元 1414 年），明成祖爲宣耀其「孳孳圖治」、「倡明聖道」使「家孔孟而戶程朱」〔註 99〕的用心，敕令胡廣、楊榮等人編纂《四書大全》。〔註 100〕翌年書成，朝廷隨即命禮部刊行，頒發各府、州、縣學，作爲科舉考試的標準用書。由於胡廣、楊榮等人所編纂《四書大全》乃是彙輯「朱學」四書學著作而成〔註 101〕，無形中更助長了四書學「朱學化」的風潮。

明代由於自太祖、成祖以來，科舉考試特重《四書》，影響所及，學者「所研究者惟《四書》，所辨訂者亦惟《四書》。」〔註 102〕《四書大全》頒行之後，「《四書》講章浩如煙海，皆是編爲之濫觴。」〔註 103〕由此可知明代「四書學」之興盛發達，「科考」、「官書」影響力之大。

通常學者對於明代《四書》學著作的歸類，概括而言，主要有四種類別：

「漢學」《四書》學，其特質是以「漢學」解《四書》，採用傳統「訓詁」方式研治《四書》，注重《四書》文字、名物、典故等的考證。如陳士元《論語類考》、蔡清《四書圖史合考》、陳禹謨《四書經言技指百卷》。

一、「朱學」《四書》學，其特質是以「朱學」解《四書》，如呂柟《四書因問》、林希元《四書存疑》、蔡清《四書蒙引》、陳琛《四書淺說》。

二、「王學」《四書》學，其特質是以「王學」解《四書》，如季本《四書私存》、周宗建《論語商》、鄒元標《學庸商求》、周汝登《四書宗旨》。

三、「禪學」《四書》學，其特質是以「禪學」解《四書》，如憨山德清《大學綱目決疑》、《中庸直指》；蕅益智旭《四書蕅益解》；來斯行《四書小參》；黃獻臣《四書闊旦》。

如此的分法只是就內容性質的偏重所在作劃分，事實上學術思想經常相互影響，學者的著述也常是擇取眾家之說，各學說之間，未必壁壘分明。今人古清美先生即認爲：「朱學和整個明代思想密不可分，朱學在心學的發展、完成和修正、分裂的過程中都扮演了極具影響力的角色；因而明儒在時時資取、援引，同時又在批評

〔註 99〕見侯外廬：《宋明理學史》頁 12 引胡廣語。
〔註 100〕見《明史·金幼孜傳》。
〔註 101〕胡廣等人編纂《四書大全》，主要匯輯朱熹《四書集注》與朱學門人眞德秀《四書集編》、祝洙《四書附錄》、蔡模《四書集疏》、趙順孫《四書纂疏》、吳眞子《四書集成》、陳櫟《四書發明》、胡炳文《四書通》、倪士毅《四書輯釋》等書而成。因此，《四書大全》可說是集「朱學」四書學著作之大成。
〔註 102〕見《四庫全書總目·經部》卷三六，四書類二，《四書大全》提要。
〔註 103〕見《四庫全書總目·經部》卷三六，四書類二，《四書大全》提要。

朱學之際，自己好像沒有一個確定的立場；而明代中期以後，心學大行，學者又多
受了心學理論和工夫的影響，轉而修正、改造朱學之時，他們在朱、王之間若即若
離的關係，也是極難分辨。」〔註104〕但是，各時期的學術思想主流，確實會影響學
者的《四書》詮釋觀點和方法，形成隨著學術思想主流的不同而有所偏重的四書學
詮釋特色。李師威熊曾說：「在明代二百七十餘年間的經學發展，在治經方法方面，
大體上是以義理解經爲主流，以考據、辨證、訓詁等爲旁支。」〔註105〕而明代以義
理解經的主流中，又分爲明代初、中期的朱學主流與明代中葉至晚明的王學主流。
〔註106〕因此就明代四書學的發展與特色而言，明初至明代中葉之前「朱學」《四書》
學爲主流；明代中葉以後則爲「王學」《四書》學的時代；「禪學」《四書》學出現於
王學盛行的晚明，亦受到陽明心學的影響。「漢學」《四書》學則是明代四書學發展
的旁支。

　　前面曾經述及由於明代中葉以前，「科考」、「官學」特重朱熹的《四書集注》，
影響所及形成四書學「朱學化」的風潮。因此，這一段時期，屬於「朱學」四書學
時代。明代中葉陽明學說興起，試圖在當時已僵化的朱學體系外，開出一條更開闊
切要的成德道路。由於其說擺脫繁瑣的外在認知過程，直接以本心體悟探求，簡易
可行，於是「朱學」逐漸沒落，終爲「王學」所取代，「王學」成爲明代中葉以後新
的思想風潮。影響所及，「四書學」學風亦爲之丕變，「王學」四書學起而代之，成
爲明中葉以後四書學的主流。

　　「王學」之興盛，帶動重視心體價值與自由理解經義的學風，到了晚明，在三
教合一思潮與王學風潮高漲並興的情勢下，三教合一思想與「王學」所帶動的重視
心體價值與自由理解經義的觀念，無形中匯流爲一，形成兼具這些思想觀念的「新
心學」〔註107〕思想。晚明時期，許多同時接納三教合一思想與王學思想的學術、宗

〔註104〕見古清美：〈明代朱子理學的演變〉，《國際朱子學會議論文集》（下冊），中研院文
　　　　哲所，1993 年五月。
〔註105〕見李師威熊：〈明代經學發展的主流與旁支〉一文，收錄於《明代經學國際研討會
　　　　論文集》，台北：中研院文哲所，1996 年 6 月。頁 77～92。
〔註106〕同上。
〔註107〕「心學」是指以人的主觀精神「心」爲宇宙本源或以追求心體的證悟爲主的思想學
　　　　說。一般學者所謂的「心學」義近於此，但又多強調「心學」爲陸九淵所創、王陽
　　　　明發揚光大，而將「心學」一詞之義窄化爲「陸王心學」。事實上「以人的主觀精
　　　　神『心』爲宇宙本源」或「以心體的覺悟爲生命重心」之思想特質的「心學」至少
　　　　在北宋程顥時已經出現，程顥受佛學「萬有唯識」以及孟子「萬物皆備於我」思想
　　　　的影響，提出「我」與天地萬物爲一體、「心與道渾然一也」的說法，而朱學當中
　　　　也有關於「心體之證悟」方面的探討。因此，「心學」不應特指「陸王心學」，亦非
　　　　「陸王」專有，凡有類此的思想、學說應皆可謂之「心學」。晚明「心學」或受「王

教人士或是同受此二思潮影響者，多自然而然地蘊有著「新心學」的思想。「新心學」思想表現在經典解釋上所呈現出的特質爲「自由發揮的解經態度」、「三教融通的解經觀念」以及「證悟心體的解經目的」。其中「自由發揮的解經態度」與「證悟心體的解經目的」二項解經特質是受到王學的影響，「三教融通的解經觀念」則是受到三教合一思潮的影響。

晚明時期許多人士受到三教合一思潮與王學風潮的影響，在詮釋《四書》時，經常在無意間以此時代思潮所孕育出的「新心學」思想來詮釋《四書》，從而推出融通三教兼抒個人生命體悟的《四書》學著作，形成晚明新的四書學特色，有別於「王學」的四書學〔註108〕，筆者暫且稱之爲「新心學」四書學。

日人荒木見悟在研究晚明四書學時，亦發現晚明的四書學著作有不同於其前的特色和風貌，即重視良知主體、儒佛融合的思想與以己意自由解經。他將此新風貌、特色的四書學稱之爲「新四書學」。〔註109〕日人佐野公治在其《四書學史の研究》一書中，進一步歸納晚明新四書學的特徵〔註110〕爲：

（一）禁慾傾向的淡化。

（二）經書觀與聖人觀的變遷。

（三）採用佛老思想解釋《四書》。

筆者初步地接觸晚明四書學的著作，所見到的除了李卓吾的《四書評》外，大部分仍強調儒家的綱常倫理與本心的持守，尚少見強調慾望解放的主張，因此筆者認爲佐野公治所謂的「禁慾傾向的淡化」一項應屬特例，不應作爲晚明新四書學的普遍特徵。另外，「經書觀與聖人觀的變遷」意指吾人本心自涵具經書中的道理；人人自求本心，即能成就聖人之德。此一觀點，根本上仍在於心體價值的證悟。而「採用佛老思想解釋《四書》」方面，筆者認爲晚明學者之所以普遍採用佛老思想解釋《四書》，其根本原因是當時社會瀰漫著「三教一致」的思潮，因此正確地說，「三教一致」、「三教融通」的解經觀念才是晚明四書學的一種特徵。

對於荒木見悟針對晚明四書學所提出的「新四書學」之稱，筆者認爲似乎仍不

學」影響，但並不能說晚明之「心學」即「王學」。但換一個角度來說，「王學」多論及心體，故「王學」亦屬「心學」的範圍。簡言之，筆者認爲「心學」一詞應廣義地講。晚明形成的「心學」思想，較「陸王」心學涵蓋面更廣闊，更具時代特色，筆者爲區別其與「陸王」心學的不同，將之稱爲「新心學」。

〔註108〕王學四書學儘管引用道釋學說與觀點，但似乎仍未脫離秉持儒家本位的優越立場，與道釋保持一定距離，並留意區隔彼此間的關係。

〔註109〕見荒木見悟：《明代思想研究》頁292〜304。

〔註110〕見佐野公治：《四書學史　研究》頁358。

夠明確，若以「新心學四書學」稱之或許更能凸顯晚明四書學的特色。

有關晚明「新心學四書學」著作，林兆恩的《四書正義》、李卓吾的《四書評》、管志道的《論語訂釋》以及張岱的《四書遇》等，可以作爲這時期四書學著作的代表。

第三章 《四書正義》的成書與流傳

第一節 初次編纂成書與定名

《四書正義》原名《經傳釋略》，原是林兆恩平日對弟子論述《四書》義理的記錄，並未輯錄成書。萬曆元年冬天，林兆恩才委派弟子劉獻策輯錄編纂這些講授文字，於次年（萬曆二年）成書。起初將這一部書定名為《經傳釋略》，後來或許是為了使書名更符合書中的論述內容，於是改名為《四書正義》，成為這部著作通行的名稱。〔註1〕

林兆恩對於《四書正義》一書的完成，抱著敬慎恭謹的態度，將它視為傳承孔門道統、心法的著作，並且虔敬慎重地撰寫了一篇疏文，稟告上天〔註2〕：

> 臣林兆恩謹疏，為明經傳以宗孔子。竊惟堯、舜、禹、湯、文、武、周公之所相授受者，至孔子而既明之矣。曾子之《大學》也，子思之《中庸》也，孟子之《七篇》也，其所以發明《論語》所未曾發之旨，亦既明且盡矣。夫既明且盡，如此而欲學孔子之學者，舍顏曾思孟，吾誰與歸？若孟子而下，臣無取焉，以其釋經傳者，不明經傳之旨也。經傳之旨不明，則孔子之學不著矣。孔子之學求在內者也、求在心者也；而後之釋之者，求在外者也、求在物者也。臣嘗謂道釋者流，所當歸儒宗孔也，而眾人莫不以為是者，此固然矣。世之儒者亦當歸儒宗孔也，而眾人莫不以為非者，又獨何與？臣每竊嘆孔子之學，不惟不遇於當年，亦且不遇於後世者，非

〔註1〕 見（明）陳衷瑜：《林子本行實錄》，林子五十八歲條，台北：養興堂翻印，1984。及林國平：《林兆恩與三一教》附錄：〈林兆恩生平事跡年表〉頁172，福建人民出版社，1992年2月。

〔註2〕 見（明）陳衷瑜：《林子本行實錄》，林子五十八歲條，台北：養興堂翻印，1984。

以道釋者流叛孔子者而晦孔子之學也，實以世之儒者，學孔子而晦孔子之
學也。此臣之所以栖栖皇皇，而自以爲己憂者，殆二十年于茲矣。毀譽不
足爲臣憂；榮辱不足爲臣憂；利害不足爲臣憂；死生不足爲臣憂，而臣之
所憂者，實惟以世之儒者，主於先入，安其故常，遂使經傳之旨不明，而
孔子之學不著焉，以爲憂也。伏望察臣之愚，而憐愍之，啓我翼我，務使
臣得以反世之儒者所釋之非，以由顏曾思孟所傳之是，以明經傳，以著孔
子之學於天下後世也。臣雖即死，亦無所憾，而況於利害、況於榮辱、況
於毀譽者乎？知我者謂我心憂，不知我者謂我何求，臣復何求哉？臣惟以
生乎孔子之前者，而先王之道則賴孔子以明；生乎孔子之後者，而孔子之
道則賴後人以著。臣特卑微一布衣耳，若不賴天之靈，啓我翼我，則臣亦
安能以反世之儒者所釋之非，以由顏曾思孟所傳之是，以明經傳，以著孔
子之學於天下後世耶？臣惟以臣之老，而不能久生也，故立志益堅，用力
益篤，而一念眞切之誠，蓋有必至於死而後已者，臣若以臣之老，之不能
久生也，而或乘之以怠心焉，不以孔子之學以倡人、不以經傳不明爲己病，
則昔年之所以栖栖皇皇者何如？而今乃如此也。然臣之所以宗孔子，以明
經傳，敢曰有所聞、有所知而云然也，如臣無所於聞、無所於知，而必欲
反成說以爲高焉，則是臣之所以疏天者，乃以欺天也，天其有不罰殛我也
哉？自作之孽，蓋有不可得而逭焉者也。爲此具疏，不勝激切悚慄之至。

　　林兆恩此一稟告上天的疏文，如果拿來當作《四書正義》的序文，其實也是頗
爲允稱恰當的，因爲從這一篇疏文當中，我們可以多少瞭解林兆恩所以講論《四書》
義理，進而撰著《四書正義》的動機。茲就此一疏文的內容，歸納林兆恩《四書正
義》的撰著動機如下：

　　一、林兆恩認爲孔子傳承並闡明堯、舜、禹、湯、文、武、周公之所相授受之
道，而曾子之《大學》、子思之《中庸》、孟子之《七篇》則發明《論語》所未曾發
之旨，故欲學孔子之學，惟有求諸《四書》。

　　二、林兆恩認爲後世儒者不明白經傳之旨，在解釋經傳之時，抱持先入爲主、
固守舊說的態度，致使經傳〔註3〕之旨不明、孔子之學隱晦不彰。因此兆恩立志扭
轉世儒對於孔學經傳的誤釋，回歸顏曾思孟所傳述的孔學眞義，使經傳之旨得以闡
明，孔子之學能夠彰顯於天下後世。

　　二、林兆恩自信對於《四書》的意旨，有眞切的瞭解與體悟，爲了闡明孔子之

〔註3〕林兆恩所謂的「經傳」，主要指《四書》。林兆恩認爲《論語》是孔門之「經」，《孟
　　　子》、《中庸》、《大學》皆是闡釋孔子思想的「傳」。

學（道），並且尊崇孔子，因而對弟子講論《四書》義理，並撰著《四書正義》。

第二節　改訂與增刪

根據《林子本行實錄》的記載，萬曆五年，林兆恩又命弟子劉獻策對《四書正義》一書內容再加以摘選並標示章目。萬曆二十年，林兆恩再命弟子張洪都編次《四書標摘正義》，將《林子分內集》中的相關內容補充到書中，並將書名改為《林子四書正義》，凡二十冊。〔註4〕

到了萬曆二十二年，林兆恩時年七十八歲，又命弟子盧文輝針對二十冊本《四書正義》中重複的文字再加以刪訂，於是篇幅精減為十六冊。〔註5〕同年十二月，禮部移文購天下遺書，於是郡縣向林兆恩徵求其生平著作上呈。然因書版之前因故被燬，兆恩乃命弟子盧文輝重新整理刪校刊刻其生平著作。盧文輝最初將之結集成六十餘冊，訂名為《林子三教正宗統論》，兆恩嫌其部數過於浩繁，命盧文輝再加刪編，最後成書凡三十六冊。此三十六冊本之《林子三教正宗統論》，其中第二十一冊至二十六冊為《四書正義》，由冊數推測，此六冊本《四書正義》或許是據先前的十六冊本《四書正義》再加以刪減而成。而此六冊本《四書正義》則是林兆恩生前曾經過目的《四書正義》刪訂本當中，最晚的版本〔註6〕。茲附《四書正義》編纂年表如下：

林兆恩《四書正義》編纂年表〔註7〕

年　代	書　名	編　纂　人	說　明
萬曆元年冬天	《經傳釋略》	林兆恩弟子劉獻策編輯	
萬曆二年	改名：《四書正義》	林兆恩弟子劉獻策編輯	
萬曆五年	標摘：《四書正義》	林兆恩弟子劉獻策標摘	
萬曆十六年	編纂： 《四書標摘正義》六卷、 《四書標摘正義續》六卷	林兆恩弟子陳大道	

〔註4〕此據林國平：《林兆恩與三一教》附錄：〈林兆恩生平事跡年表〉，頁176。

〔註5〕據民國7年悟本堂、省心堂重刻之《林子四書正義》，林兆恩弟子盧文輝於序文中說：「…《四書正義》原二十冊，茲承先生嚴命，刪其複語者，概有一十六冊，梓人竣事，謹摘輯先生生平之所論著者，以序之如此也者。」此序僅說明編纂年代，未詳月份。

〔註6〕萬曆二十二年盧文輝編輯之《林子三校正宗統論》，是目前所知為最後一部有關《四書正義》刪訂的著作。之後未再見到傳記、文獻有提及《四書正義》刪訂的記載。

〔註7〕本表之製定以林兆恩生前命弟子所編纂之《四書正義》為主。

萬曆二十年	編次、改名爲：《林子四書正義》二十冊	林兆恩弟子張洪都、陳標編次	補充《林子分內集》中有關內容入書中。
萬曆二十二年	刪訂《林子四書正義》爲十六冊	林兆恩弟子盧文輝刪訂	據二十冊《林子四書義》刪訂，收入盧子初刪編之六十冊本《林子三教正宗統論》。
萬曆二十二年十二月	刪訂《林子四書正義》爲六冊	林兆恩弟子盧文輝刪訂	收入盧子重編之三十六冊本《林子三教正宗統論》。

第三節　版本與體例

一、單行版本與全集收錄版本

《四書正義》之版本現存已知者，可分爲單行版本與全集收錄版本。

（一）單行版本方面

現存已知有《四書正義纂》5 冊與《林子四書正義》二種。《四書正義纂》爲明萬曆之刊本，現存日本尊經閣文庫〔註8〕與九州大學文學部〔註9〕，台北漢學研究中心有影印本。《林子四書正義》5 冊，爲民國 7 年版與民國 28 年版，二者內容大致相同，皆爲重印本，現存福建省圖書館。〔註10〕

（二）全集收錄版本方面

除了單行本《四書正義》之外，《四書正義》尚可見於《林子三教正宗統論》與《林子全集》兩種林兆恩的著作全集當中。

現存《林子三教正宗統論》有：

（1）明萬曆年間 107 卷（36 冊）原刊本，現藏台北國家圖書館。

（2）明萬曆年間 36 冊刻本，現藏北京圖書館、北京大學圖書館。〔註11〕

（3）清光緒 20 年 36 冊重刻本，現藏福建師大圖書館以及福建省莆田、仙遊民間〔註12〕。

〔註 8〕據鄭樑生：〈佚存日本的《四書》與其相關論著〉，國家圖書館館刊，民國 86 年第 1 期，頁 154，民國 86 年 6 月。

〔註 9〕據日人佐藤鍊太郎〈林兆恩『四書標摘正義』——三教合一論者 「心即仁」〉，松川健二編：《論語　思想史》頁 322。

〔註10〕據林國平：《林兆恩與三一教》，福建人民出版社，1992 年 2 月，頁 179。

〔註11〕據馬西沙、韓秉方：《中國民間宗教史》，頁 853。

〔註12〕據馬西沙、韓秉方：《中國民間宗教史》，頁 853。

（4）清光緒 34 年 36 冊重刻本，現藏福建省莆田、仙遊民間。

（5）清同治元年 36 冊重刻本，台灣夏教龍山、養興兩堂曾於民國 58 年據馬來西亞宗聖書院藏本翻印。

（6）北京出版社據北京大學圖書館藏明萬曆年間 36 冊刻本影印本，收錄於《四庫禁毀書叢刊》。〔註13〕

現存《林子全集》有：

（1）明萬曆 34 年林兆珂序、40 卷本，現藏日本內閣文庫。（所收錄的林子《四書正義》書名爲《四書標摘正義》、《四書標摘正義續》）〔註14〕

（2）明崇禎 4 年 41 冊刻本，現藏北京圖書館、浙江圖書館。〔註15〕

（3）台灣莊嚴文化事業公司據北京圖書館藏明崇禎 4 年 41 冊刻本影印本，收錄於《四庫全書存目叢書》。〔註16〕

二、本論文選用之版本

筆者目前所能蒐集到的《四書正義》版本有：

1. 明萬曆刊本〔註17〕《四書正義纂》（共五冊）（影印本）。

2. 《四庫禁毀書叢刊》據明萬曆刻本影印本《林子三教正宗統論》〔註18〕（共三十六冊）所收錄之《四書正義》（第二十一冊至第二十六冊）。（筆者按：本文簡稱萬曆影本《林子三教正宗統論》）

3. 台灣養興堂翻印之清同治元年重刻本《林子三教正宗統論》（共三十六冊）所收錄之《四書正義》（第二十一冊至第二十六冊）。

4. 《四庫全書存目叢書》據明崇禎刻本影印本《林子全集》（共 41 冊）所收錄之《四書正義》（亨部第一冊至第六冊）。（筆者按：本文簡稱崇禎影本《林子全集》）

5. 民國七年悟本堂與省心堂重刻本《林子四書正義》（共五冊）（影印本）。

〔註13〕見《四庫禁毀書叢刊》第 17 冊、18 冊、19 冊，北京出版社，2000 年 1 月。

〔註14〕據日人佐藤鍊太郎〈林兆恩『四書標摘正義』──三教合一論者　「心即仁」〉，松川健二編：《論語　思想史》頁 307。

〔註15〕據馬西沙、韓秉方：《中國民間宗教史》，頁 853。

〔註16〕見《四庫全書存目叢書》子部雜家類第 91 冊、92 冊，台南：莊嚴文化事業公司，1997 年 10 月。

〔註17〕原書現存日本尊經閣，未詳刊印年代。

〔註18〕筆者曾至台北國家圖書館調閱明萬曆年間 107 卷（36 冊）原刊本《林子三教正宗統論・四書正義》之微捲，經比較，其與《四庫禁毀書叢刊》據明萬曆刻本影印之《林子三教正宗統論・四書正義》之內容大致相同。

經過對照與比較之後，筆者發現此五種版本之《四書正義》文字內容稍有出入。

1. 其中同治刻本《林子三教正宗統論》之《四書正義》，文字脫落、訛誤、短少處最多，實不若萬曆影本《林子三教正宗統論》之《四書正義》。

2. 萬曆影本《林子三教正宗統論》之《四書正義》與崇禎影本《林子全集》之《四書正義》，內容大致相同。

3. 萬曆刊本《四書正義纂》之文字篇幅，較之萬曆影本《林子三教正宗統論》與崇禎影本《林子全集》中之《四書正義》更為完整。

4. 民國七年刻本《林子四書正義》則為五者當中，文字內容最為完整詳贍者，除內文涵蓋《四書正義纂》全部內容之外，內文文字亦較《四書正義纂》多出許多，書前並附有林兆恩弟子劉獻策選作序文的林兆恩〈鹿談〉一文、盧文輝〈四書正義序〉一文以及〈四書通論〉「林子曰」一○四條，這些都是《四書正義纂》所沒有的。

由於筆者在論文當中所想要研究、探討的主要是林兆恩《四書正義》的思想義理部分，因此如能採用文字內容較為完整詳贍的文本，或許較有助於筆者的研究。基於此，筆者選擇民國七年刻本《林子四書正義》作為研究的底本。

三、《四書正義》的體例

關於林兆恩《四書正義》的體例，筆者採用民國七年刻本《林子四書正義》的內容作為分析的依據，茲略述其體例如下：

（一）刊行冊數與《四書》編排次序

朱熹於編纂《四書章句集注》時即擬定《四書》的編排次序，依次為《大學》、《論語》、《孟子》、《中庸》。朱熹如此的編排次序是有其閱讀效用上的考量的，他說：

> 某人要先讀《大學》，以定其規模；次讀《論語》以定其根本；次讀《孟子》以觀其發越；次讀《中庸》以求古人之微妙處。〔註19〕

但是宋代書肆（出版商）在刊印時卻未必遵照朱熹的意思，多將篇幅較少的《大學》、《中庸》編排於《論語》之前；而明代科舉考試《四書》命題的先後，則根據《四書》作者時代先後排列，故排列次序復改為首《論語》（孔子），次《大學》（曾子），次《中庸》（子思），次《孟子》（孟子）。〔註20〕林兆恩《四書正義》共五冊，其編排次序，似乎受到明代科舉考試依「《四書》作者時代先後為序」方式的影響，茲列其編排次序如下：

〔註19〕見《朱子語類》卷14，〈大學一·綱領〉。
〔註20〕見《四庫全書總目·經部》卷35，四書類一之提要說明。

1. 《四書正義》

第一、二冊爲《論語正義》，分別爲「上論」和「下論」。

第三冊爲《大學正義》、《中庸正義》，先《大學》後《中庸》，二者合爲一冊。

第五、六冊爲《孟子正義》，分別爲「上孟」和「下孟」。

2. 內容安排

《四書正義》的內容體例依序如下：

（1）序　文

《四書正義》書前的序文有二篇：

首篇爲林兆恩所作的〈鹿談〉一文。藉「鹿」以喻「孔子之道」，並以宋明理學諸家各啗得鹿體肉骨之深淺，以喻各人所追求到的「孔子之道」，其程度孰爲深、孰爲淺。文末附有林兆恩弟子劉獻策之短文，說明其選用該文作爲序文之意。

次篇爲林兆恩弟子盧文輝所作的序文。文中引用林兆恩的論述，說明唯有明曉心中之「一」之「中」，以釋孔曾思孟之書，始能得孔曾思孟之書之眞實義。文末並略述其奉師命刪編《四書正義》之事由。

（2）〈四書通論〉

序文之後爲〈四書通論〉，乃是林兆恩據《四書》中之文字內容，擇要摘選後，改作問句的形式所列出者，用以作爲諸生進德修業時自我期勉的目標，總題爲「四書通論」，共有「林子曰」一○四條。例如：

林子曰：能爲人謀而忠乎？交而信乎？傳而習乎？

林子曰：能見善如不及，見不善如探湯乎？

林子曰：能仰不愧於天乎？能俯不怍於人乎？

林子曰：能知生於憂患而死於安樂乎？

林子曰：不睹而能戒愼乎？不聞而能恐懼乎？隱見微顯而能愼其獨乎？

林子曰：能宜家人以教國人乎？能宜兄弟以教國人乎？能知父子兄弟足法，而民法之乎？

（3）〈統論〉

林兆恩《四書正義》中，《論語》、《孟子》、《大學》、《中庸》四部分之《正義》卷首例有〈統論〉一篇，概述各書之大要與闡釋之主旨。例如：《論語正義》卷首爲〈論語統論〉、《大學正義》卷首爲〈大學統論〉。

（4）正　文

〈統論〉之後，始爲《四書正義》之正文。

在《四書正義》的正文部分，《論語正義》依《論語》原書分為二十篇；《孟子正義》則依《孟子》原書之七篇再各分上下兩部分，而為十四篇。《四書正義》各篇，篇首皆標明篇名，篇名之後的內文，並非漢宋以來一般《四書》注釋書的內容，既非逐章訓釋，亦非逐字訓解，而是林兆恩選擇性地摘取《四書》各篇當中，林氏認為精要或是弟子有所疑惑的部份加以闡釋的講論內容。《四書正義》之編者將各篇當中林子所講論的內容再細分為數章，並自講論所屬的章節當中，摘選相關字句作為章名。例如：《論語正義·學而篇》有「學而時習之」、「不亦悅乎」、「不亦樂乎」、「孝」等章；《孟子正義·梁惠王篇下》有「樂以天下」、「文王發政必先」、「公劉太王」、「湯放桀」等章；《大學正義》有「大學之道」、「在明明德」、「在親民」、「在止於至善」等章；《中庸正義》有「天命之謂性」、「率性之謂道」、「修道之謂教」、「道也者不可須臾離也」等章。

3. 文字體例

從《四書正義》的內文來看，通篇之文字體例當屬於語錄兼問答體，其文字記述的形式可分為二種：

第一種是林兆恩本身就經文加以闡明意旨、發揮己見之形式，例如：

《論語正義·述而篇》「述作」章：

> 林子曰：經傳尚矣，而古先聖賢，乃以其自性真經而文字之，經之以為經、傳之以為傳，以教天下萬世，而所謂不可使知，與可使由者，咸備於經傳。夫孔曾思孟之傳，既皆本於自性之真經矣，謂之作可也，謂之述不可也。然而孔曾思孟亦自以為述矣，故曰：「述而不作」，孔子之謙辭也。余昔嘗竊論之，《魯論》者，經也；學庸七篇者，傳也。余每語人，則未有以余之言為不然也。

《孟子正義·公孫丑篇上》「知言養氣」章：

> 林子曰：知性則能知言，知命則能善養吾浩然之氣。
>
> 林子曰：知周萬物而不遺者，知性也；安土敦仁故能愛者，知命也。
>
> 林子曰：知命則天下之至仁在我矣；知性則天下之至智在我矣。仁而且智，故能生天生地，神鬼神帝，此盡性至命之一大效驗也。
>
> 林子曰：若欲知性，莫先養神，而性也者，乃神之所從出也。若欲知命，莫先養氣，而命也者，乃氣之所從出也。

《大學正義》「在止於至善」章

> 林子曰：渾然在中，粹然至善者，至善也。〈繫辭〉所謂「繼之者善」，《中庸》所謂「不明乎善」，孟子所謂「可欲之謂善」，是皆所謂至善之善

也。又曰：至善之地，豈非堯舜之中、孔子之一耶？而止至善之地，豈非執堯舜之中，而主孔子之一耶？知止至善，而定而靜而安，豈非堯舜所謂安汝止之安、孔子所謂仁者安仁之安邪？

《中庸正義》「修道之謂教」章

> 林子曰：道體無為，而曰修道之謂教者，何也？蓋天命之性即道也。故曰：率性之謂道。自聖人以下，而天命之性，不能不雜於氣質之偏，故修此氣質之偏，以復夫天命之性者，修道之教也。然而謂之教者，何也？蓋立此教門以教人，以修其氣質之偏，以合乎道，以復其性之初也。

第二種是提問──回答的形式，由某生（林兆恩的某位弟子）提出經文義理方面的疑惑或引伸出來的問題，再由林兆恩予以答覆解說，或作進一步的義理闡釋。例如：

《論語正義・述而篇》「志於道」章：

> 鄭生焜問據德，豈非修為以復其性，而所謂湯武反之者，然而何以謂之據也？林子曰：德得矣，而猶恐失之者，能無據乎？故據也者，持而守之，而不敢須臾違也。

《孟子正義・公孫丑篇上》「持其志無暴其氣」章：

> 林子曰：持其志，孟子之所以善事其心也。無暴其氣，孟子之所以善養其氣也。

> 兆誥問養氣。林子曰：持其志，孟子之所以善養其氣也。又問：何謂持志？林子曰：求其放心而已矣。然則康節所謂心要放也，非歟？林子曰：孟子之所謂放心者，心放於聲色之內，所謂蔽物而交物也；康節之所謂心要放者，心放於聲色之外，所謂活潑而廣大也。

《大學正義》「致知在格物，物格而後知至。」章：

> 或問：格物要義，既在於變化氣質矣，不知何者為氣質之性？而變而化之，以復其天地之性邪？林子曰：孟子曰：「從其大體為大人」，又曰：「先立乎其大者，則其小者不能奪之。」此又其變化氣質之要義也。耳目也者，小體也；耳之於聲，目之於色者，氣質之性也。心也者，大體也；性無有不善者，天地之性也。故不以氣質之性為性者，能格物者也，心為主，而耳目為用矣。不以天地之性為性者，不能格物者也，耳目交於物而心為役矣。

《中庸正義》「天命之謂性」章：

> 黃生州問性命。林子曰：汝每喜談性命，而汝以何者為汝之性命乎？

> 黃生曰：豈非先生所謂男女媾精，一點子宮者，乃我之性命與？林子曰：
> 是固然矣，亦非汝之所謂真性命也。既有一點，便是有形；既曰有形，亦
> 便有壞。又問：何以為我之真性命也？林子曰：人而死者，形骸也，而性
> 命則固未嘗滅矣。此蓋性命之微，其通乎晝夜，徹今徹古，而無死無生也
> 乎。但世之人不知性命，而以形骸為性命者多矣。故有以形骸為性命者、
> 有以神氣為性命者、有以父母之性命為性命者，皆非我之真性命也。

第四節　詮釋的方法與觀點

　　《四書正義》的詮釋方法主要有：以個人的研經理解和生命體悟去解釋《四書》，並且藉由《四書》的詮釋，發表個人的人生理念與宗教體悟，這些方法較接近「宋學」的解經態度，具有濃厚的個人思想色彩。另外，林兆恩也廣引諸家以及三教之說，兼以歷史、寓言或傳說故事來輔助解說《四書》，增加了《四書》詮釋內容的廣博性和趣味性。此外林兆恩受到當時「三教一致」、「三教融合」時代思潮的影響，常以「三教教義一致」的觀點詮釋《四書》，或藉《四書》詮釋以宣揚「三教一致」的觀念。林兆恩《四書正義》之作，主要在思想義理的體悟闡發上著力，並非章句訓詁之作，有別於一般《四書》注疏之作，然兆恩獨樹一格的這些詮釋方法，使《四書正義》在《四書》詮釋上別具特色。

一、根據個人的研讀理解與生命體悟

（一）以個人對《四書》的研讀理解詮釋《四書》

　　林兆恩對《四書》的詮釋往往有其獨到的見解，頗能跳脫傳統的解釋，開發新義，例如：

1. 《論語·鄉黨篇》「割不正不食」之解釋

　　對於《論語·鄉黨篇》當中「割不正不食」一語的解釋，傳統的註解多作「肉切不正的就不吃」，例如：朱《注》：「割肉不方正者不食，造次不離於正也。」邢昺《疏》：「折解牲體脊脅臂臑之屬，理有正數，若解割不得其正，則不食也。」

　　對於此語的解釋，林兆恩提出其不同的見解：

> 林子曰：割乃宰割之割。而曰不正者，大夫無故不殺羊、士無故不殺
> 犬豕，無故而殺者，不正也，豈非所謂用之以禮者與。〔註21〕

〔註21〕見《論語正義·鄉黨篇》「割不正不食」章。

林兆恩對於此句之「割」字，仍作「宰割」解，而「割不正」，則作「無故而殺」解，意即凡非「用之以禮」（供祭禮之用），「無故而殺」之牲畜則君子不食。林兆恩站在「禮」及「仁」的立場，認爲《論語・鄉黨篇》「割不正不食」一語，主要是告戒人們須依「祭禮」之需求始宰殺牲畜，「無故不殺羊」、「無故不殺犬豕」。

2. 《孟子・公孫丑上》「必有事焉而勿正心」之解釋

　　《孟子・公孫丑上》有「必有事焉而勿正心勿忘勿助長也」一語〔註22〕，傳統的解釋多按「必有事焉而勿正，心勿忘，勿助長也。」之斷句〔註23〕，解釋爲「吾人必須以集義爲要事，不可有預期的心理，不可忘記，也不可助長。」而《孟子正義・公孫丑上》「必有事焉而勿正心」章則以「必有事焉而勿正心、勿忘、勿助長」的斷句方式作解釋：

> 　　林子曰：必有事焉者，以事心爲事也。然心本正也，而亦奚待於正？故戒之曰：勿正心。夫既曰勿正心，則易失之忘，故戒之曰：勿忘；既曰勿忘，則易失之助長，故戒之曰：勿助長。
> 　　林子曰：勿忘勿助，要識真心；既識真心，聖人見成。又曰：日用常行，勿求真心，元無所障，至虛至明。……陳白沙曰：「舞雩三三兩兩，正在勿忘勿助之間，曾點些兒活計，被孟子一口打併出來，便都是鳶飛魚躍。」

就林兆恩的理解，所謂「必有事焉」，是指必須「以事心爲事」，即必須以「事心」（修持本心）爲要事。而本心原即正善，無須刻意端正，所以告戒人們「勿正心」；如此又恐人們忘卻「事心」之事，故再提醒人們「勿忘」；然而講「勿忘」又恐人們因念念不忘於此事，心中有所爲而「失之助長」，所以再告戒人們「勿助長」。林兆恩補充說，所謂「勿忘勿助」即察識、持守真心（本心）的工夫，而真心「元無所障，至虛至明。」因此勿刻意索求。簡言之，林兆恩認爲「勿忘勿助」的工夫爲：在日常生活當中，保持超然虛明之真心本體的自然發用。而林兆恩解「勿正心」之「正心」即《大學》「正心誠意」之「正心」義，恰與本章朱熹注的看法相反〔註24〕，林兆恩此說的提出，實可提供後人於朱注外，另一角度的義理理解。

（二）以個人的生命體悟詮釋《四書》

　　林兆恩除了以個人對《四書》字義的理解來詮釋《四書》外，也常以個人的

〔註22〕見朱熹《孟子集注・公孫丑上》第 2 章。
〔註23〕如漢・趙歧《孟子注》。
〔註24〕朱熹《孟子集注・公孫丑上》第 2 章注：「正，預期也。…如作正心義亦同，此與《大學》之所謂正心者，語意自不同也。」

生命體悟來詮釋《四書》。例如：《論語正義・爲政篇》「溫故而知新可以爲師矣」章，林兆恩以其深刻的生命體悟——「心學」的觀點來詮釋「溫故而知新」之義。他說：

> 溫故自能見性，故曰：「知新」。豈非有德者必有言，而爲德性之知邪？
>
> 井不及泉，謂之井可乎？鐘不能聲，謂之鐘可乎？若記問之學不足爲人師者，以其言人之言，無所得乎其心也。諺曰：「讀書至老，一問便倒。」
>
> 其亦所謂井不泉而鐘不聲者與？

此處林兆恩以其「心學」的觀點解釋「溫故知新」，認爲「溫故自能見性」，意指溫察「本有之心」，自然可以顯發真性，而能使「德性之知」常新。林兆恩更從側面批評傳統註解誤解「溫故」之義，認爲所謂的「故」並非指「舊有的知識、學問」，亦即非「記問之學」。「記問之學不足爲人師」的原因就在於「言人之言，無所得乎其心。」對於「德性之知」、「心性之學」，若沒有真切的生命體悟，即使「讀書至老」，恐仍不免有「一問便倒」之弊病。

二、廣引諸家以及三教之說

林兆恩在詮釋《四書》時，除了以自己的體悟來解釋，也廣引歷代諸家以及三教之說以與所論義理相印證。從此點亦可以看出林兆恩閱歷、學識之深厚廣博，並且可以據此看出兆恩思想所曾受到的影響所在。茲分類舉例如下：

（一）引用《四書》與群經之說

例如：《論語正義・雍也篇》「女爲君子儒無爲小人儒」章：

> 林子曰：「言必信，行必果，硜硜然小人哉。」者，小人儒也。言不必信，行不必果，惟義所在者，大人也，君子儒也。

林子引《論語・子路》「言必信，行必果，硜硜然小人哉。」來說明所謂「小人儒」。又從這一句話進而引伸其義，來解說「君子儒」。

又如《論語正義・子罕篇》「未見其止也」章：

> 林子曰：顏子之不遷不貳，豈非《易》之所謂「有不善未嘗不知，知之未嘗復行。」〔註25〕者與？所立卓爾，欲從末由，故孔子惜之，而曰：「未見其止也」。

此章林兆恩引《周易・繫辭下傳》孔子讚揚顏淵之語來補充說明顏淵之德。

〔註25〕《周易・繫辭下傳》：子曰：「顏氏之子，其殆庶幾乎！有不善未嘗不知，知之未嘗復行也。」

（二）引用漢代至唐代儒者之說

例如：《論語正義·述而篇》「自行束修」章：

孔子曰：「自行束修以上，吾未嘗無誨焉。」林子曰：束，約束也；

修，修治也。若不能約之規矩之中，以修其身，則聖人安所施其教乎？

對於束修的解釋，傳統的說法都解作「學生拜師時的贄禮」或「十脡乾肉」，如魏朝何晏的《論語集解》、梁朝皇侃的《論語集解義疏》、宋代邢昺的《論語義疏》以及宋代朱熹的《論語集注》等皆作此解，而林兆恩則解作身心方面的「約束修治」，林氏的說法，並非無據，漢代以後的史書中出現的「束修」一詞，多作身心行爲方面的約束修整講，例如：《後漢書·鄧后紀》云：「故能束脩不觸羅網。」「束脩」〈注〉作「約束脩整」。又如：《後漢書·馮衍傳》云：「圭璧其行，束脩其心。」。此外唐代韓愈、李翱合撰的《論語筆解》也認爲「束脩」並非一般人所謂的「束帛」、「羞脯」，《論語》中的這一段話應是「仲尼言：小子洒掃進退，束修末事，但能勤行此小者，則吾必教誨其大者。」因此，兆恩對「束脩」的解釋，當是參考了漢唐儒者此方面的說法。

又如《論語正義·述而篇》「竊比於我老彭」章：

林子曰：仲尼所嚴事者老聃，所竊比者老彭。漢疏《論語》所稱老即

老聃，彭乃籛鏗也。

《論語·述而篇》「竊比於我老彭」之「老彭」，《四書集注》引《大戴禮記》解作「商賢大夫」，林兆恩則根據漢人之注疏〔註26〕，詳其名姓，解「老」爲「老聃」、「彭」爲「籛鏗」。

又如《大學正義》「此謂知本」章：

此又曰：「此謂知本」者，何也？蓋指誠意而言也。豈非以誠意又爲

正、修、齊、治、平之本邪？漢鄭氏曰：「本謂誠其意也。」〔註27〕

此章兆恩引東漢鄭玄之說，說明「知本」的「本」字，其義爲「誠其意」。

（三）引用宋明儒者之說

例如《論語正義·顏淵篇》「敬而無失」章：

或問：何以謂之敬也？林子曰：心主乎中者，敬也。夫心主乎中則能

思，敬雖無思也，而心則常主乎中矣。《禮》曰：「儼若思」，故無思而儼

若思者，敬也；下此一箇若字最妙，能知一箇若字，則能知主敬工夫。朱

〔註26〕此章林兆恩所依據的「漢疏」，未詳作者。兆恩所謂「老彭」漢疏之說或引據自宋·
邢昺《論語疏》所引《世本》及王弼之說。
〔註27〕見《禮記鄭注·大學》。

子曰：「〈堯典〉是第一篇典籍，說堯之德，「欽」是第一字。聖賢千言萬語，大事小事，莫不本於敬，收拾得自家精神在。」〔註28〕又曰：「收拾放心，乃是緊切下工夫處。」黃勉齋〔註29〕曰：「敬是束得虛靈知覺住」，眞西山〔註30〕曰：「氣之決驟，軼於奔駒，敬則其銜轡也；情之橫放，甚於潰川，敬則其隄防也。」

此章林兆恩論及「敬」字之義，除提出自己的見解之外，亦引述宋儒朱熹、黃勉齋、眞西山等三人之說以明之。此三人與林兆恩皆爲閩人，可以看出林兆恩亦受同地域之學人思想影響。

又如：《中庸正義》「道也者不可須臾離也」章：

林子曰：道不遠人，人自離道。人能弘道，道即在人。蓋人與道本不相離也，雖欲離之，而率有不可得而離者，故曰：「可離非道也。」昔者有問於謝上蔡〔註31〕曰：「一日靜坐，見一切平等，皆在我和氣中，此是仁否？」上蔡曰：「此只是靜中光景，只是心虛氣平也。須是應事時有此氣象方好。」〔註32〕朱子曰：「伊川亦有時教人靜坐，然孔孟以上，卻無此說。」又曰：存養之功，亦不當專在靜坐時。須於日用動靜之際，無處不下工夫，乃無間斷爾。若存養之功，而必專在於靜坐時，而後可行也，則是人倫日用之間、動靜常變之頃，抑亦不可以爲道與？殆非中庸道不可離之意、文王純亦不已之心也。

林兆恩於此章引用宋儒謝上蔡及朱熹之說，說明存養持守的工夫非於靜坐之時，始得顯發此仁心、道心，而須於「應事時」、「人倫日用之間、動靜常變之頃」，「無處不下工夫」、「無間斷」皆顯發此仁心、道心，方得《中庸》「道也者不可須臾離也」之義。

（四）引用道家觀點與道教之說

例如《論語正義・述而篇》「默而識之」章：

〔註28〕見《朱子語類》第 12 卷〈學六・持守〉

〔註29〕黃榦（1152～1221），字直卿，號勉齋。閩縣（今福建福州）人，南宋理學家，朱熹門人、女婿。著有《經解》、《中庸總論》、《勉齋文集》。學術旨趣爲重道統，講體用。其學有調和朱陸之傾向。

〔註30〕眞德秀（1178～1235），字景元，後更希元、景希，學者稱西山先生。建寧浦城（今福建浦城）人，南宋理學家，推崇朱熹，自謂私淑朱熹。爲嘉定後繼承朱學的代表人物。其學亦有調和朱陸之傾向。著有《西山文集》、《讀書記》、《大學衍義》。

〔註31〕謝良佐（1050～1130），字顯道，稱上蔡先生。上蔡（今屬河南）人，北宋理學家，爲二程高足，與游酢、呂大臨、楊時等人稱程門四先生。著有《論語說》、《上蔡語錄》。

〔註32〕見《宋元學案・上蔡學案》。

老子曰：「前識者，道之華，而愚之始。」〔註33〕而莊子曰去識，是
與？林子曰：《詩》稱文王不識不知，《莊子》曰：「冥冥之中，獨見曉焉」
〔註34〕，冥冥者，默默之義也。廣成子曰：「至道之極，昏昏默默。」〔註
35〕不謂之冥冥昏默之中，則自有眞識者在乎？故眞識不識，不識者識。
若也不識眞識，而求知於耳目以爲識焉，則未有不蔽其虛明之本體也。故
曰去識。

此章林兆恩引用道家之說以解「默而識之」之義，認爲「默」是指「冥冥昏默」的
宇宙存有狀態。於此存有狀態當中，「自有眞識者在」，即自然存在「虛明之本體」，
此之謂「默而識之」。

又如《論語正義・子罕篇》「子絕四」章：

林子曰：我之眞心，本無意無必、無固無我也。而無意無必、無固無
我者，聖人也，太虛也。

林子曰：關令尹〔註36〕曰：「人以無知無爲者爲無我，雖有知有爲，
亦不害其爲無我。譬如火也，燥動不停，未嘗有我。」〔註37〕君子觀火，
亦知其所以爲學矣。

此章林兆恩引道家人物關令尹之言，說明「無我」之工夫，不在於「無知無爲」，而
在於無論「無知無爲」或「有知有爲」都能保持超然無所執的修養心境。

又如《論語正義・公冶長篇》「性與天道不可得而聞」章：

陳致虛〔註38〕曰：「綱常之道，可以立談，而非心授也；所謂心授者，
『天命之謂性，率性之謂道。』此可以心授，而不可立談也。修煉之道，
可以立談，而非心授也；所言心授者，無爲而無不爲，爲之而有以爲，此
可以心授，而不可立談也。頑坐守性，持齊坐禪之道，可以立談，而非心
授也；所言心授者，唯正法眼藏，涅槃妙心，直指人心，見性成佛，此可

〔註33〕見《老子》38 章。
〔註34〕見《莊子・在宥》。
〔註35〕見《莊子・在宥》。
〔註36〕傳爲戰國時的道家，爲道教樓觀派的始祖，曾任函谷關尹，又稱關尹子。道教尊其
　　　爲九天仙伯、文始先生、無上眞人。著有《關尹子》一書。
〔註37〕見（周）尹喜撰，（宋）陳顯微註：《關尹子評註・六七篇》，臺北市：中國子學名著
　　　集成編印基金會，1978 年。原文作：「人無以無知無爲者爲無我，雖有知有爲，不
　　　害其爲無我。譬如火也，躁動不停，未嘗有我。」
〔註38〕陳致虛（1289～？），字觀吾，號上陽子，元代江右廬陵（今江西吉安）人。爲道教
　　　全眞道人物，元代頗有影響的內丹理論家。著有《金丹大要》、《周易參同契注》、《悟
　　　眞篇注》。

以心授，而不可立談也。」林子曰：上陽子〔註39〕嘗註〈悟眞篇〉，而惓惓於命以術延之旨，取譬寔深，命意又玄，終不免驚駭斯人之視聽矣。……然〈判惑歌〉一章，眞足以判道流之惑，而又不可少也。其略曰：「聰明的，談性理，橫言強辯惟他是，性與天道有誰明？顏子坐忘，曾子唯。讀大學，講中庸，不偏不倚朱文公。正心誠意求章句，誠意原非章句中。」

此章林兆恩引元代道教人物陳致虛內丹心性之說，論述「性與天道」心法的「可以心授，而不可立談。」以明所謂「性與天道不可得而聞」之義。

（五）以佛教觀點與佛經之說

例如《孟子正義》「必有事焉而勿正心」章：

孟子所謂勿忘、勿助，釋氏所謂不得勤、不得怠者是也。

此章林兆恩以佛家「不得勤」、「不得怠」解孟子「勿忘」、「勿助」之義，意謂修行工夫須無心自然，不刻意有爲。

又如《孟子正義·萬章篇》「放勳乃殂落」章：

林子曰：殂者，神氣歸天，道家之所謂長生久視，白日飛昇者是也。

落者，體魄歸地，釋家之所謂四大假合，終歸於盡者是也。

此章林兆恩以道家之「神氣歸天」、「長生久視」、「白日飛昇」解「殂落」之「殂」；而以佛家「四大假合，終歸於盡。」解「殂落」之「落」，謂身體乃「地水火風」暫時合成，終將毀壞，復歸於「地水火風」的原始物質狀態。

又如《孟子正義·告子篇上》「物交物則引之而已矣」章：

林子曰：若爲物所交，則必爲物所引；若爲物所引，則必爲物所化。

人化物也者，滅天理而窮人欲者也，是亦物也。此乃釋氏輪迴之大義也。

此章林兆恩以佛家之「輪迴」說，解釋「物交物則引之」之義，謂人心因物欲而物化，其前後連貫關係，即佛家因果輪迴之義。

三、以故事、寓言或傳說解說《四書》義理

《四書正義》之內容多爲林兆恩對門徒講論《四書》時的「語錄」，因此從中往往可見其生動活潑的講述內容，包括其用以解說《四書》義理或闡論相關思想所廣舉的諸多故事、寓言或傳說。這些故事、寓言或傳說，使《四書》義理的解說增加不少趣味性，並且讓人對所要講論的思想義理更易於理解，成爲《四書正義》在詮釋體例上的一大特色。

〔註39〕即陳致虛。

例如《論語正義·雍也篇》「博學」章：

> 或問：博學之旨。林子曰：夫子焉不學？而亦何常師之有者，學於人
> 以爲學也。誦其詩、讀其書，是以論其世者，學於古以爲學也。要之，學
> 於人，學也；學於古，學也。不過欲以善事其心矣，豈其多聞多見，富於
> 記誦者，而後謂之博學哉？
>
> 林子曰：昔有風奴者，奴於王侯之家，有顚氣，人咸以風奴呼之。風
> 奴每誇於人曰：「我奴也，雖貧且賤，而所見聞者則盡富貴也。」又嘗與
> 他王侯家奴鬥其富貴，而不知其非己有也。若夫以人之見爲己之見、以人
> 之聞爲己之聞，又且訑訑然而自侈其美者，是亦風奴之富貴也。故曰：世
> 人之心，止於見聞之狹。見聞之狹，難以體道，豈其所謂孔門心法，以尊
> 德性，而爲孟子自得之學哉？

此章林兆恩舉述一「風奴」之故事。風奴喜好向人誇示、炫耀其於所服侍的王
侯之家，平日所見所聞皆爲富貴榮華之物，但是畢竟這些「富貴榮華」並非其所有，
這樣的自誇和炫耀似乎有些愚昧和可笑。林兆恩以此故事作爲譬喻，指出常人在學
習「心性之學」、「德性之知」時，若只是「以人之見爲己之見；以人之聞爲己之聞。」
以此「見聞之學」以爲己學，而自誇自滿，並無自己眞正的心靈感悟，如此所得的
學問，就不是孔子「尊德性」之心法以及孟子所謂的「自得之學」。

又如《論語正義·述而篇》「子不語怪」章：

> 古先聖王，固天下後世不可以幾及矣，而後人每神其說而奇其迹，
> 入於誕而可怪者眾也。……嘗觀共工氏頭觸不周山崩，女媧氏戮之，因
> 煉五色石補天；載觀堯使羿繳風於青丘之澤，上射十日。或曰：不其怪
> 與？林子曰：如以其辭，謂之怪，可也；苟逆其志，謂之怪，不可也。
> 或問：何謂也？林子曰：共工氏傲亂天常，竊保冀方，此所謂頭觸不周
> 山崩，取譬之辭也。天經地義爲之泯滅，不謂之天柱折、地維裂乎？五
> 色石者，五常之喻也。因煉五色石者，復五常之性也。五常復，則地平
> 而天成矣，故曰：補天。若夫射也者，以比德也。堯有峻德，而天變頓
> 消，如繳之、射之之速也；十日並出，甚言陽之亢極矣，故曰：焦禾殺
> 稼，是恆陽而僭亢之災也。凡此皆指帝摰之荒淫而言之，時日害喪之義
> 也。昔有長於文技者，率多寓言，間以奇語，讀者不以辭害意，斯爲得
> 之。故謂天可得而補也、山可得而觸也、風可得而繳也、日可得而射也，
> 而信之者愚也；謂天不可得而補也、山可不得而觸也、風不可得而繳也、
> 日不可得而射也，而辯之者亦愚也。昔有鑿井，而曰：吾得一人焉。或

信而往觀之者有之，或不信而往與之辯者有之。夫六經之道，雖曰燦如
日星矣，然而書有不盡言，言不盡意；況其言古而邈，而其意遠而微者
乎。故鑿井而得一人焉，是亦雲漢之遺旨也；而天下後世有不往觀而往
辯者，抑寡矣。

此章論「子不語怪」。有人認為既然「不語怪」，因此神話傳說等「怪」事，應捨棄，
兆恩則舉古代的神話故事以及民間傳說如「共工氏頭觸不周山崩，女媧氏戮之，因
煉五色石補天。」、「堯使羿繳風於青丘之澤，上射十日。」以及「昔有鑿井，而曰：
吾得一人焉。或信而往觀之者有之，或不信而往與之辯者有之。」等故事為例，說
明傳說故事本是「取譬之辭」，主要藉以「寓意」其中或作「譬喻」之用，並非真有
其事。故勿以「怪談」視之，而應「不以辭害意」，例如：「共工氏頭觸不周山崩」
是形容「共工氏俶亂天常」，而「天柱折、地維裂。」是形容「天經地義為之泯滅」；
女媧氏「煉五色石」指女媧氏「復五常之性」……。如此，細體故事或傳說所欲表
達的的言外之意，才不致辜負前人撰擬傳說故事的用心。

又例：《孟子正義‧滕文公下》「居天下之廣居」章：

昔者紀渻子為王養鬥雞，十日而問：雞已乎？曰：未也，方虛憍而恃
氣。十日又問，曰：未也，猶應嚮景。十日又問，曰：未也，猶疾視而盛
氣。十日又問，曰：幾矣，雞雖有鳴者，已無變矣，望之似木雞矣，其德
全矣，異雞無敢應者，反走矣。林子曰：《大學》所謂止至善，而定而靜
而安，不謂之木雞之德全乎？故能富貴不淫，貧賤不移，威武不屈。而孟
子之所謂大丈夫者，其德全矣。

此章林兆恩舉「紀渻子為王養鬥雞」的故事為譬喻，說明心性工夫若能達到凡事皆
可不動於心的地步，如「木雞之德全」，始是德性修養的最高境界。

又例：《孟子正義‧萬章篇上》「四罪而天下咸服」章：

昔者善財童子，參無厭足王，無量猛卒執持器仗。無量眾生各犯王法，
或斬其頭，或斷其手。善財見已，而作是言：「云何於此而欲求法邪？」
王告善財：「我得菩薩如幻三昧。」林子曰：昔者舜之誅四凶也，而程子
則曰可怒在彼，己何與焉？若舜者其亦所謂如幻三昧者與。無厭足王又有
言曰：「如我心者，寧於未來受無間苦，終不忍發一念，以與一蚊、一蟻，
而作苦事，況復人邪？」若夫二乘與諸小機者流，惡足以語此？

林子曰：四凶之罪，虞舜之慈悲也；少正卯之誅，孔子之慈悲也；……
無故不殺者，慈悲也；有罪必刑者，慈悲也。

廷柱生問曰：釋氏之慈悲也，則刑不用矣，如天下何？林子曰：慈悲

者，仁也，人仁矣，顧不可以爲天下邪？故「刑期無刑」者（曜按：引語），
慈悲也；罰不善人，以安善人者，慈悲也。……漢文帝奉黃老而除肉刑，
隋文帝事浮屠而釋流罪，吾恐黃老之清淨，浮屠之慈悲，似不如是也。

此章林兆恩舉佛教《華嚴經》〔註40〕當中「無厭足王懲治觸犯王法之眾生」的故事，
說明舜帝「流共工于幽州，放驩兜於崇山，殺三苗于三危，殛鯀于羽山。」〔註41〕
等懲罰罪民的作法與無厭足王一樣，都是《尚書‧大禹謨》所謂「刑期無刑」的用
意，希望懲惡以勸善、「罰不善人，以安善人」，是爲眞正的慈悲。林兆恩此章舉無
厭足王的故事，同時也在說明「黃老之清淨」與「浮屠之慈悲」當是如此，絕非以
「縱容罪犯、免除刑罰」爲慈悲。

　　林兆恩除援舉所知所聞的故事、寓言或傳說以解說《四書》外，於《四書正義》
中亦可見其爲說理的需要而自撰之故事與寓言。例如：《中庸正義》「君子尊德性而
道問學」章：

　　　　林子曰：世之爲陸象山之學者，則曰：「我之學在於尊德性也」；世之
　　爲朱文公之學者，則曰：「我之學在於道問學也」。昔有兄弟而兩分其遺賞
　　者，諸凡椅卓盤盆衣履之屬，悉中裂而半之，雖曰無不均之嘆，而其父之
　　所遺者，兩不適於用矣！豈不惜哉！

　　　　林子曰：德性者，天之所以與我，吾心之聖人也。若外德性以爲學，
　　則其所學者，非眞學也，學雖博，亦奚益哉？故道問學也者，正所以尊德
　　性也。

《中庸》「君子尊德性而道問學」〔註42〕一語，就林兆恩的看法，「尊德性」及「道
問學」是一體相關，不可偏執的。道問學之目的在尊德性，而欲尊此「天之所以與
我」的德性，則須探求「德性之知」、「心身性命之學」。因此林兆恩以兩兄弟分遺產，
將父親遺留的物品全部切割爲二，雖各得其半，但「兩不適於用矣」的故事爲譬喻，
說明「尊德性」與「道問學」爲一密不可分的理念與工夫，偏執任一邊，皆失《中
庸》之本旨。

　　另外，林兆恩於《大學正義》「致知在格物，物格而後知至。」章之後，爲強調
宋儒「即物窮理」、「遍物以爲知」之非，特撰作四則寓言，總其篇名爲「藉言四章」。
茲摘錄於下：

　　　　昔后稷播時百穀，乃以始生之苗而問於堯與舜曰：「此何草也？」堯

〔註40〕見唐‧實叉難陀（學喜）所譯之八十卷本《華嚴經》。
〔註41〕見《孟子‧萬章篇》。
〔註42〕見《四書集注》第二十七章。

曰：「不知也。」舜亦曰：「不知也。」后稷曰：「堯舜豈聖人也？苗且不識矣，又況能察其理而窮之至於其極邪？」

鄒有場師，而孟子賤之，嘗以梧檟之所以為梧檟者而問諸孟子，不能答也。復以樲棘之所以為樲棘者而問孟子，不能答也。場師曰：「我舍梧檟而養樲棘，我固曰賤場師矣，而子既不識梧檟，又不識樲棘，豈非即物窮理之學而有所未能邪？」

鄒有梓人匠人，而孟子弗之尊也。自以其工於木也，而以木之表裡精粗，反覆而問諸孟子，咸對曰不知也。輪人輿人，而孟子弗之尊也。自以其工於車也，而以車之表裡精粗，反覆而問諸孟子，咸對曰不知也。梓匠輪輿曰：「一物不知，不以為恥，顧乃尊仁義，而以梓匠輪輿為弗尊也，何與？」

樊遲請學稼，曰：「吾不如老農」；請學為圃，曰：「吾不如老圃」。樊遲出曰：「吾乃今知夫子非聖人也，不然何其不能即物窮理，而若稼與圃，一無所知邪？吾固知夫子非聖人也。」

林兆恩撰擬此四則虛構的寓言故事，主要是要讓當時篤信朱熹「即物窮理」、「遍物求知」的人士思索：倘使堯舜、孟子、孔子之聖，卻不知稼、不知圃、不知梧檟樲棘、不知梓匠輪輿，不能「即物窮理」、「遍物而知之」，則堯舜、孟子、孔子尚可謂之聖人？此一假設之問題之答案，林兆恩於「藉言四章」開頭的「小引」就已有確切的說明，他說：

農人知稼，圃人知圃，場人知梧檟樲棘，工人知梓匠輪輿。若聖人者知有性與天道之大而已矣，知有人倫日用之常而已矣。不知稼、不知圃、不知梧檟樲棘、不知梓匠輪輿，非不知也，以其瑣瑣之不足知也。縱散精神，亦不能遍物而知之矣；縱能遍物而知之，其有裨於性與天道之大，人倫日用之常乎否邪？

站在「心性的修養」、「德性的提昇」的立場，朱熹的「即物窮理」、「遍物以為知」的方法確實非必然有助益。林兆恩的這四則寓言，頗能道出此方面朱熹「即物窮理」說的弊病所在。

四、以「三教一致」觀點詮釋《四書》

林兆恩捨棄舉業之後，全心探求「心身性命之學」，頻頻出入三教教門、遍訪三教高人，從師問道、精研典籍，因而對三教教義、教理有廣泛的接觸。此外，當時「三教合一」與「三教一致」的思想風盛，林兆恩受到此風潮的影響，對三教義理

的體悟多朝「融通」與「一致」的方向進行，並逐漸形成其「三教合一」論與「三教一致」觀。這樣的思想信念和融通心得，也成為林兆恩詮釋《四書》時的主要方法。茲舉例如下：

1. 《中庸正義》「可與入德矣」章

> 林子曰：儒者謂之入德，道家謂之築基，釋氏謂之新戒，由近易以造於玄遠者，三門之所同也。況近易之中，自有玄遠之理者存乎。故不近不易、不玄不遠者，聖人之道也。惟其近易之為見，則其文也不足稱矣。惟其玄遠之為見，則其誕也不足述矣。

此章林兆恩以儒家所謂的「入德」、道教所謂的「築基」以及佛教所謂的「新戒」為例，說明三教對於心性道理的探求、講授，在步驟上的同為「由近易以造於玄遠」，亦即由淺近平易的道理著手，循序漸進，最後始論及玄妙高遠的道理。

2. 《論語正義‧述而篇》「德之不修」章

> 林子曰：性本善也，而改過乃所以遷善也。《六祖壇經》亦曰：「常自見己過，與道即相當。」又曰：「汝當一念自知非，自己靈光常顯現。」孔子曰：「過則勿憚改」，又曰：「已矣乎！吾未見能見其過而內自訟者也。」由此觀之，改過遷善，而儒佛之教有不同與？

對於《論語‧述而篇》當中的「徙義」與「改不善」之義，林兆恩另外再引用孔子「過則勿憚改」〔註43〕的話和「已矣乎！吾未見能見其過而內自訟者也。」〔註44〕的感嘆，以及佛教經典《六祖壇經》「常自見己過，與道即相當。」和「汝當一念自知非，自己靈光常顯現。」二句經文，說明儒佛二教皆重視「改過遷善」。

3. 《論語正義‧學而篇》「孝」章

> 林子曰：儒者之行，莫先於孝。故《孝經》言孝之至也，則曰「通於神明」者，神之也。曰「光于四海」者，大之也。曰「無所不通」者，以言乎其神，而幽之神明不足以盡其神也；以言乎其大，而遠之四海不足以極其大也。〔註45〕至於道家亦嘗言孝之大也。曰：「孝至於天，日月為之明；孝至於地，萬物為之生；孝至於民，王道為之成。」夫莫大於天地民物，而孝之所至，則有大於此者，何其大與！釋氏亦嘗言孝之神也。曰：「事天地神明，莫若孝其二親，二親最神也。」夫莫神於天地神明，而孝之所感，則有神於此者，何其神與！

〔註43〕見《論語‧學而篇》、《論語‧子罕篇》。
〔註44〕見《論語‧公冶長篇》。
〔註45〕《孝經‧感應章第十六》：「孝悌之至，通於神明，光于四海，無所不通。」

此章林兆恩引《孝經・感應章》之文與道教、佛教所談及對「孝」的注重，說明三教皆重視「孝」，皆認爲「孝」是至神、至大的德行。

　　4.《論語正義・爲政篇》「君子不器」章

　　　　《論語》曰：「大哉！堯之爲君。蕩蕩乎！民無能名焉。」帝堯之不器也。又曰：「我則異於是，無可無不可。」孔子之不器也。《道德經》曰：「天下皆謂我道大，似不肖。」老子之不器也。《金剛經》曰：「佛說非身，是名大身。」釋迦之不器也。

此章林兆恩引《論語・泰伯篇》孔子對帝堯崇高德性的讚嘆和《論語・微子篇》所載孔子活潑自在的德性本體發用，以及《道德經・第六十七章》老子所言道體的廣大通變、《金剛經》所說的超越形軀有爲法的眞正至大本體，說明三教皆強調，人不應爲形軀所侷限，應發揮心靈智慧的無限潛能，顯發本體的至大妙用。

　　5.《論語正義・八佾篇》「君子無所爭」章

　　　　林子曰：學以不爭爲大。人而自見自是、自伐自衿，則亦不免於爭；惟其不自見不自是、不自伐不自衿也，則亦何爭之有？老氏「夫惟不爭，天下莫能與之爭。」釋氏「無諍三昧」，而孔子曰：「君子無所爭」。由是觀之，不爭之教，三氏之所同也。

此章林兆恩引老子「夫惟不爭，天下莫能與之爭。」佛經「無諍三昧」的思想與《論語・八佾篇》所言「君子無所爭」的「不爭」修養作一比照，以明三教皆宣揚「不爭」、「自我謙守」與「無爲自在」的德性修養。

　　6.《論語正義・雍也篇》「仁者壽」章

　　　　孔子曰：「朝聞道，夕死可矣。」豈非道家之所謂昭昭靈靈以歸天，而其形則既忘之與，生可也、死可也。又豈非釋氏之所謂空空洞洞以合虛，而其形則既忘之與，生可也、死可也。

此章林兆恩引道教所謂的「昭昭靈靈以歸天」與佛教所謂的「空空洞洞以合虛」，說明孔子「朝聞道，夕死可矣。」的意義即在此。即儒道釋皆以體悟、歸返「至虛靈明本體」爲生命最高的追求目標，能達此境地，則能不執著於有限的形軀。

　　7.《論語正義・子罕篇》「空空如也」章

　　　　林子曰：我也者，我也。而我未生之前，既死之後，一太虛也、一太空也，其有天乎？其有地乎？其有人乎？夫既未始有人矣，其有儒乎？其有道乎？其有釋乎？故儒者謂之空空、道家謂之虛無、釋氏謂之虛空。

林兆恩認爲三教聖人皆悟得無形無象的虛無本體，而孔子所謂的「空空」、道家所謂的「虛無」以及佛家所謂的「虛空」皆同指此虛無本體的境界。

8. 《中庸正義》「無聲無臭至矣」章

> 釋氏曰：「若以色見我，以音聲求我，是人行邪道，不能見如來。」
> 此所謂我，乃孟子所謂「萬物皆備於我」者，眞我也。《中庸》曰：「予懷
> 明德，不大聲以色。」又曰：「德輶如毛，毛猶有倫。」毛雖至細也，然
> 有倫則有形，由是觀之，夫德也者，豈屬於聲，豈屬於色，豈屬於形邪？
> 而知德君子亦惟索之於聲色與形之外。而所謂未發之中者，太虛爾。老氏
> 曰：「視之不見，名曰夷；聽之不聞，名曰希；搏之不得，名曰微。」夫
> 曰夷曰希曰微，其有聲乎？其有色乎？其有形乎？余於是而知三氏之道一
> 太虛也。

此章林兆恩說明《金剛經》之文所指的「不可以有爲形象求之之如來本體」與孟子
「萬物皆備的眞我」與《中庸》「不大聲以色」的明德以及老子「曰夷曰希曰微」的
道體，皆同指「太虛本體」。

9. 《孟子正義》「必有事焉而勿正心」章

> 或問：火候。林子曰：綿綿若存，老氏之火候也。孟子所謂勿忘、勿
> 助，釋氏所謂不得勤、不得怠者是也。

此章林兆恩並舉道家「綿綿若存」的工夫、孟子「勿忘、勿助」的工夫以及佛家「不
得勤、不得怠」，說明三者工夫之所同。

10. 《孟子正義》「盡心知性」章

> 林子曰：儒氏之存心養性，道氏之修心煉性也；儒氏之盡心知性，釋
> 氏之明心見性也。然而二氏心性之學異與？林子曰：心有未明，能無修乎？
> 性有未見，能無煉乎？

此章林兆恩舉道釋二家之說，說明儒家所謂的「存心養性」即道家的「修心煉性」；
儒家的「盡心知性」即佛家的「明心見性」。認爲三教「心性之學」的工夫與目標相
同。

11. 《孟子正義》「立命」章

> 孟子曰：「盡心知性」，釋氏亦曰：「明心了性」，《易》曰：「盡性至命」，
> 道家亦曰：「性命雙修」。曰心曰性曰命之旣同，則天下之道原於一矣。釋
> 氏之歸一；道家之得一；儒者之一貫，蓋謂此也。

此章林兆恩並舉三教心性修養之說，說明三教皆重視心、性、命的修養工夫，既然
三教心性修養的主旨相同，則三教本源之道相同，而三教亦同歸此道。

12. 《孟子正義‧盡心下》「堯舜性之也湯武反之也」章

> 或問：儒門之反，玄門之逆。林子曰：儒門之反，玄門之逆，命字雖

殊，其旨一也。孟子曰：「堯舜性之也，湯武反之也。」道書曰：「順則成
人，逆則成仙。」故儒門者流，能善反之，則天地之性存焉，便成堯舜；
道家者流，能善逆之，則天地之性存焉，便成神仙，復歸嬰兒，不失赤子
之心，其意同也。

此章林兆恩說明孟子「堯舜性之也，湯武反之也。」之「反」與道書「順則成人，
逆則成仙。」之「逆」，其義相同，皆指「歸返靈明本體的工夫」之義。

由上述所舉列的例子，可以看出林兆恩主要以「三教一致」與「三教合一」的
觀點詮釋《四書》，並藉以說明三教在心性的修養工夫以及本所要探求本體上，皆有
共同之處。

五、對朱注、朱說的引用、闡發與批評

明朝自開國以來，即尊奉程朱之說，明太祖朱元璋曾規定：「國家取士，說經者
以宋儒傳注為宗」〔註46〕，明太祖所謂的宋儒傳注，主要是指程朱學派的「理學」
觀點的解經著作。就《四書》而言，則是指朱熹的《四書章句集注》〔註47〕。明成
祖承續太祖重視程朱學說的態度，並命胡廣等人以程朱學說為主，編纂《五經大全》、
《四書大全》以及《性理大全》。其中《四書大全》即以《四書章句集注》為底本，
附入朱子學派的注說，堪稱為朱學的巨著。三部《大全》纂成之後（明成祖永樂十
三年）朝廷隨即頒布為科舉考試用書，希望藉此「使天下之人，獲睹經書之大全，
探見聖賢之蘊。由是窮理以明道，立誠以達本，修之于身，行之于家，用之于國，
而達之天下。」〔註48〕朱學在政治力的推動下，普及於明代社會。

林兆恩處在此一以朱學為國家學術正宗（官學）的政治背景下，對太祖、成祖
以來國家「以宋儒之註，制科而取士」的作法，抱持肯定的態度。雖然林兆恩所處
的明代中葉，王學盛行、棄朱批朱的聲音不斷，但林兆恩除了大力反對朱熹「格物
致知」說外，並不全盤否定朱學，他說：

宋儒之註，雖不得聖人之大，即其易知而可持循者，亦孔子所謂可使
由之道也。〔註49〕

林兆恩認為朱熹等宋儒之注，雖然不能得聖人之學的要旨，但是宋儒注說所闡釋的

〔註46〕見（清）佚名撰：《松下雜鈔·卷下》，《叢書集成續編》子部，上海市：上海書店·
1994年。
〔註47〕朱熹《四書章句集注》選輯漢以下至於兩宋諸家注說，尤以二程及程門弟子之注說
最多。因此《四書章句集注》誠可謂之宋儒（程朱）《四書》傳注之作。
〔註48〕見侯外廬《宋明理學史》引明成祖《五經、四書、性理大全》御制序。
〔註49〕見《論語正義·泰伯篇》「民可使由」章。

經典的道理易於瞭解和遵循，可以說是孔子所謂的「民可使由之道」，因此仍具經典教育上的價值。基於這樣的態度，林兆恩在解釋《四書》時，對於部分的朱注或朱說仍是予以肯定、採納、引用，甚至予以進一步的疏解闡釋。另一方面，王學興起後，朱學逐漸失去學術上的權威優勢。對於經典的解釋，學者已敢於「背離」朱注、推翻朱注，進而提出不同於朱注的看法，林兆恩亦是如此。他在解釋《四書》時，也對部分朱注表示質疑，並提出自己的見解。藉由「述朱」和「批朱」，提出自己對經文的解釋觀點，也可說是林兆恩在詮釋《四書》時所採用的一種方式。

（一）對朱注或朱說的引用與闡發

例如：

1. 《孟子·離婁下》原文：「孟子曰：人之所以異於禽獸者幾希，庶民去之，君子存之。舜明於庶物，察於人倫，由仁義行，非行仁義也。」〔註50〕

關於此章，《孟子正義·離婁下》「舜明於庶物」章論述如下：

> 林子曰：……《集註》有之：「仁義已根於心，而所行皆從此出，非以仁義為美，而後勉強以行之。」其曰「根心而出」者，豈非其不安排擬議，出乎其性，而以利為本與？而曰「勉強以行之」者，又豈非楊子為我以為義、墨子兼愛以為仁、告子戕賊人以為仁義，有以為之失之鑒與。

朱熹《孟子集注》講解此章，認為仁義本即根植人心，人之行為皆由心而發，因此所作所為自然合乎仁義。林兆恩引用朱熹此注，並據以闡釋，說明朱熹所謂「根心而出」的仁義，即出於本性、自然而為、不有意「安排擬議」所行之的仁義。而「勉強以行之」的仁義，則是刻意有為、傷害人性本真自然而行之仁義，如楊朱的「為我」之「義」、墨子的「兼愛」之「仁」以及告子「戕賊人性」的仁義，皆流於刻意、勉強。

2. 《中庸》原文：「鬼神之為德，其盛矣乎！」〔註51〕

朱熹《中庸章句》注：「張子曰：『鬼神，二氣之良能也。』……為德，猶言性情功效。」

對於此章朱注所引張載的解釋及朱熹自注「為德，猶言性情功效。」，《中庸正義》「鬼神之為德其盛矣乎」章，有進一步的補充疏解：

> 林子曰：鬼神也者，陰陽之妙用也，而陰陽之所以屈伸變化而生萬物者，鬼神也。故曰：二氣之良能也。

〔註50〕見朱熹《孟子集注·離婁下》第 19 章。
〔註51〕見朱熹《中庸章句》第 16 章。

或問：性情功效。林子曰：陽而必伸，陰而必屈者，性情也。生天生
地，生人生物，皆陰陽之屈伸者爲之也，非功效而何？

林兆恩認爲鬼神乃是陰陽二氣屈伸變化而生萬物的玄妙作用，因此張載謂之「二氣
之良能」。而「陽氣而必伸，陰氣而必屈。」乃是陰陽二氣本有的性質作用，宇宙萬
物則是陰陽二氣屈伸的作用而產生，故稱之爲陰陽二氣的「功效」。

3. 《論語·子罕篇》原文：「子畏於匡，曰：『文王既沒，文不在茲乎？天之將
喪斯文也，後死者不得與於斯文也；天之未喪斯文也，匡人其如予何？』」〔註52〕

關於此章《論語正義·子罕篇》「文不在茲」章謂：

不曰道而曰文者，何也？朱註曰：「道之顯者謂之文」，蓋道蘊於中，
不可得而見矣，而文顯於外者，皆道也。

林兆恩引朱註「道之顯者謂之文」解釋《論語·子罕篇》「文」字之義，說明此篇之
所以不稱「道」而稱「文」，主要是因爲「道」無形無象，蘊涵於天地之中，不可得
見。「道」之可見者，惟由道的內蘊向外顯現出來的「文」。

4. 《孟子·公孫丑上》原文：「公孫丑問曰：『夫子加齊之卿相，得行道焉，雖
由此霸王不異矣。如此則動心否乎？』孟子曰：『否，我四十不動心。』曰：『若是
則夫子過孟賁遠矣。』曰：『是不難。告子先我不動心。』曰：『不動心有道乎？』……」

關於此章《孟子正義·公孫丑上》「不動心有道」章謂：

……程子曰：「心有主則能不動矣」。何以主之，而無有所謂主之之法
邪？……林子曰：主敬焉，盡之矣。

此處林兆恩以《孟子集注》所引程子「心有主則能不動矣」之說爲例，說明「不動
心」之道，並進而闡釋使「心有所主」的方法在於「主敬」的工夫。

5. 《中庸》原文：「子路問強。子曰：『南方之強與？北方之強與？抑而強與？……
故君子和而不流，強哉矯！中立而不倚，強哉矯！國有道，不變塞焉，強哉矯！國
無道，至死不變，強哉矯！』」〔註53〕

關於此章，《中庸正義》「強哉矯」章說：

大抵強不在於強，而在於自勝以爲強也。朱子所謂「自勝其人欲之私」
者，是亦自勝其氣質之偏也。

林兆恩認爲所謂的「強」乃是「自勝以爲強」、「自勝其氣質之偏」，即朱註所謂的「自
勝其人欲之私」。

6. 《孟子·離婁下》原文：「孟子曰：人之所以異於禽獸者幾希，庶民去之，

〔註52〕見朱熹《論語集注·子罕篇》第5章。
〔註53〕見朱熹《中庸章句》第10章。

君子存之。舜明於庶物，察於人倫，由仁義行，非行仁義也。」〔註54〕

關於此章，林兆恩於《孟子正義‧離婁下》「舜明於庶物」章說：

> 盡其性者，聖人也；撫其性則禽獸矣。孟子曰：「人之所以異於禽獸
> 者幾希，庶民去之，君子存之。」朱子曰：「存之則進於聖賢，失之則入
> 於禽獸。」諸生甚毋曰聖人不可爲也，不爲聖人，便入禽獸，存亡之幾，
> 可不知所慎乎。

林兆恩引朱熹語「存之則進於聖賢，失之則入於禽獸。」解釋孟子「幾希」之說，
勉勵其門人聖人必可以爲而成，端在是否願意存養人本有之善性良知，必須慎此一
念存亡之幾，否則一念之差，「不爲聖人，便入禽獸。」

　　7. 《論語‧述而篇》原文：「子曰：『文，莫吾猶人也。躬行君子，則吾未之有
得。』」

關於此章，林兆恩於《論語正義‧述而篇》「文莫吾猶人也」章說：

> 朱子曰：「文章愈麗，議論愈高，而其德業愈無以逮乎古人。」古人
> 之所以爲聖爲賢者，豈專在文章議論間哉？亦惟以三綱之重，躬行之不怠
> 爾。幸毋徒以文章議論爲先，而以三綱爲後，取譏於朱子也。

林兆恩此處引用並闡釋了朱熹之語，勉勵門人君子應以綱常德業爲首重，身體力行
而不懈怠。莫因專務文章議論，而失綱常倫理之道，否則將「取譏於朱子」。

（二）對朱注的批評

林兆恩除了對朱注有所肯定與引述外，也對部分朱注有所批評。批評最嚴重的
部分是朱熹的「格物窮理」之說，關於此部份，筆者另闢章節說明之。〔註55〕其餘
部分則爭議性較低。資舉例如下：

　　1. 《論語‧雍也篇》原文：「子曰：『雍也可使南面。』……仲弓曰：『居敬而
行簡，以臨其民，不亦可乎？居簡而行簡，無乃大簡乎？』子曰：『雍之言然。』」
〔註56〕《論語集注‧雍也篇》朱注：「南面者，人君聽治之位。言仲弓寬洪簡重，
有人君之度也。」

對於朱熹此注，林兆恩提出質疑。《論語正義‧雍也篇》「雍也可使南面」章說：

> 可使南面者，可使之南面以聽用於天子也。《論語》曰：「子使漆雕開
> 仕」；又曰：「子路使子羔爲費宰」；又曰：「季氏使閔子騫爲費宰」，使之
> 義一也。又曰：「可使治其賦」；又曰：「可使爲之宰」，可使之義一也。若

〔註54〕見朱熹《孟子集注‧離婁下》第 19 章。
〔註55〕見本論文第五章，第五節，第三目「格物致知」說。
〔註56〕見朱熹《論語集注‧雍也篇》第 1 章。

他諸徒之才，或可仕於大夫者有之，或可仕於諸侯者有之；至於仲弓之德
行，殆非他諸徒所能及矣。故曰：可使南面以聽用於天子，此亦用才之道
也。……朱子註曰：「仲弓爲人寬洪簡重，有人君之度。」夫仲弓則居敬
行簡矣，而簡字且勿論，其曰寬、曰洪、曰重、曰有人君之度，則亦從何
所據而云然乎？

林兆恩認爲孔子所說「雍也可使南面」的意思應是「仲弓可使之南面以聽用於天子」，
即仲弓可以爲輔佐天子的良臣。而對於朱注所謂「仲弓寬洪簡重，有人君之度」的
說法，林兆恩則提出質疑。他認爲朱熹對仲弓修爲所下的評語「寬洪簡重」，「簡」
暫且不論，因爲《論語》當中曾提到仲弓「居敬行簡」；但就「寬」（胸襟開闊）、「洪」
（具有遠大器識）、「重」（爲人穩重）以及「有人君之度」四個方面而言，朱說似乎
是沒有依據的說法。

2. 《論語正義‧衛靈公篇》：「子曰：『賜也，女以予爲多學而識之者與？』對
曰：『然，非與？』曰：『非也。予一以貫之。』」〔註57〕

《論語集注‧衛靈公篇》朱注：「聖人豈務博者哉？如天之於眾形，非物物刻而
雕之者是矣。」

對於此處朱熹的注說，《論語正義‧衛靈公篇》「女以予爲多學而識之者」章提
出質疑：

朱註曰：「聖人豈務博者哉？如天之於眾形，非物物刻而雕之者是矣。」

而曰：「即凡天下之物，表裏精粗無不到。」者，豈非所謂「物物刻而雕
之」邪？

林兆恩認爲此章朱注既說明「聖人非致力於博識萬事萬物以明本然之性理，如同上
天創造萬物，亦非『物物刻而雕之』，全憑自然發展。」但卻又言「即凡天下之物，
表裏精粗無不到。」主張「格物窮理」。如此，朱熹前後之說豈不互相矛盾？

3. 《論語‧先進篇》原文：「子路、曾皙、冉有、公西華侍坐。子曰：『以吾一
日長乎爾，毋吾以也！居則曰：『不吾知也！』如或知爾，則何以哉？』……『點，
爾何如？』鼓瑟希，鏗爾，舍瑟而作。對曰：『異乎三子者之撰！』子曰：『何傷乎？
亦各言其志也。』曰：『莫春者，春服既成；冠者五六人，童子六七人，浴乎沂，風
乎舞雩，詠而歸。』夫子喟然歎曰：『吾與點也。』」〔註58〕

《論語集注‧先進篇》朱熹自注：「曾點之學，蓋有以見夫人欲盡處，天理流行，
隨處充滿，無少欠闕。」

〔註57〕見朱熹《論語集注‧衛靈公篇》第2章。
〔註58〕見朱熹《論語集注‧先進篇》第25章。

對於《論語》此章所述及之曾點其人，林兆恩頗有微詞；對朱注予曾點之高度評價，林兆恩也表示反對。其於《論語正義・先進篇》「點爾何如」章說：

曾點狂者，其意以爲我不爲人所以，而何以之問，乃我之所不願答也。雖曰：「我之志異乎三子之撰」，而其實則曰：「我之志異乎孔子之問」，是蓋不敢明言其所以不願答之意，而婉其詞如此也。今即其所言之志，亦惟以適一己之樂，而亡君臣之大，殆非孔子平日之所教，今日之所問者，故孔子喟然而嘆，其意以爲：由則爲人所以而仕矣；求則爲人所以而仕矣；赤則爲人所以而仕矣，惟我與爾，相從於杏壇之下，以適一己之樂已爾。大抵儒者之志，志於方之內，而曾點之志，志於方之外。曾點之志如此，又安能不起夫子之長嘆邪？

朱註曰：「曾點之學，蓋有以見夫人欲盡處，天理流行，隨處充滿，無少欠缺。」曾點之見，宜不至此，孟子曰：「文王望道未見」，則是曾點之見賢於文王矣。又曰：「而其胸次悠然，直與天地萬物，上下同流，各得其所之妙。」其曰上下天地同流者，即孟子所謂過化存神，王者之皥皥也；其曰萬物各得其所者，即《中庸》所謂載物覆物，而凡有血氣莫不尊親也；其曰妙者，又非《中庸》所謂不見不動，不貳不測邪？曾點能到此地位乎否也？孔子曰：「修己以安百姓，堯舜其猶病諸。」夫以安百姓，固聖人功用之大也，其視天地同流，各得其所之妙，至於不可心思擬議，而爲聖神功化之極者，相去又何如邪？孔子顧乃以安百姓病堯舜，而以上下同流各得其所之妙以許曾點也，必不然矣。百姓則盡乎人矣，萬物則盡乎物矣。邵康節曰：「聖人盡人，昊天盡物。」而曾點之胸次，其亦如昊天之廣大能盡物者乎？孔子之志，志在天下也，老者安之，朋友信之，少者懷之。而出關之嘆，則曰：「大道之行，天下爲公，丘竊有志焉而未之逮也。」惟志在天下也，故於荷蕢者曰：「果哉，末之難矣。」於桀溺者曰：「鳥獸不可與同群，吾非斯人之徒與而誰與？」又況於丈人者曰：「君臣之義，如之何其廢之，欲潔其身而亂大倫？」則其譏之者益又甚矣。於丈人則譏之如是其甚，於曾點則與之如是其深也，何與？

樂正子爲政於魯，孟子聞之，喜而不寐。孟子之喜，孔子之嘆也。蓋孔子既不用矣，惟冀其徒有以行其道於春秋；孟子既不用矣，惟冀其徒有以行其道於戰國，此孔孟之心一也。或曰：當春秋之時，孰不志於用世？而曾點獨以浴沂風雩爲樂，故孔子許之，余亦不敢以爲非也。但曰「人欲盡處，天理流行。」而其所見似有賢於文王；天地同流，各得其所之妙，

而其神聖似有過於堯舜，余亦不敢以爲是也。且其子參，鋤瓜而傷其根，
點杖之而仆於地，身且幾於不免。夫父之於子，理之所宜親愛也，以一瓜
之微，而杖其子，幾至不免，謂之「人欲盡處，天理流行。」可乎？季武
子死，點則倚其門而歌，謂之「隨處充滿，無少欠缺。」可乎？又況所謂
與天地而同流，盡萬物而得所，而堯舜文王之所不能爲者，以之而許曾點
也，余弗能知之矣。

林兆恩認爲曾點所談之「志」不過是滿足個人的快樂而已，已失「儒者之志」、「君
臣之大義」以及孔子平日所教之旨（入世濟民）。孔子聽完曾點述志之後所以長嘆，
一方面乃是因爲感嘆其他三位弟子子路、冉求以及公西華都已受到重用而爲仕，自
己卻仍不爲世所用，而無法施展經世濟民的抱負；一方面則是由曾點述志，得知曾
點已失經世濟民的大志，故而爲之深嘆。對於曾點的體悟、修養境界，林兆恩亦認
爲非如朱熹所評價之高。例如朱熹謂曾點「有以見夫人欲盡處，天理流行，隨處充
滿，無少欠闕。」林兆恩批駁說，孟子尚且謂「文王望道未見」，以朱熹之說，難道
曾點之見「賢於文王」？又朱熹謂曾點「其胸次悠然，直與天地萬物，上下同流，
各得其所之妙。」，林兆恩認爲朱熹此讚語講的是《孟子》「過化存神」、《中庸》「不
見不動，不貳不測。」的修養境界，林兆恩懷疑：曾點果眞能到此境界？林兆恩又
舉孔子嘗謂「修己以安百姓，堯舜其猶病諸。」以「安百姓」一事，堯舜尚且爲難，
何況是「直與天地萬物，上下同流，各得其所之妙。」的聖人最高境界，孔子會輕
易以之讚許曾點？又孔子對隱居人士如荷蕢者、桀溺等人的行徑尚不表贊同，難道
反而對曾點出世行徑表示深許？最後林兆恩復舉曾參鋤瓜傷根，曾點持杖擊之，使
曾參幾近於死一事〔註59〕，批評朱熹讚許曾點「人欲盡處，天理流行。」根本是枉
顧曾點「不仁」之事實。此外，林兆恩也舉「季武子死，曾點卻倚其門而歌。」一
事，對朱熹稱許曾點的「隨處充滿，無少欠闕。」之說，表示質疑。總之，林兆恩
一一舉例反駁朱注，認爲曾點並未達到如朱熹所說的完美境界。

4. 《中庸》原文：「喜怒哀樂之未發，謂之中；發而皆中節，謂之和；中也者，
天下之大本也；和也者，天下之達道也。致中和，天地位焉，萬物育焉。」〔註60〕

朱熹《中庸章句・第一章》：「子程子曰：『不偏之謂中。』」《中庸章句・第二章》
朱熹自注：「中者，不偏不倚，無過不及。」

對於朱熹《中庸章句》程子與朱熹的「中」字解，林兆恩並不贊同，《中庸正義》
「喜怒哀樂之未發謂之中，中也者，天下之大本也。」章說：

〔註59〕曾點杖擊曾參之故事，見《韓詩外傳》、《説苑・建本》以及《孔子家語・六本》。
〔註60〕見朱熹《中庸章句》第1章。

程子曰：「不偏之謂中。」朱子曰：「中者，不偏不倚，無過不及之名。」

此皆中節之義也，可以言和，不可以言中。

林兆恩認爲程朱對「中」的解釋，乃是「發而皆中節」之「中節」義。因此只能稱之爲「和」（《中庸》「發而皆中節謂之和」），而不能稱之爲「中」。林兆恩之所以特別針對程朱「中」說提出說明、糾正，主要是因爲其對「中」義本體義的認知和體悟，欲藉此強調「中」的「未發」境界和「本體」意義。

第五節　流傳與研究情形

從後人對林兆恩《四書正義》的研究情形，可以看出學術界對它的態度；而由其流傳的情形，則可以看出林兆恩所創的三一教，其影響勢力的廣大久遠。

一、學術界研究的情形

清代朱彝尊的《經義考》、黃虞稷的《千頃堂書目》皆將林兆恩《四書正義》之書名登入其所蒐錄的經學書目當中，可見《四書正義》曾受到學術界的注意，列名經學的著作當中。然而《四書正義》在朱、黃的著作中僅見存目，只存其書名而已，對其內容並未有介紹說明，由此亦可看出清代學者並未重視其價值。

民國以來，研究林兆恩思想的學者逐漸增多，而欲從事林兆恩思想的研究，《林子三教正宗統論》或《林子全集》是不可或缺的資料依據，而當中佔有大量篇幅的《四書正義》，自然是大多數學者所必然曾加以研讀的資料之一。例如台灣研究林兆恩的專家鄭志明先生，在其《明代三一教主研究》一書中，即大量引用《四書正義》當中的文字，來說明林兆恩的思想。大陸學者馬西沙、韓秉方合著的《中國民間宗教史》「林兆恩與三一教」一章以及林國平所著的《林兆恩與三一教》一書中也多有引用《四書正義》的資料。

然而儘管林兆恩的《四書正義》屢經學者研讀引用，但卻缺乏專文研究探討，目前可見有關林兆恩《四書正義》的研究論著，只有日人佐藤鍊太郎的〈林兆恩「四書標摘正義」——三教合一論者の「心即仁」〉一文〔註61〕，但也僅就林兆恩《論語正義》中部分的解釋加以探討。

另外，附帶提及筆者對於有關歷代《四書》典籍著作之蒐集整理工作的一點心得建議：

〔註61〕見（日）松川健二編：《論語　思想史》，日本東京：汲古書院，平成6年（1944年），第三部第二章。

　　以明代林兆恩的《四書正義》為例。學者若欲搜尋該書，通常會先查索《四庫全書總目》或其存目，乃至清代朱彝尊的《經義考》、黃虞稷的《千頃堂書目》等書。而這些目錄書對於林兆恩的《四書正義》的記載剛好都僅是一條「存目」而已，但是僅見「存目」，並不表示該書已亡佚或難以搜尋。可惜諸如王鵬凱《歷代論語著述綜錄》〔註62〕關於林兆恩《四書正義》一條稱「未見」，而國語四書編輯委員會所編之《四書註解存目及存書目錄》以及國立編譯館主編之《新集四書註解群書提要附古今四書總目》〔註63〕則將林兆恩《四書正義》列為「存目」，而非「存書」。然筆者經由林兆恩的著作全集，諸如《林子三教正宗統論》或《林子全集》卻輕易地即可看到該書，而透過「域外漢籍」（國外所收藏的中文典籍）的搜尋，也發現了日本尊經閣藏有明萬曆刊本的林兆恩《四書正義纂》，並且在台北漢學研究中心也有影印該書。另外據林國平《林兆恩與三一教》一書的記載〔註64〕，得知大陸福建師大歷史系、福建省圖書館皆有《林子四書正義》的典藏。筆者在查索資料的過程中，深覺「域外漢籍」、大陸圖書館藏書以及這幾年新出版的《四庫全書存目叢書》〔註65〕和《四庫禁毀書叢刊》〔註66〕或許是今日在蒐集整理歷代《四書》典籍著作時，相當值得從中搜索、挖寶的資料寶庫。如果我們在整理古籍時，能進行更詳細廣泛的搜尋工作，並且善加利用圖書資源，或許可以避免許多遺珠之憾。

二、流傳情形

　　根據《中國民間宗教史》的統計，在清朝末年，林兆恩三一教信仰的傳教區域，已由福建，擴展到浙江、江西、江蘇、安徽、湖北、直隸、北京、台灣等地以及東南亞各國。

　　台灣夏教仙興堂掛有〈夏教沿革〉一文〔註67〕，寫道：

　　　　……夏教教義對社會至感有益，對國家大有貢獻，原在閩省莆田、仙
　　遊、惠安等縣極盛，明末擴展至我國東南各省。清代，華僑攜帶《三教正

〔註62〕王鵬凱：《歷代論語著述綜錄》，台北：政治大學中國文學研究所碩士論文，1989年6月。

〔註63〕國立編譯館：《新集四書註解群書提要附古今四書總目》（上、下冊），台北：華泰文化公司，2000年5月。

〔註64〕見據林國平：《林兆恩與三一教》，福建人民出版社，1992年2月，頁179。

〔註65〕《四庫全書存目叢書》編纂委員會編：《四庫全書存目叢書》，台南：莊嚴文化事業公司，1997年10月。

〔註66〕《四庫禁毀書叢刊》編纂委員會編：《四庫禁毀書叢刊》，北京出版社，2000年1月。

〔註67〕筆者於民國八十四年間走訪台北縣永和市夏教仙興堂時所見。

宗》傳至南洋各地，民國以來，漸次遍及海外歐美〔註68〕等地。

伴隨著三一教的傳布，三一教的經典諸如《林子三教正宗統論》、《林子全集》等著作也流傳至各地，現今國內外各大圖書館多可見得〔註69〕。於是收錄於《林子三教正宗統論》或《林子全集》中的《四書正義》也因這二套書而獲得保存與流傳。

至於《四書正義》的單行本，現存最早爲明萬曆刊本。民國十七年及二十八年曾出重刻本，之後未再印行。茲就現存《四書正義》單行本之典藏地，列表於下：

現存林兆恩《四書正義》單行本典藏地				
書　名	冊數	版　本	典藏地	備　註
《四書正義纂》	5冊	明萬曆刊本	日本尊經閣	1. 據鄭樑生：〈佚存日本的《四書》與其相關論著〉，國家圖書館館刊，民國86年第1期，頁154，民國86年6月。 2. 台北漢學研究中心有影印。
《林子四書正義》	5冊	民國7年	福建師大歷史系、福建省圖書館	據林國平：《林兆恩與三一教》，福建人民出版社，1992年2月，頁179。
《林子四書正義》	5冊	民國28年	福建省圖書館	同上

由日本和大陸現藏有林兆恩《四書正義》一書，可知《四書正義》曾有單行本的刊印與流傳，這說明《四書正義》在歷史、民間以及三一教的信眾當中所曾受到的重視，同時也說明了其在《四書》義理以及林兆恩思想的闡揚上，對民間社會多少曾發生影響。

〔註68〕美國普林斯敦大學葛思德東方圖書館即藏有《林子全集》七十五卷。見該館《中文善本書志》。

〔註69〕尤其《四庫存目叢書》、《四庫禁毀叢書》出版後，《林子三教正宗統論》及《林子全集》更得以保存於該叢書中，並藉以流傳久遠。

第四章 《四書正義》的思想內涵

第一節 「心學」思想

　　對於林兆恩的思想，現代多數學者都以爲淵源於王陽明心學〔註 1〕。此一觀點恰同於清人徐珂所稱林兆恩爲「姚江別派」之說。〔註 2〕就《四書正義》的內容和思想性質來看，林兆恩的思想受到王學的影響，有明顯的心學傾向，是可以確定的。但是林兆恩所謂的「心學」事實上仍與王學有些不同。對於陸王學說，林兆恩並非全然贊同，對於陸王的部分觀點亦偶有批評，並且亦曾表明自己的學說非出自陸王之學。因此若謂林兆恩的思想受到王學影響則可；直謂其爲王學或陽明心學的支流則似乎較不恰當。從廣義的角度來說，心學是指以人的主觀精神「心」爲宇宙本源或以追求心體的證悟爲主的思想學說。禪宗以及道教之全眞教皆有類此的思想。筆者認爲林兆恩與「心學」〔註 3〕思想較能相契，故凡「心學」性質的思想，兆恩都曾廣泛涉獵與吸收，最後融會成自己的心學思想。因此林兆恩的心學，其淵源是多方的，甚至是儒、釋、道三教皆有其所源取者。本節探討林兆恩的心學思想，對於與心體相關的思想如本體說、心性論、心法以及仁說等思想，亦視爲林兆恩的心學思想，分別予以探討、論述。

一、林兆恩的「心學」

〔註 1〕 如台灣鄭志明的〈林兆恩與晚明王學〉、大陸林國平的《林兆恩與三一教》等。
〔註 2〕 此說參見馬西沙、韓秉方《中國民間宗教史》頁 807 引自徐珂《清稗類抄》宗教類。又黃宗羲《明儒學案》稱王陽明學派爲姚江學派，而徐珂稱林兆恩爲姚江別派，其意在說明林兆恩的思想源於王學而別出之。
〔註 3〕 指廣義的心學。

王陽明曾說：「聖人之學，心學也。」〔註4〕林兆恩的心學觀與此相近，《大學正義》「致知在格物，物格而後知至。」章云：

> 學也者，心學也。外心以爲學，非學也。

《論語正義・學而篇》「學而時習之」章亦云：

> 《論語》二十卷，卷首一字即言學，而不知其所學者何學也？林子曰：
> 默然而識之，學而不厭者，學也。識亦知之義也，然其所欲識者，何也？
> 識心而已矣。心即仁也，仁即聖也。孔子曰：「聖則吾不能，我學不厭。」
> 又曰：「若聖與仁，則吾豈敢？抑爲之不厭。」爲亦學也，故學也者，心
> 學也。所以爲仁、所以作聖者，學也。

林兆恩認爲儒家的學問主要在學習所以爲仁、所以作聖之道，而根本則是由學以識得至善的本心，因此就學問的根本而言，中國的學問乃是教人探求本心、發明本心的「心學」。「心學」既是學習所以爲仁、所以作聖之道，因此簡單地說，「心學」亦可說是「仁」學、「道」學。

《論語正義・學而篇》「學而時習之」章云：

> 「學而時習之」，念念常在於仁，無時而非學，無時而非習也。
> 孔子曰：「士志於道」，而十五志學；人豈非以道爲志，以道爲學與？
> 若讀書務博以爲學，乃漢以來至於今儒者之學，非古聖人之所謂學也。若
> 讀書務博以爲學，則漢以來至於今儒者，賢於皐夔稷契遠矣。

林兆恩認爲眞正的「學」當是學聖、學道、學仁的學問，而非「讀書務博」、追求廣博知識的學問。學問主要在追求「德性眞知」、「心性修養」、「吾心常明之德」、「恢復吾人虛明本體」的心學。《論語正義・學而篇》「學而時習之」章云：

> 心學，德性之眞知也。

《論語正義・雍也篇》「博學」章云：

> 或問：博學之旨。林子曰：夫子焉不學？而亦何常師之有者，學於人
> 以爲學也。誦其詩、讀其書，是以論其世者，學於古以爲學也。要之，學
> 於人，學也；學於古，學也。不過欲以善事其心矣，豈其多聞多見，富於
> 記誦者，而後謂之博學哉？

《論語正義・述而篇》「德之不修」章云：

> 德之不修，以修此吾心常明之德也；學之不講，以講此吾心常明之學也。

《論語正義・陽貨篇》「予欲無言」章云：

〔註4〕《王陽明全集》卷七，文錄四，〈象山文集序〉。

> 學也者，學也，以復其虛明之本體也。

在「儒家的學問」即是「心學」的觀念下，林兆恩認爲《中庸》所談到的「尊德性」與「道問學」二者的關係是緊密而不可分的，學問的目的在明白、恢復吾人本有之德性，而探求德性的價值與意義須藉由從師問學以明道解惑。「尊德性者，非有師友不可也。故必學於人而問之」；「道問學也者，正所以尊德性也」。《中庸正義》「君子尊德性而道問學」章云：

> 天命之性本善也，故曰德性。尊也者，尊之也，人孰不有此德性也，雖有此德性，而爲氣質之性之所勝者，亦多矣。宋儒有言曰：「學莫貴於變化氣質」，又曰：「氣質之性，君子有弗性焉，善反之則天地之性存焉。」又曰：「德勝氣質」，然其所以尊德性者，非有師友不可也。故必學於人而問之，何者謂之性？何者謂之德性？何以尊之？由此觀之，則所謂道問學者，豈非尊德性之工夫邪？
>
> 德性者，天之所以與我，吾心之聖人也。若外德性以爲學，則其所學者，非眞學也，學雖博，亦奚益哉？故道問學也者，正所以尊德性也。

另外，林兆恩認爲不惟儒家之學是「心學」，道、釋二教之學亦爲「心學」。《孟子正義・滕文公下》「能言距楊墨者」章云：

> 孔子、老子、釋迦爲萬世而生，以開心學之源，而天下之道亦未始不同歸而致一矣。

林兆恩認爲三教之學皆爲探求本體（心體）之學，因此三教本旨是一致的。

由於林兆恩重視「心學」，其所講論教授亦以「心學」爲主。對於其「心學」，林兆恩強調在實踐上有本末先後之分。林兆恩認爲「人倫日用」與「綱常倫理」之道以及「士農工商」之務是施教與實踐上的首要之學。《論語正義・子張篇》「有始有卒」章云：

> 或問林子之教。林子曰：余惟酌裁三氏之教，而後先之爾。故人倫日用，教之所當先也，既知教之所當先矣，然後方可語之以人之所本有，既知人知所本有矣，然後方可語知以人之所本無。

《孟子正義・梁惠王下》「幼學壯行」章亦云：

> 窮達雖殊，各致有用，近世學者多失之偏，以致其身於無所用。夫既致其身於無所用矣，即是天地間一廢人爾。學到要學甚麼？且爾諸生其知道之所以爲道乎？今以日用之所當行者，與爾諸生言之：事親以孝者道也，若學道而或遺其親焉，學道要甚麼？事君以忠者道也，若學道而或後其君焉，學道要甚麼？幼而學之，以學此道也，若學道而不事心，即是不

> 知所以明體，學道要甚麼？壯而行之，以行此道也，若學道而不願仕，即是不知所以適用，學道要甚麼？至於農之工之商之，而仰以事，俯以畜者，道也。顧乃不農不工不商，而仰不事，俯不畜，豈非天地間之一大罪人邪？學道要甚麼？夫君子之道，孰有先於孝親忠君，幼學壯行，而士而農，而工而商者乎？而余之所以倡明三氏者，蓋欲以此立本之要務，而為日用之所當行者，以變今之學之非，以復古之道之是，此其所以有歸儒之教，而必先之以孔曾思孟之書也，而又況孔曾思孟之相授受，而世出世法，則咸備焉者乎。

可見林兆恩的「心學」基本上是以儒家思想為重心，認為儒家之道既是人生的根本學問，亦為包含入世與出世哲理，最完備而實用的學問。

二、本體說

（一）本體之殊稱

林兆恩對「本體」有深刻的體悟，其所謂之本體指的是「人人本有的自性源體」以及「宇宙創生的源體」，而二者對林兆恩而言是同一源體。事實上，林兆恩的本體說或多或少受到王陽明學說的影響，如陽明所說的：「至善也者，心之本體也。」[註5]、「良知即是未發之中，即是廓然大公、寂然不動之本體，人人所同具者也。」[註6]、「良知本體原是無動無靜的」[註7]、「良知本體原來無有，本體只是太虛。」[註8]等論述本體之語，林兆恩的本體說都與之有相同或類似的觀點。

有關本體和體用的論述為《四書正義》的重要思想內涵。就林兆恩的體悟而言，《四書》中有許多論述的主題，其對象都在指稱此本體，例如：「中」（未發之中）、「一」、「誠」、「仁」等。另外，宋明儒學常談到的「心」、「性」、「太虛」等也是指此本體。《四書正義》中對這些異名同實的本體有融貫的理解與廣泛的闡述。

1.「心」本體

林兆恩繼承陸王心學的說法以「心」言本體，《中庸正義》「誠者天之道也」章云：

> 心之本體，原無動靜，亦無出入，喜怒哀樂未發之前，粹然至善，本自常明。在聖不為豐，知之之謂聖；在愚不為嗇，迷之之謂愚。

[註5] 見王陽明〈大學古本序〉。
[註6] 見《傳習錄中·答陸原靜書》。
[註7] 見《傳習錄下》。
[註8] 見《王陽明年譜》五十六歲條。

林兆恩認爲，「心」本體是喜怒哀樂未發之前，粹然至善、無動無靜的精神境界，是人人本具的，知此本體則謂之聖；迷此本體則謂之愚。此外，此本體又是「渾然粹然」、「虛靈而能知覺」的。《大學正義》「致知在格物，物格而後知至。」章云：

> 心之本體，渾然粹然，本虛靈能知覺者也。朱子曰：「心之虛靈知覺」，而聖人之所以聖者，豈有外於虛靈知覺者乎？聖人之所以聖者，不外於虛靈知覺，則是聖人之所以聖者，不外於心也。余故曰：心，聖也者。心是聖，聖是心，非有二也。夫人孰不有心也；孰不有心，孰不有虛靈知覺也。聖人非有餘，常人非不足，而常人之所以不能虛靈知覺而聖人者，以物交於物，而心則引於物也。故欲致其虛靈知覺之知，在乎格去其物交物之物而已矣。

林兆恩認爲聖人之所以爲聖，主要在於聖人能保有此虛靈能知覺的本心，所以「聖」之可貴，主要是因「心」的可貴。而此「虛靈能知覺」的心是人人本有，而且是「聖人非有餘，常人非不足」，只是常人多爲物慾蒙蔽其心。因此兆恩主張格除心中之物（物慾），以恢復心之知（虛靈知覺）。《大學正義》「致知在格物，物格而後知至。」章又云：

> 心猶鏡也；虛而明者，本體也。或問：何者爲心之用？林子曰：鏡之照，即心之知也。照乃鏡之用，而知乃心之用也。又問：知固心之用矣，而曰「知是心之本體，心自然會知也。」此言非歟？林子曰：心之知、目之視、耳之聽，一也。而謂視聽之用，爲耳目之本體也，可乎？夫視聽既不可爲耳目之本體矣，而謂心之知以爲心之本體也，可乎？

林兆恩認爲心之「虛靈知覺」之「知」是心本體的發用，他反對王陽明「知是心之本體，心自然會知也。」〔註9〕以「知」爲心之本體的說法。

2. 「中」本體與「中」之用

（1）「中」本體

林兆恩以「中」指稱本體主要見於《中庸正義》。《中庸正義》「喜怒哀樂之未發謂之中，中也者，天下之大本也。」章云：

> 此言中，喜怒哀樂未發之中也。中本無物，物即不中。

《中庸正義》「致中和」章云：

> 喜怒哀樂未發之中者，我之本體、我之太虛也。我而致其中焉，以復還我之本體、我之太虛也。

〔註9〕　見王陽明《傳習錄》上。

林兆恩認爲中庸之「中」指的即是人人皆具的本體，它是無形無象、虛空無物的。而「致中」的工夫即在恢復吾人本體的靈明。

（2）「中」之用

林兆恩認爲《中庸》一篇，主要在談「中之用」，也就是論述「中」本體的發用。〈中庸統論〉云：

> 故子思《中庸》一篇，皆言中之用也。天地位，萬物育，中之用也。愚不肖之與知與能、聖人之不知不能與夫天地之大，猶有所憾，中之用也。達道達德九經，中之用也。盡己之性，盡人之性，盡物之性，以參天地，以贊化育，中之用也。載物、覆物、成物，中之用也。洋洋優優，中之用也。議禮、制度、考文，中之用也。建諸天地，質諸鬼神，考諸三王，俟諸後聖，中之用也。無不持載，無不覆幬，四時錯行，日月代明，中之用也。有臨、有容、有執、有敬、有別，中之用也。凡有血氣，莫不尊親，中之用也。經綸天下之大經，立天下之大本，知天地之化育，中之用也。

《中庸正義》「中庸其至矣乎」章云：

> 天命之性，喜怒哀樂未發之中也。諸凡古先聖王之所以位天地、育萬物，以參以贊而變而化者，皆自喜怒哀樂未發中致之以爲用也。

林兆恩舉《中庸》所談到的天覆地載、萬物化育、日月運行、德性仁心的發揮、人倫道德的實踐、禮儀制度的制定推行等等，說明這些自然、人文的運作，都是「中」的發用。而聖人的「參贊天地之化育」也無非是「自喜怒哀樂未發中致之以爲用也。」林兆恩認爲「致中」的工夫所成就的境界和功用，即是《中庸》所謂的「和」，也就是「發而皆中節」。對於程頤和朱熹對「中」的解釋，林兆恩認爲都只是談及「中」之功用，只可說是「中節」或是「和」。《中庸正義》「喜怒哀樂之未發謂之中，中也者，天下之大本也。」章云：

> 程子曰：「不偏之謂中。」朱子曰：「中者，不偏不倚，無過不及之名。」此皆中節之義也，可以言和，不可以言中。

3. 「誠」本體

「誠」亦爲林兆恩所指稱的本體。《中庸正義》「誠者天之道也」章云：

> 誠也者，吾之本體，得於天之自然也，《中庸》曰：「誠者天之道」，……周子曰：「誠無爲，幾善惡。」而所謂無爲者，得之於天，本寂然而無事也。

又《中庸正義》「一誠」章云：

> 誠也者，中也；載物也、覆物也、成物也，誠之用也。

《中庸正義》「成己仁也，成物知也」章云：

> 陳生紹禹問：何者謂之誠？林子曰：未發之中，不二之一，而其中則
> 自有實理在焉，天之道也，由此而成己焉以爲仁也，由此而成物焉以爲智
> 也。

林兆恩認爲「誠」本體也亦即「中」本體，是「未發之中」、「不二之一」，此一本體蘊含宇宙天地之實理，亦即「天之道」。天地之載物、覆物以及聖人之成己、成物皆是此「誠」本體的發用。

4.「一」本體

林兆恩亦以「一」指稱本體，《論語正義·學而篇》「禮之用」章：

> 堯之中、孔子之一，皆直指吾心之眞去處者言之也。然之中也而未始
> 不一；一也而未始不中。而中而一者體也，而發之於用也，有不和乎？此
> 體用一源之學，而先王之道，斯爲美矣。

《中庸正義》「一誠」章云：

> 一也者，中也；達德也、達道也、九經也，一之用也。

《大學正義》「在止於至善」章云：

> 至善之地，豈非堯舜之中、孔子之一耶？而止至善之地，豈非執堯舜
> 之中，而主孔子之一邪？

林兆恩認爲帝堯所謂允執厥中之「中」、孔子所謂一以貫之之「一」，皆指「吾心之眞去處」，皆爲吾人之本體。而《大學》所謂的「止至善之地」即持守此本體，即「執堯舜之中」、「主孔子之一」；《中庸》所謂的「達德」、「達道」、「九經」等，則是「一」本體之用。

5. 太虛與虛空

「太虛」亦爲林兆恩所指稱的本體，林兆恩的「太虛」說似受到宋儒張載的「太虛」說的影響，然又有所不同，《論語正義·憲問篇》「君子思不出其位」章云：

> 心之實地，本無心也，本無念也，本無法也，寂然不動之誠，太虛而
> 已矣。然太虛未始有氣，而況形乎？是乃吾之本體也。

張載《正蒙·太和篇》嘗云：

> 太虛無形，氣之本體，其聚其散，變化之客形爾。
> 太虛不能無氣，氣不能不聚而爲萬物，萬物不能不散而爲太虛。
> 太虛者，天之實也，萬物取足於太虛；人亦出於太虛，太虛者，心之實也。

可見張載所謂的太虛雖是萬物的本體，但是此一本體基本上是「氣」本體，以「氣」

為宇宙構成的基本元素。但是林兆恩所謂的太虛雖亦為萬物之本體，但它是無形無象且是不屬於氣、尚未有氣的狀態，而為「氣」產生的根源。《孟子正義・公孫丑上》「氣，體之充也。以直養而無害，則塞乎天地之間。」章云：

> 太虛者，先天也，先天不屬氣，其乃氣之所從生乎。

《中庸正義》「無聲無臭至矣」章亦談到了太虛的存在狀態與精神境界：

> 儒者所謂無聲無臭，太虛是也。故未始有天地者，父母未生以前者，太虛也；喜怒哀樂之未發者，太虛也。

林兆恩認為太虛是儒家所謂的「無聲無臭」的狀態以及「喜怒哀樂之未發」的精神境界，它是「未始有天地」之前即存在的本體。此外，「太虛」一詞本身亦用來形容本體虛空靈無能生萬有的狀態。《中庸正義》「無聲無臭至矣」章云：

> 我之本體，其太虛而太空者乎。惟其太虛而太空也，故能運虛空。我之本體，其先天而先地者乎。惟其先天而先地也，故能生天地。

對於此一本體，林兆恩也用與「太虛」同樣義涵的「虛空」來指稱。《中庸正義》「博厚配地高明配天」章云：

> 非心之心，乃是心之所以為心者，心之本體也；非身之身，乃是身之所以為身者，身之本體也；非天之天，乃是天之所以為天者，天之本體也；非地之地，乃是地之所以為地者，地之本體也。而天而地而心而身，都從虛空中現出來爾，故曰：虛空是本體，本體是虛空。

> 天地萬物皆壞，惟此虛空不壞者，以其虛空無得而壞之也。我之本體本如是其虛空矣，則亦安有壞時也。

林兆恩認為虛空本體不惟先天地而存在，能生化出天地萬物，並且是永恆不滅的。

6. 空空

林兆恩指出《論語・子罕篇》談到的「空空」也是指稱本體。《論語正義・子罕篇》「空空如也」章云：

> 《論語》曰：「空空如也」，宋儒釋之，有曰空空者孔子也，有曰空空者鄙夫也。或問：二說未知孰勝？林子曰：孔子空空也，鄙夫空空也。空空者，本體也，孔子鄙夫一也。但孔子能復其空空之本體，而鄙夫則失其空空之本體矣。

林兆恩認為《論語》中談到的「空空」意指「本體空靈虛無的本然境界」，本體是人人具有的，因此就本體的「空靈虛無的本然境界」而言，孔子和鄙夫是一樣的，二者的差別在「孔子能復其空空之本體，而鄙夫則失其空空之本體」。

7. 何思何慮之本體

林兆恩亦用「何思何慮」來形容本體。《孟子正義‧公孫丑上》「苟能充之足以保四海」章：

> 林子曰：天下何思何慮者，本體也。而寂然感通之機在我矣。或曰：天下何思何慮，豈非中庸所謂不思不勉，而聖人之地位，此其最高者，吾子每曰即此擴而充之而已矣者何也？林子曰：天下何思何慮，心之本體本如是也，非惟聖人之心之本體本如是也，而常人之心之本體亦本如是也。蓋何思何慮之本體，至虛而已矣。所謂心分本虛，喜怒哀樂之未發者是也。昔者詩人之頌文王曰：「不識不知，順帝之則。」《論語》曰：「吾有知乎哉？無知也。」此蓋文王孔子之所謂何思何慮，非其心之本體者然乎？孟子曰：「孩提之童，無不知愛其親；及其長也，無不知敬其兄。」此蓋孩提之童之所謂何思何慮，非其心之本體者然乎？故文王孔子之所以聰明睿智，神聖文武者，亦惟在於孩提之童。所謂不慮而知，不學而能者，擴而充之矣。

《中庸正義》「率性之謂道」章亦云：

> 何思何慮之本體，本自然也。順以出之，率性之謂道也。廓然有公，物來順應。若有所擬議，有所安排，則是失其本體之自然矣。

林兆恩認爲《周易‧繫辭下傳》所謂的「天下何思何慮」指的即是心之本體。心之本體至虛至大，寂然能感，而又自然發用其德，無後天人爲的有心思慮、擬議與安排。此一何思何慮的本體是不分聖賢或常人，人人本具的。《詩經‧大雅‧皇矣》所謂的「不識不知，順帝之則。」、《論語‧子罕篇》孔子所謂的「吾有知乎哉？無知也。」都是指此心本體的「何思何慮」的精神修養境界。林兆恩舉孩童爲例，孩童之愛其親、敬其兄，都是出乎自然，所謂「不慮而知，不學而能」，此皆本體德性之自然發用所致。《孟子正義‧盡心上》「盡心知性」章又云：

> 心有天心，有人心。若所謂人心者，是乃思慮之心也。思慮之心，乃所以遣乎其性也。若或不能盡去此思慮之心，而得其虛靈之本體焉，則是性也，豈其可得而知邪？故必思慮之心既盡，而後眞性之機自見矣，感而常寂，本體昭然。其所謂天心者，是乃何思何慮之心也。

林兆恩認爲常人因後天而有的思慮之心，使其本體受到蒙蔽、驅遣，而失其本眞。故若欲恢復原有的虛靈本體，則必須使「思慮之心既盡」，而後始能「眞性之機自見」，恢復何思何慮之天心。

林兆恩認爲本體因有許多不同性質和功能，故有許多不同的名稱，《論語正義‧

堯曰篇》「允執其中」章云：

> ……以其寂然不動也，故曰：「誠」。以其原無邪曲也，故曰：「直」。
> 以其純而不二也，故曰：「一」。以其能陰能陽、能剛能柔、能仁能義，而
> 天地人之道統於此也，故曰：「太極」、又曰：「人極」、又曰：「心極」。心
> 極者，中極也，又曰：「皇極」。

可知，除了上述「誠」、「一」，林兆恩認爲「直」、「太極」、、「人極」、「心極」、「中
極」、「皇極」等皆是指稱本體。

（二）回復本體的工夫

對於本體，林兆恩有其深切的體證，其教人亦特重吾人本體之歸返證顯。林兆
恩認爲欲歸返體證本體，必須經過眞誠篤實的內心修鍊工夫，藉由自我本心的澄明
以及本有德性的實踐顯發，體證光明超越的本體，使心靈提昇至空靈通達、純然至
善的精神境界。《中庸正義》「及其知之一也」章云：

> 本體常明，不費工夫。至於許多工夫者，亦不過求復此本體爾。然塵
> 散而鏡明，雲開而月皎，及其成功一也。

因此，林兆恩根據其心性修鍊與生命實踐所得到的體悟，提供門徒及後人許多精粹
切要的修養工夫論，無非是希望人們能透過這些修養工夫，復顯、體證自身靈明的
本體。《四書正義》所提到回復、體證本體的修養工夫，其中最重要的是「誠其身」
與「主敬」的工夫。茲論述如下：

1. 誠其身

《中庸正義》「不明乎善不誠乎身矣」章云：

> 《中庸》曰：「不明乎善，不誠其身。」者，蓋言至善元在吾身之中
> 矣。而止於至善者，非所以誠其身乎？周子曰：「寂然不動者，誠也。」
> 而誠乎其身者，乃所以復吾至善之本體也。

林兆恩認爲本體超然至善，而《中庸》所云「不明乎善，不誠其身。」即說明欲體
證吾人超然至善之本體，則必須「誠其身」。林兆恩並引周敦頤所云「寂然不動者，
誠也。」說明「誠」的工夫所能達到的「寂然不動」的本體境界。就《四書》義理
內涵來理解，所謂「誠其身」當有二義，一是誠其「心」；一是誠其「言行」。即意
念與行爲的淳善眞誠。

2. 主 敬

「主敬」是朱熹最重視的修養工夫〔註10〕，林兆恩肯定了此一修養工夫，並予

〔註10〕例如《朱子語類》卷六，性理三，仁義禮智等名義，云：「孔孟只教人求仁。求仁只

以繼承和提倡。林兆恩認為心之本體本是空寂虛靜的，而「主敬」的工夫可幫助吾人復返此空寂虛靜的本體。《中庸正義》「戒慎恐懼」章云：

> 心本寂然也。敬則不失其寂然之體，而心存矣。

至於「主敬」的工夫應如何做？歸納《四書正義》所論約有下列幾項：

（1）主敬以存心，不逐於物

《大學正義》「致知在格物，物格而後知至。」章：

> 林子曰：主敬者，存心也；存心者，格物也。……故主敬以存心，而不逐於物者，格物也。林子曰：心本無物而定而靜而安也。而格物以至乎至善者，乃所以復其無物而定而靜而安之本體也。要之，主敬以存心，則物安得而引之，而又奚待於格矣。

林兆恩認為若能抱持敬慎的態度，存養本心，而不追逐「物」（包括外物、心中之物），則此心比較不易為「物」所牽引而迷失，這就是所謂的「格物」；「格物」的功夫達到極至（至善的地步），自然能恢復清靜空靈的本體。

以敬存心，也就是心不外放，時時敬慎不放縱它，林兆恩另外用「心惟在腔子裏，欲其時時惺惺而不放逸也。」來形容這種工夫。《論語正義‧憲問篇》「修己以敬」章云：

> 璋生問主敬，林子曰：心惟在腔子裏，欲其時時惺惺而不放逸也。……《左傳》曰：「敬者德之聚也」，子思曰：「心之精神之謂聖」，敬則心之精神聚乎其中矣。

林兆恩認為「心惟在腔子裏」這種工夫也就是凝聚本心之德與精神。《論語正義‧顏淵篇》「敬而無失」章提到了「心在腔子裏」在日常生活上具體實踐的做法：

> 存心也者，心在腔子裏，所謂敬者是也。故心在腔子裏而事親者，敬也；心在腔子裏而事君者，敬也；心在腔子裏而士而農而工而商者，敬也；心在腔子裏而視而聽而言而動者，敬也；心在腔子裏而處於廟廊之上者，敬也；心在腔子裏而處於三軍之中者，敬也；心在腔子裏而處於造次顛沛之際者，敬也。無一時而心不在於腔子裏如此，然後方為修己以敬而無失也。

這種做法就是持守本心之德以事親、事君、從事士農工商；持守本心之德而視聽言動……。也就是無時無刻、無論身處何地，都持守本心之德，如此即完全達到「修己以敬」的工夫。

是「主敬」、「救放心」。」

（2）無思而儼若思

《論語正義・顏淵篇》「敬而無失」章云：

> 《禮》曰：「儼若思」，故無思而儼若思者，敬也；下此一箇若字最妙，能知一箇若字，則能知主敬工夫。

林兆恩以《禮記・曲禮》「毋不敬，儼若思，安定辭。」中的「儼若思」說明主敬的工夫。其義蓋指無思而若有所思般，敬愼而專一心志，此即「主敬」。

（3）收拾放心，束得虛靈知覺住

《論語正義・顏淵篇》「敬而無失」章云：

> 朱子曰：「〈堯典〉是第一篇典籍，說堯之德，「欽」是第一字。聖賢千言萬語，大事小事，莫不本於敬，收拾得自家精神在。」又曰：「收拾放心，乃是緊切下工夫處。」黃勉齋曰：「敬是束得虛靈知覺住」，眞西山曰：「氣之決驟，軼於奔駟，敬則其銜轡也；情之橫放，甚於潰川，敬則其隄防也。」

林兆恩舉朱熹以及朱熹弟子黃勉齋、眞西山之語，說明「敬」的工夫自古即爲聖賢所注重，其工夫要領在於「收拾得自家精神在」，亦即「收拾放心」、「束得虛靈知覺住」，以「敬」作爲「氣」的「銜轡」以及「情」的「隄防」，使能無暴其氣、發乎情止乎「敬」（禮），保持眞淳本心。

（4）以禮存心，以禮制心，以禮復仁

《論語正義・堯曰》「不知禮無以立」章云：

> 禮也者，敬而已矣；禮存乎中，敬而無失也。

《論語正義・憲問篇》「修己以敬」章云：

> 禮者，敬而已矣。即事即心，無內無外，而禮以制心者，敬以直內也。

《孟子正義・告子上》「義內」章云：

> 禮者，敬而已矣。禮以復仁，敬以直內也。

可見林兆恩認爲「禮」的精神就是「敬」。以禮存心自能敬而無失；以禮把持住本心、以禮恢復仁德即是以敬端正內心之義。因此凡事以禮行之，即是「敬」的工夫。

（三）體用合一、先體而後用

對於「體」（本體）與「用」（本體的發用）關係，林兆恩的看法與態度是主張體用合一、即體即用，此一觀點似亦受到王學的影響。〔註11〕林兆恩認爲君子乃至聖人之學皆是有體有用、體用並重之學。《論語正義・里仁篇》「吾道一以貫之」章云：

〔註11〕《傳習錄》上云：「即體而言，用在體；即用而言，體在用，是謂體用一源。」

　　　　君子之學，無體不立，無用不行。有體必有用，猶有陰必有陽也。故
　　退藏於密，神明其德者，其體也；巍乎成功，煥乎文章者，其用也。聖人
　　之一，聖人之體之大也，而一以貫之，聖人之用何如其神也。……故善為
　　學者，明體以適用，而善觀人者，因用以知體。若有體而無用，則其體也
　　必不大；若有用而無體，則其用也必不神。

《中庸正義》「一誠」章亦云：

　　　　誠則能明，一則能貫，中則能和，寂則能感，安則能慮，慮則能應。
　　是皆有體有用之學也。

《大學正義》「詩云：邦畿千里，惟民所止。」章則說明有「體」自然有「用」，而
循本心、善性而為之用即是本體的發用，即是見識（證悟）本體：

　　　　體即是用，用即是體，即感即應。嘗譬之明鏡止水矣，故為子當孝也，
　　父在而孝，即現乎其中矣；為臣當敬也，君在而敬，即現乎其中矣。非有
　　擬議，非有安排，何思何慮，隨在即現，故曰心如明鏡止水，非特聖人之
　　心為然也。不謂之性善，而人皆可以為堯舜耶？

林兆恩認為當吾人能恢復本有之至善本體時，本體自然能觀照事物而充分發用其功
能價值，當下朗現其德性光輝，無有安排擬議、無須思慮，當孝即孝、當敬即敬。
林兆恩雖然主張體用並重，但是就明識本體與本體發用的先後順序而言，它認為根
本上應當先體後用、先立體、明體而後自能發用、達用，其根本工夫則是「事心」
（修養心性），因為「事心則體立，體立則用自行」。《論語正義·里仁篇》「吾道一
以貫之」章云：

　　　　朱子曰：「曾子於其用處，蓋已精察而力行之，但未知其體之一。」
　　是朱子言，先用而後體。而兆恩之意，先體而後用也。孔子曰：「吾道一
　　以貫之」，所謂一者，非其體與？所謂貫者，非其用與？……事心則體立，
　　體立則用自行。蓋天下之理，不外於聖人之心，而寂然不動者，遂通天下
　　之故矣。余《林子集》中所謂一貫之旨者，惟欲先立其體以適於用已爾，
　　而非他也。

林兆恩指出孔子云：「吾道一以貫之」，其所謂的「一」即是指「本體」；其所謂的「貫」
即是指「本體之發用」。而《林子集》中所謂的「一貫之旨」主要即在先確立本體，
進而發揮其適切的功用。

三、心性說

　　對於心性以及二者關係的探討，最早見於《孟子》，《孟子·盡心上》云：「盡

其心者，知其性也，知其性，則知天矣。存其心，養其性，所以事天也。」孟子所謂的心性關係，殆爲性先心後，盡心以知性。孟子以後，其心性說並未獲得特別的重視。唐代，佛教禪宗興盛，禪宗「明心見性」的心性本體論〔註12〕對傳統儒學造成很大的衝擊，韓愈、李翱等人受此刺激，於是反歸《孟子》，探索其心性說，《孟子》的心性說開始受到重視。到了宋、明二代，心性論成爲宋明理學的重要範疇，學者多自《孟子》的心性說加以探討、發揮與創新，而禪宗的心性本體論對宋明理學家的心性說也產生很大的影響。有關宋明理學家的心性說，舉其要者，如張載提出「心統性情」之說〔註13〕，二程認爲：「心即性也。在天爲命，在人爲性。」〔註14〕朱熹認爲：「性猶太極也，心猶陰陽也。」「心有善惡，性無不善。」「心存體用。未發之前，是心之體；已發之際，乃心之用。」〔註15〕「心之未動則爲性，已動則爲情，所謂心統性情也。」〔註16〕湛甘泉認爲：「性也者，心之生理也，心性非二也。」〔註17〕王陽明則提出：「心的本體，原自不動。心之本體即是性，性即是理。」〔註18〕

林兆恩的「心學」，對心性的修養亦甚爲重視，他選擇性地吸收了許多宋明理學家的心性論，並融入自己的體悟，形成其頗具特色的心性說。

（一）論　性

《中庸正義》「惟天下至誠爲能盡其性」章云：

> 性無所不統也，而天地人物統於性也。故盡人物之性，贊化育而參天地者，然後方爲能盡其性也。

> 君子之學，以盡性也，合古今天地人物以盡其性也。故達則出其道以治天下，而天下皆吾之度內而非外也；窮則明其道以教萬世，而萬世皆吾之度內而非外也。《中庸》曰：「成己仁也，成物知也，性之德也。」蓋性之德本如是其廣大也。盡人之性、盡物之性，以至參天地贊化育，皆所以

〔註12〕禪宗認爲心是衍生一切諸法，包括宇宙萬事萬物的精神本體。《六祖壇經》云：「諸法在自性中。」「於自性中，萬法皆現。」「心量廣大，猶如虛空，…能含萬物色象、日月星宿、山河大地。」對於心性本體的證悟，也是禪宗思想的重點。《六祖壇經》云：「各自觀心，自見本性。」「自性心地，以智慧觀照，內外明澈，識自本心。若識本心，即是解脫。」

〔註13〕見《張載集・性理拾遺》。

〔註14〕見《二程集・遺書》十八。

〔註15〕以上同見《朱子語類》卷五。

〔註16〕見《朱子語類》卷六十二。

〔註17〕見湛甘泉：《心性圖》。

〔註18〕見《傳習錄》上。

盡吾之性也。

又《中庸正義》「誠者物之終始」章云：

> 性無內外，合內外而一之者，性也。

在林兆恩的觀念當中，性是超越天地且內在於吾人心中，乃至萬事萬物當中的創生本體，故人之性原與天地、萬物之性為一體，是不分內外的。吾人惟有盡己之力，使人人與萬物的性本體之價值功用得到充分的發揮，並「參贊天地之化育」，「合內外而一之」，才能真正發揮完盡這個本源本體的終極價值。而君子之學，主要亦在學此盡性之道，以「出其道以治天下」與「明其道以教萬世」為本身份內的責任，體現「成己成物」的性德。

另外，林兆恩也接受與闡發張載所提出的「天地之性」與「氣質之性」的說法。《孟子正義·告子上》「性情才」章云：

> 夫性，一也。而張子厚則有天地之性、氣質之性之不同者，何也？林子曰：張子厚天地氣質之說，乃孟子有性有命之旨也。然天地之性固皆善矣，而氣質之性則有善有不善者，何也？林子曰：天地之性，性也。性而後有氣，氣而後有質，故有清有濁、有厚有薄，而始有善有不善矣。
>
> 若夫天命之性，未發之中也，至虛無我，豈有不善？故有善無不善者，天命之性也；有善有不善者，氣質之性也。

林兆恩指出，天命之性是先天本有的，即《中庸》所謂的「未發之中」，亦即「至虛無我」的太虛本體，是至善、純善的；而氣質之性，是後天所形成的，「有清有濁」、「有厚有薄」，因此才有善惡的產生。

（二）論　心

林兆恩認為心與性是一體的。就本原而言，心即是性、性即是心，心與性不過是本體的殊稱，就心性本體的發用而言，心性本體未萌、未發之時，此心稱之為性；心性本體已萌、已發之後，此性則稱為心。《論語正義·陽貨篇》「性相近也」章云：

> 心性一也。未萌則即心為性；已萌則即性為心。或問：未萌之性、已萌之心。林子曰：譬如擊石而火自生，元來石中有火之性，夫心猶火也，而性乃火之蘊於石也。

林兆恩舉「擊石而火」為例，指出「心」猶如「火」；「火」之產生乃是由石中之有「火之性」擊之而來。據此，則林兆恩似亦以「性」指稱本體；以「心」指稱本體之發用。《論語正義·陽貨篇》「性相近也」章又云：

> 所謂真心者，心之未萌者性也，故無心而有心者真心也。真心也者，

天命之性也，太虛而已矣。……若性之萌而爲心也，其殆善惡之所由分乎。

朱子曰：「此陰陽之義也」，故心之性則有善、有不善矣，而況耳目口鼻之性者哉。

孟子曰：「大人者不失其赤子之心者也」，此言心，心即性也。

林兆恩另以「眞心」指稱本性，以與已萌之心（人心）有所區別，謂「眞心是性，眞性是心」，並說明「眞心」是「無心而有心」的無執之心與孟子所謂的「赤子之心」。

林兆恩認爲由性而生的「已萌之心」，若沉溺於欲，則爲「人心」；若專注於道，則爲「道心」。吾人應學習聖人的工夫學問，由本根入手，執守吾心之本體（「中」），則自然可以做到「以道存心」，挺立此性、彰顯此道。《論語正義‧堯曰篇》「允執其中」章云：

天命之謂性，心由性生也。……念念常在於欲，即謂之人心；念念常在於道，即謂之道心。然後以道存心，豈不善哉？特賢人持守之功，殊非聖人頭腦學問，忘其本根，不由中出，故曰：「惟微」。若能知吾身之中而允執之，則性由此立，道由此出。

林兆恩認爲人人的眞心、本心可以說即是「聖人」，因爲人人的眞心、本心皆是靈明至善的本體，聖人之所以爲聖人，主要即在於其能保有眞心、本心，不被塵染、不受障蔽。《孟子正義‧滕文公上》「有爲者亦若是」章云：

心一聖人也，若曰心能作聖，則聖人與心猶爲二也。而人之所以不能聖人者，以有以蔽乎其心也。

心也者，孔子也，聖人也。宗孔子也者，宗心也，宗吾心之聖人也。又曰：夫人之心皆明鏡也，聖人特不塵之爾，而夫人之心之初也，其有塵乎哉？夫人之心皆止水也，聖人特不波之爾，而夫人之心之初也，其有波乎哉？又曰：不特知者之心一孔子也，而愚者之心亦一孔子也；不特賢者之心一孔子也，而不肖者之心亦一孔子也。若近代名儒，而其心之孔子，原與天下之知愚賢不肖之心之孔子不異也，而其言之載於典籍也，又與孔子之心有不同者，何歟？豈其信孔子之過而不知其有孔子之心焉者哉？故余直以宗孔爲正，宗心爲要爾。

林兆恩指出其學主張「宗孔」、「宗心」，「孔子」乃是至善眞心發用的象徵表率，尊敬孔子也就是敬重本心、敬重吾心之聖人。人人皆具本心，因此人人心中都有一位孔子在。後儒所論，之所以不同於孔子之心、失去孔子的本義，乃是因爲不知道其有同於孔子之心的本心。有鑑於此，林兆恩乃力倡「宗孔」、「宗心」之說。

四、「心法」說

　　「心法」一詞來自禪宗，本義是「以心傳心之法」，指佛教師徒之間對於佛教至高精神境界的默契祕傳，禪宗五祖弘忍傳衣缽給六祖慧能時即說：「法則以心傳心，皆令自悟自解。自古佛佛惟傳本體，師師密付本心。」〔註19〕宋儒受到禪宗影響，亦採用「心法」一詞，然定義已有不同，邵雍《皇極經世書》云：「先天之學，心法也。……萬化萬事，生乎心也。」程頤亦曾云：「《中庸》乃孔門傳授心法」〔註20〕，則所言之「心法」似為「心學」之義。朱熹繼承了程頤「孔門心法」之說，而謂《尚書‧大禹謨》「惟精惟一，允執厥中」為堯舜禹以來聖賢所傳授之心法。朱熹弟子蔡沈於〈書經集傳序〉則進一步說明了儒家的種種心性修養方法，無非是明此心之妙用的「心法」：

> 二帝三王之治本于道，二帝三王之道本于心，得其心，則道與治可得而言矣。何者？精一執中。堯、舜、禹相授之心法也。建中建極，商湯、周武相傳之心法也。曰德曰仁曰敬曰誠，言雖殊而理則一，無非所以明此心之妙用也。

明代的儒者大致接受了程朱學派的「心法」說，林兆恩的「心學」亦強調「心法」的重要性。《論語正義‧憲問篇》「有德者必有言有言者不必有德」章云：

> 或問曰：見聞不足知與？林子曰：儒者之學，自有孔門心法在焉，若不知心法而見聞以為知者，見人之見、聞人之聞、知人之知也。知人之知，故言人之言也。至於言人之言，而每自以為得者，得人之得也。……言非其所自得矣，而謂之有德必有言也可乎？若夫堯舜之中、孔子之一，吾身之內自有真消息者在焉，孟子所謂幾希者是也。故不知心法，則不知幾希；不知幾希，則不知真消息。不知心法、不知幾希、不知真消息，是不以德性之知以為知也，顧乃見人之見以為見、聞人之聞以為聞、知人之知以為知、言人之言以為言、得人之得以為得，則亦何異於司人之財，而自矜其有也。故曰：「君子深造之以道，欲其自得之也。」

林兆恩認為唯有知曉「孔門心法」，才能真正體悟至善本心，明白「堯舜之中」、「孔子之一」以及所謂的「幾希之心」、「真消息」，真正於「德性之知」上自有所得。《孟子正義‧告子上》「學問之道無他，求其放心而已矣」章亦云：

> 人之所以為聖人者，真心也，若今儒道釋之所相告語者，非真心也，亦不知有所謂心法也，不知心法，真心得而識乎？不識真心，聖人得而為

〔註19〕見《六祖法寶壇經‧行由品》。
〔註20〕見《二程集‧遺書‧外書》。

乎？蓋聖人者，我固有之也，誠能撤其所以蔽乎聖人者，便是聖人，何遠
之有？

林兆恩表示，唯有知曉心法，才能撤除心性上的障蔽，識得真心，進而成聖成賢。

另外，《論語正義‧泰伯篇》「民可使由」章云：

不有心法，其能時中乎？而知及仁守，孔氏之心法也。不有心法，其
能清靜乎？而致虛守靜，老氏之心法也。不有心法，其能寂滅乎？而如是
住，如是降伏，釋氏之心法也。

林兆恩認為三教皆有心法，而三教心法如孔門的「知及仁守」、道教的「致虛守靜」、
佛教的「如是住、如是降伏其心」目的都是在幫助人們明達本體，以成就本體最高
的精神境界，如儒家的「時中」境界、道教的「清靜」境界以及佛教的「寂滅」境
界。

「心法」主要在幫助吾人明達本體、修養心性以成聖成仁，因此林兆恩以「事
心之法」以及「從入之門」來形容「心法」的作用。《論語正義‧述而篇》「聖仁」
章云：

以其聖與仁也，而不可無從入之門焉，則曰入門；以其聖與仁也，而
不可無事心之法焉，則曰心法。然而所謂事心之法者，豈非其所從入之門
邪？

林兆恩認為儒家的經典之所以重要，乃是因為「孔門心法存乎其間」，中國的學問主
要也是在講求「事心之法」。《論語正義‧憲問篇》「修己以敬」章云：

或問：何者謂之心法也？林子曰：堯之欽者，心法也；孔子之敬者，
心法也；艮其止，止其所者，心法也；安汝止，欽厥止者，心法也；毋不
敬，儼若思者，心法也；於緝熙敬者，心法也；顧諟天之明命者，心法也；
先立乎其大者，心法也；求其放心以存心者，心法也。此其略也，紀之經
傳，不可得而盡述矣。

林兆恩舉例說，例如《尚書》中帝堯屢言之「欽」、《論語》中孔子所言之「敬」、《易
經‧艮卦‧象傳》的「艮其止，止其所」、《尚書‧虞書‧益稷》的「安汝止」及《尚
書‧商書‧太甲》的「欽厥止」、《禮記‧曲禮》的「毋不敬，儼若思」、《詩經‧大
雅》的「於緝熙敬」、《大學》的「顧諟天之明命」以及《孟子》的「先立乎其大」、
「求其放心以存心」等等，所講的都是「心法」，可以說儒家的「心法」備載於經典
當中。因此林兆恩強調，研究六經，不應只是誦讀文字辭章而已，應該深入探求當
中所寓涵的「心法」，了解聖賢所傳授的心性修養工夫，重視德性修養，「以復吾心
之聖人」。《孟子正義‧告子上》「學問之道無他，求其放心而已矣」章云：

「學問之道無他，求其放心而已矣」者，事心之法也。

《論語正義‧雍也篇》「博學」章云：

> 冊子莫大於六經，六經亦冊子也，而孔門心法存乎其間矣。故誦六經
> 者，非徒誦其辭章焉已也，蓋必求其所謂心法，曰一、曰中、曰誠、曰敬，
> 以尊德性、以復吾心之聖人也。

《中庸正義》「君子尊德性而道問學」章亦云：

> 世之誦六經而不知有所謂心法者，惟當就有道之人而問焉而學焉，何
> 章何句而切於吾之德性者，何章何句而為吾之心法者，既致叩之，復繹思
> 之，果有契於吾心之同然乎否也？果不謬於六經之微旨乎否也？故不知而
> 恥問於人焉，不可也。譬昏夜無燭，而有求於室中者，則亦無所見矣。

簡單地說，林兆恩所謂的「心法」是指能夠保持、把握住吾人真純本心的方法，《孟子正義‧公孫丑上》「今人乍見孺子將入於井」章云：

> 中也者，真心也；而執中，心法也。一也者，真心也；而主一，心法
> 也。至善也者，真心也；而止於至善，心法也。

林兆恩相當重視本心的修養與體證，因此有關保持、把握住吾人真純本心的「心法」自然成為其學說的重心所在。

五、「仁」說

林兆恩的「仁」說，基本上仍傾向於孟子以來心學觀點的說法，以本心、本體來詮釋「仁」，亦以生生不息的生命能量或生命種子來解釋「仁」。

（一）以本心義說「仁」

《論語正義‧里仁篇》「君子無終食之間違仁」章云：

> 「仁，人心也」，我固有之、我自不違之，然亦不可得而違也。夫仁
> 不可得而違矣，則仁非在外也；仁非在外，又焉有違仁之人哉？林子曰：
> 即心即仁，仁其可得而違、心其可得而違乎？特人之自違其心、自違其仁
> 爾。夫既曰：「即心即仁」矣，又焉有違仁之心哉？林子曰：明道曰：「人
> 須是識其真心」。真心也者，仁也。若為物所引而生其心者，非真心也。
> 然而真心亦未嘗亡也，特其物有以蔽之爾。

此處林兆恩引用《孟子‧告子上》「仁，人心也」來說明「仁」。對於孔孟所言的「心」，林兆恩通常作「本心」解。因此孟子此語，就林兆恩的理解應是「仁指的是人的本心。」仁既是吾人之本心，因此是「我」所固有的、「我」所不會違背的，此處「我固有之、我自不違之」所用的「我」字，就林兆恩通常的用法應指「本我」之義。

本心即是仁，而本心亦稱真心，因此林兆恩又說：「真心也者，仁也。」林兆恩認為人之所以不仁，並非喪失真心、本心，而是因為真心為「物」（物慾、心物）所障蔽所致。《論語正義·述而篇》「我欲仁斯仁至矣」章亦云：

> 心本仁也，心之蔽於物而違仁也。心既蔽於物而違仁，似若仁之去我也，撤其物之蔽，則心之仁即此而在矣；心之仁即此而在，似若仁之去我者而輒至也，故不曰至，而曰斯至。夫至曰斯至，豈非我自有之、我自復之，而若是其速哉。

或問：欲仁仁至，豈非釋氏所謂當下成佛之義與？林子曰：欲之而即至者，蓋以驗吾心之仁，我之所本有也，而非謂當下之頃，即可以得仁而成仁也。

對於《論語·述而篇》「我欲仁斯仁至矣」一語，林兆恩認為其義是指當吾人欲行仁、用仁之時，仁心隨即浮現、發顯，吾人當下即可體證「吾心之仁，我之所本有」，但是仍必須仁心發用於人、事、物之上，始可謂之「得仁」、「行仁」。

（二）以本體義說「仁」

《論語正義》「君子無終食之間違仁」章云：

> 或問：不違仁之旨。林子曰：仁即中也，執中者不違仁也；仁即一也，主一者不違仁也。

林兆恩指出「仁即中也」、「仁即一也」，在林兆恩的學說中「中」、「一」通常用來指稱本體。因此「仁即中也」、「仁即一也」義即「仁就是本體」。吾人若能「執中」、「主一」，把握住吾人靈明的本體，就可做到「不違仁」。又《論語正義·述而篇》「我欲仁斯仁至矣」章云：

> 父母未生以前，本體太虛而已矣，其餘之所謂未始仁者乎。既而父母媾精之後，一點靈光而已矣，其餘之所謂仁者乎。而一點靈光之仁，元從太虛中來者，我之元神也，由是而氣，由是而形，人惟知其有此形氣已爾。美衣美食以奉養此身也，功名富貴以尊崇此身也，如此而生，如此而死，自以為得矣，而孔子之所謂仁者，非惟不能知，亦且不願知也。而其所以不願知者，豈非孟子所謂不可以已，而失其本心者乎？若能知所以反而求之，則便知父母之所以生我，而我之所以生者，在此而不在彼，而養氣而存神，以復還我太虛一氣之本初，一點靈光之舊物，而孔子之仁元在我矣。

《論語正義·述而篇》「我欲仁斯仁至矣」章亦云：

> 人之生也，以耳而聞，以目而見，以心而思；而至於死也，不惟耳而

不能聞，目不能見，而能思之心，亦且隨之以亡，縱有王侯之貴、晉楚之富，於我奚益？則生平之所以奔奔忙忙者，何爲也哉？故學道之士，必當思我之耳之所以能聞、目之所以能見、心之所以能思者，何物以主之？不有所謂一點靈光，長存而不滅者乎？而一點靈光者，仁也，乃耳之所以能聞也、目之所以能見也、心之所以能思也。夫仁不在外，而孔子則曰：「我欲仁，斯仁至矣。」者何也？豈所謂仁至者，非以其仁從外至邪？

此處林兆恩則以「一點靈光」、「太虛一氣之本初」、「一點靈光之舊物」來說明「仁」，所說的都是指內在於吾人心中，使吾人能聞、能見、能思的靈明本體。就林兆恩之說而言，所謂的「本心」亦是「本體」。

（三）以生生不息的生命能量、生命種子說「仁」

《論語正義‧述而篇》「我欲仁斯仁至矣」章云：

> 天開於子，地闢於丑，而天地之所以生者仁也。夫既有天地矣，而天地之所以而人而物者，亦此仁也。乾道成男，坤道成女，而男女之所以生者仁也。夫既有男女矣，而男女之所以而子而孫者，亦此仁也。一雄一雌，一牝一牡，而鳥獸之所以生者仁也。鳥獸生矣，而鳥獸之所以生生不息者，亦此仁也。或曲或直，或夭或喬，而草木之所以生者仁也。草木生矣，而草木之所以生生不息者，亦此仁也。

《中庸正義》「修道以仁」章亦云：

> 仁者，人也，蓋言人之所以爲人者，在此仁也。兩精相摶，而仁則落乎其中矣。故父母之所以生我，我之所以生人者，在此仁也。

此處林兆恩以生生不息的生命能量、生命種子說「仁」，林兆恩舉天地之所以生成、人類之所以繁衍、鳥獸草木之所以生生不絕等例子，說明凡此皆因有創生不息的生命能量、生命種子才能造成，而此一創生不息的生命能量、生命種子簡單地說即是「仁」。此一觀點事實上受到宋儒的影響，《中庸正義》「仁者人也」章即云：

> 人之所以爲人者，仁也。宋儒所謂桃仁、杏仁者是也。又曰：心如穀種，仁則其生之性。惟其生之性也，故父母之所以生我，而我之所以生子生孫者，皆此仁也。今只以桃而言之，伏其仁於地，而芽之由是而條而華而實，皆仁之生生也。故其根父母也，而芽而條而華而實，子而孫也。其仁同，故其本同；其本同，故其氣同，此親親之所以爲大也，孟子曰：「親親仁也」，又曰：「仁之實事親是也」，又曰：「未有仁而遺其親者也」，程子曰：「仁主於愛，而愛莫切於愛親。」

仁既是「生命的種子」，而種子必有其根源，林兆恩順此推其理而言及吾人的生命根源——「父母」，進而強調孝親、愛親的重要，並舉孟子、程子之言，說明吾人既知「仁」「生命生生不息」之義，則應飲水思源，行「仁」首先應先孝其親、愛其親。

（四）以心之生意不息說「仁」

林兆恩亦由實體生命的創生不息說「仁」，進一步引申爲以精神和心靈的生意盎然、創生不息說「仁」。例如：《論語正義·述而篇》「聖仁」章云：

> 心之神明不測之謂聖；心之生意不息之謂仁。

又《論語正義·雍也篇》「仁者壽」章云：

> 仁則心生，身雖死，不死也；不仁則心死，身雖生，不生也。

林兆恩指出具有仁心的人，其精神和心靈生意盎然、創生不息，充滿生趣、生機，能贊天地之化育，因此「身雖死，不死也」，其精神生命恆久長存；而不仁的人，心靈毫無生機，喪失親親、仁民、愛物的活潑生意，因此「身雖生，不生也」，其精神生命是死的。

六、自性眞經

自性即是眞經、自性自有眞經亦是林兆恩的心學當中的主要觀點。此一觀點頗近似陸九淵「心即理」之說。事實上，「心即理」的思想最早見於禪宗，《大乘開心顯性頓悟眞宗論》〔註21〕云：「心是道，心是理，則是心外無理、理外無心。」陸九淵、王陽明的心學似乎皆受到禪宗此一思想的影響。林兆恩的「自性眞經」說的提出，或受到禪宗、陸王心學的影響。《孟子正義·盡心篇下》「君子反經而已矣」章云：

> 三教之旨，載之篇章，而咸謂之經者，何也？經者，常也，謂此心此性之經常也。而儒之經、而道之經、而釋之經，皆說心性之理，又從心性中發出來，篇章雖繁，不過爲後人之印證爾。《壇經》曰：「三世諸佛十二部經，在人性中，本所自有，不能自悟。」又曰：「心迷法華轉，心悟轉法華。」《法華》者，佛經名也。陸象山曰：「六經者，吾心之註腳也。」陳白沙曰：「匹夫匹婦，胸中自有全經，此風雅之淵源也。」

林兆恩認爲所謂的「經」即是經常不變的道理，是吾人心性本具、本知的經常之理。三教之經典主要都是在講此「心性之理」，而所講的「心性之理」都是由三教聖人的心性中體悟闡發出來的。三教之經典所論所述，不過是爲後人印證此人人本具的「心

〔註21〕見唐僧慧光集釋：《大乘開心顯性頓悟眞宗論》，收於《大正藏》第85冊。

性之理」罷了。林兆恩於《孟子正義・盡心下》「君子反經而已矣」章又談到：

> 心也者，經也，萬世不易之常經也；經也者，心也，萬世不易之常心也。

意思是說本心自涵蘊萬世不易之常理，因此「心即是經」；而「經」既是本心（萬世不易之常心）之理的反映，因此「經即是心」。對於此人人本具的「心性之理」，林兆恩稱之爲「自性眞經」。林兆恩指出，「自性眞經」本身除了蘊涵經常不變的道理，也包括了天地間所有的道理，而經傳乃是古先聖賢以「自性眞經」所寫成，因此不論是形而上的玄理或是形而下的日用倫常之道，都備載在經傳當中。《論語正義・述而篇》「述作」章云：

> 經傳尚矣，而古先聖賢，乃以其自性眞經而文字之，經之以爲經、傳之以爲傳，以教天下萬世，而所謂不可使知，與可使由者，咸備於經傳。

林兆恩認爲吾人既有自性眞經，而三教的經典無非是「吾心之註腳」，因此欲明白經典當中所說的心性之理，應當先明澈、反求自己的本心，明心自能明經。而非未澈悟本心，即擅自臆測經典的文字意義，以致違失了經典的本旨。《論語正義・述而篇》「述作」章云：

> 或者以爲儒之《六經》、《四書》、道之《道德》等經、釋之《金剛》等經，皆有訓解，玩味之久，當有開悟從入處。殊不知三氏之經，是皆吾心之註腳也。

> 心有未明，安能明經？李延平有言曰：「以常人之心，輕測聖人，未到聖人灑然處，豈能無失？」蓋爲後世之註經者言也。

《論語正義・述而篇》「述作」章又云：

> 眞經也者，經之所從出也。故不知眞經，不可與談經。若孔老釋迦之所以立言以教天下萬世者，此眞經也。夫天下萬世，孰無孔老釋迦之眞經哉？如有能明吾心孔老釋迦之眞經，以釋孔老釋迦之經，豈其不得孔老釋迦之經之眞實義邪？

另外，有鑑於一般人對三教經典的盲目不知其義的讀誦，林兆恩指出了讀誦經典的意義所在，《論語正義・子路篇》「誦詩三百」章云：

> 誦儒經者，當知喚起吾心孔子；誦道經者，當知喚起吾心老子；誦釋經者，當知喚起吾心釋迦。孔老釋迦，我之所本有也，而孔老釋迦，余每曰三教先生者，以孔老釋迦，先我而生，而得我心知所同然者爾。陳致虛曰：「八字打開，中有見成公案。」三氏俱有心印之說，而宋儒亦曰人心如印板，豈不謂吾心之所皆備而見成者，三氏之眞經乎？若果能眞知此意，而得其所同然者，是雖手不持卷、口不念經，謂之從劫至劫，手不釋

卷；從晝至夜，無不念時，可也。如或不知心所同然，而徒索之文字之間，
是雖手不釋卷、口不輟念，則亦何異於女史誦詩，內豎傳令？殆非孔老釋
迦作經之本意也。……人人有釋老，人人有眞經，眞經之不知，誦經有奚
益？

林兆恩指出「人人有釋老，人人有眞經」，孔、老、釋迦是悟識、體證「自性眞經」
的聖者，因此孔、老、釋迦可爲「自性眞經」代稱，若吾人能悟識本自具有的「自
性眞經」，明白吾人與孔、老、釋迦之心之所同具同知的常理常道，則無異心中存有
孔、老、釋迦一般，也可說人人亦是孔、老、釋迦的化身。因此林兆恩認爲讀誦三
教經典的目的，主要是藉此喚起吾心之孔、老、釋迦，亦即喚起吾人之本我眞經、
自性眞經，使吾人之言行皆合乎此自性眞經，唯有如此，誦經才有意義。

第二節 「三教合一」論與「歸儒宗孔」說

「三教合一」思想是林兆恩思想最具特色之處，亦爲其思想的重心所在。此一
思想亦充分表現在其《四書正義》當中。林兆恩除了以「三教合一」、「三教一致」
的觀點詮釋《四書》外，《四書正義》也針對其「三教合一」論多所論述，成爲書中
重要的思想內涵。而林兆恩三教合一思想的形成，與其三教觀感及其志在改革三教
有關，又與其濃厚的尊孔思想與儒家使命感（「歸儒宗孔」思想）有密切的關係。本
節即針對《四書正義》中的重要內涵──「三教合一」論與「歸儒宗孔」說予以探
討。

一、對三教之評論

林兆恩提出「三教合一」與「歸儒宗孔」主張，自有其動機因由，但也可以看
出其對三教有整頓改革的意味，茲先就林兆恩對三教的評論予以探討，以瞭解林兆
恩的三教觀和對三教的期許。

在《四書正義》中林兆恩論述了許多他對三教的觀感，對當時三教的一些現象
提出批評〔註22〕，同時也對若干三教的修行方法和理念予以肯定，並提出了一些建
議。茲表列於下：

〔註22〕基本上林兆恩對儒釋道三家聖人的思想、言論、德行與經典是同等尊崇與肯定的，
其所批評的主要是宗教化之後的三教及三教信徒所衍生的若干林兆恩認爲不當或遭
曲解的修行觀念與方法。

《四書正義》對三教的批評			
教別	批　　評	建議與肯定	出　　處
儒	世之儒者，專事於威儀文辭之際，而不知根本工夫、真實學問，此其所以博而寡要，勞而鮮功也。	若能反之心性之內，而求之本原之地，斯不謂之儒邪？	《論語正義・雍也篇》「女為君子儒無為小人儒」章
儒	世之儒者終日口說孔子，不識自性孔子，終日紛紛爭辨，不知心上工夫。支離謬漫似足聽聞，若語之以入門工夫、根本學問，則亦未之知也。然儒者之病不特支離為然也，有專主尊德性者；有專主道問學者；有專主先知者；有專主先行者；有專事考據以為博物者；有專務剿竊以為明經者；有自謂崇正之儒而身不正者；有自謂闢邪之儒而心自邪者；有藉此以為進身之階者；有假此以為邀譽之媒者。如此者流，難以悉舉，要皆外心性以為儒，而非仲尼之所謂儒也。		《論語正義・為政篇》「異端」章
道		老子之道，至莊子而益明，亦至莊子而益晦。或問曰：何謂也？林子曰：能逆其寓言之微，則道為益明。惟習其無端涯之詞，則道為益晦。	《孟子正義・萬章上》「以意逆志」章
道	若夫後世道門者流，豈知黃帝老子所謂無作無為，守中得一之微旨哉？而其所相授受者，亦皆出於億逆之私、穿鑿之見矣。於是始有所謂熊經鳥伸者；有所謂內視存想者；有面壁而志在降龍伏虎者；有輕舉而思以駕鳳驂螭者；有吞精嚥華以翕日月者；有步罡履斗以窺星辰者；有依卦爻之序而朝屯暮蒙者；有售黃白之術而燒茆弄火者；有希慕長生不死者；有馳志白日飛昇者；如此者流難以悉舉，要皆外心性以為道，非黃帝老子之所謂道也。		《論語正義・為政篇》「異端」章
釋	不孝有三，無後為大。縱能作佛，且不可以無後，況甘心於無後而又無作佛之心乎。然而學佛者概多庸流，而釋氏之旨，安能頓悟？乃於男女之大欲，即能斷而棄之，豈人之情哉？必不然矣！是故袈裟昌而倫屬滅，非釋迦之罪，學釋迦者之罪也。		《孟子正義・離婁上》「舜不告而娶」章

釋	釋氏者流，豈惟斷棄倫屬，而為釋迦之異端哉？然亦有著相而執而不化者；有著空而流而不返者；有捨身以事佛者；有設齋以飯僧者；有咒水默訣以驅群魔者；有枯坐誦經以覬多福者；有持戒定慧而望解脫者；有袪貪嗔癡而思清淨者；有生而願超西域者；有死而願生天堂者；如此者流，難以悉舉，要皆外心性以為佛，而非釋迦之所謂佛也。		《論語正義‧為政篇》「異端」章
釋	吳生問曰：斷滅之與寂滅也異歟？林子曰：斷滅也者，圓而坐之，如無情之木石斷滅去也。故孟子之不動心者，寂滅也；告子之不動心者，斷滅也。然而寂滅豈易為哉？以至虛至靈之本體，而甘心於無知無覺之木石斷滅去矣，真可發一大笑。若後世學佛之徒，悉皆告子之流亞也。	然求其能操存堅執，如告子之不動心者，亦難見其人矣！	《孟子正義‧公孫丑上》「告子不動心」章
道釋	坐禪以學佛、運氣以學道，雖大失黃帝、老子、釋迦之本意，	然亦能忍嗜欲、絕聲利，其於孳孳為名而為利者，亦大不侔矣。	《論語正義‧泰伯篇》「民無得而稱焉」章
道釋	若二氏之斷棄倫屬也，而綱常不幾於墮乎？綱常既墮，而萬物得而育乎？萬物不育，而天地得而位乎？		《中庸正義》「天地位焉」章
道釋	二氏者流，專以離塵超俗為高，不以嗣續綱常為大，此其所以與儒者異也。	若能不以蓬島之旨求之海外，而求之吾身；不以淨土之旨求之西方，而求之吾身，不離日用之間，率循常行之道，不荒唐、不枯槁，是亦儒者而已矣。	《論語正義‧雍也篇》「女為君子儒無為小人儒」章
道釋	世之學佛者即坐禪，而問人之學佛者，必曰能坐禪乎否也？如此，則磨磚之譏非乎？世之修道者即運氣，而問人之修道者，必曰能運氣乎否也？如此，則鼓脹之徒是乎？	不坐禪而心自禪，不離這箇也；不運氣而氣自運，無暴其氣也。	《孟子正義‧公孫丑上》「持其志無暴其氣」章
道釋	或問：釋老之教，而人非之者，何也？林子曰：以其不有世間責也，故詳於不可使知之道，而專與上智者道也。然上智之士，豈可多得，而釋老之教，焉得不為人之所非邪？		《論語正義‧泰伯篇》「民可使由」章

三教	儒流未始知孔子，而信孔子者，信孔子之名也；道流未始知黃帝、老子，而信黃帝、老子者，信黃帝、老子之名也；釋流未始知釋迦，而信釋迦者，信釋迦之名也。信孔子之名者，而語之以孔子之實，一貫而已，不記誦、不詞章，必以為孔子之異端而不吾信也。信黃帝、老子之名者，而語之以黃帝、老子之實，得一而已，不荒唐、不迂怪，必以為黃帝、老子之異端而不吾信也。信釋迦之名者，而語之以釋迦之實，歸一而已，不圓坐、不斷滅，必以為釋迦之異端而不吾信也。此皆因人之所信而信之，不必其心之是；因人之所不信而不信之，不必其心之非。豈非知之者難、信之者難與？		《論語正義・衛靈公篇》「女以予為多學而識之者」章
三教		學孔子而不知有吾心之孔子焉，非所以學孔子也；學老子而不知有吾心之老子焉，非所以學老子也；學釋迦而不知有吾心之釋迦焉，非所以學釋迦也。	《論語正義・泰伯篇》「民可使由」章
三教	大抵二氏多失之偏，而儒門多入於偽。失之偏者固非大中至正之道，而入於偽者，亦豈忠信不欺之心哉？然儒門者流，每以今之和尚而議釋迦，以今之道士而議黃帝老子；亦何異乎二氏者流，以今之儒門而議孔子。要之心性之大，既有所未明，而好勝之心，又不能自克，徒以生平影響記誦，而為口耳之囂者，各立門戶以相是非，無惑乎三教之要旨，不明於天下後世也。		《論語正義・為政篇》「異端」章
三教		一貫者，孔氏之學也，而學孔氏之學者，甚毋流於務博而多識；清靜者，老氏之學也，而學老氏之學者，甚毋流於荒唐而迂怪、寂滅者，釋氏之學也，而學釋氏之學者，甚毋流於枯槁而斷滅。	《論語正義・子張篇》「君子學以致其道」章

以上表列乃根據《四書正義》整理歸納而成。茲再就此表，按照儒釋道三教的順序，簡要分析說明於下：

（一）對儒教的批評與建議方面

林兆恩認為世儒的缺失有：

1. 只知專務於禮儀形式探究與文辭章句修飾察考，而不知探求儒學的根本工夫、心性學問，因此流於「支離」和「博而寡要，勞而鮮功。」的弊病。

2. 徒逞口舌之能，只是口頭稱頌孔子，而不明孔子的一貫之旨、真實學問。

3. 非專主「尊德性」即專主「道問學」；非專主「先知」即專主「先行」。皆失之一偏。

4. 名為「明經」，卻是「剽竊」；自謂「崇正之儒」卻「身不正」；自謂「闢邪之儒」卻「心邪」；藉儒學以為進身之階、邀譽之媒。兆恩認為這些儒者皆流於「虛偽」之病。

5. 兆恩認為世儒的缺失，總而言之，即「外心性以為儒，而非仲尼之所謂儒也。」

林兆恩對世儒的批評，其中有所謂的「支離」以及「博而寡要，勞而鮮功」。對儒者「支離」的批評，原為陸、王心學家對漢宋及後世章句訓詁、窮格物理之儒的批評〔註23〕，可見兆恩亦認同陸、王心學家針對儒者缺失所作的批評，也可說此處兆恩亦受到陸、王心學家的影響。而對儒者「博而寡要，勞而鮮功。」的批評，原為司馬遷之父司馬談在〈論六家要旨〉〔註24〕一文當中對儒者所作的批評之語〔註25〕，司馬談批評儒者六藝經傳篇帙數量過於龐大、禮儀節文過於繁瑣，致使耗費歲月仍難以通究，故有「學問博雜而失其精要、勞苦鑽研卻少成效。」的弊病。但對於儒家倡導的「君臣父子之禮」、「夫婦長幼之別」等綱常倫理，司馬談則是予以高度肯定。林兆恩顯然也認同司馬談對儒家缺失之批評，並受之影響，於是其對儒者所作的批評和肯定當中，也沿用了司馬談的說法。

除了對儒者的缺失提出批評之外，林兆恩也對儒者的修為提出了一些建議：

1. 將修為的重心由外在詞章儀文的鑽研，轉向內在心性本源（本體）的探求。

〔註23〕例如：朱熹、陸九淵鵝湖之會，陸九淵以詩譏朱熹之學曰：「支離事業竟浮沈」。《明儒學案‧姚江學案》曾論述陽明生平：「先生每譏宋學支離而躬自蹈之。」

〔註24〕全文見《史記》卷一百三十，〈太史公自序〉。

〔註25〕原文為：「夫儒者以六藝為法。六藝經傳以千萬數，累世不能通其學，當年不能究其禮，故曰「博而寡要，勞而少功。」若夫列君臣父子之禮，序夫婦長幼之別，雖百家弗能易也。」

2. 向自己的內心探求「吾心之孔子」（本具的聖心本體）。

3. 學孔子之學，應把握其一貫之旨、心性本體之學，勿流於務博多識而失其本心。

（二）對佛教的批評與建議方面

林兆恩認為佛教的缺失為：

1. 不婚娶、無後嗣，斷棄倫屬，墮失綱常，使天地不得而位、萬物不得而育。

2. 執著於外相、頑空。

3. 遠離心性功夫以修佛，譬如：捨身事佛、齊以飯僧、咒水默訣以驅魔、枯坐誦經以覬多福、持戒定慧而望解脫、祛貪嗔癡而思清淨、生而願超西域、死而願生天堂。

4. 後世學佛之徒的行「斷滅」、「坐禪」修法，即「告子之不動心」，故皆為「告子之流亞」。以至虛至靈之本體，卻學如無知無覺之木石，大失佛祖釋迦的本意。

5. 沒有社會責任（世間責），詳於一般人難以知曉的「不可使知之道」，只能「專與上智者」講說，失之一偏。

另外，林兆恩也對佛教徒提出了一些修行上的建議，例如：

1. 在修行上若能操存堅執其心，達到「不動心」的境界，則亦有可取。

2. 所謂「淨土之旨」不求諸於西方，而應求之於自身之內心。同時修行也應不離日用之間，率循常行之道，不荒唐、不枯槁。

3. 如能把握超然的本體，則能「不坐禪而心自禪」。

4. 學釋迦須知有吾心自有釋迦（至善本體）。

5. 學釋氏之學，甚毋流於枯槁而斷滅。

除了上述的批評、建議之外，林兆恩也對佛徒之能克制嗜欲之心、絕斷名利的誘惑表示肯定，認為其心境修養遠高於「孳孳為名為利者」。

（三）對道教的批評與建議方面

林兆恩對道教徒的批評有：

1. 後世道門者流，不知黃帝老子的無為之道、守中得一之旨。

2. 道門所相授受者，多出於億逆之私、穿鑿之見。

3. 凡從事所謂的「熊經鳥伸」、「內視存想」、「面壁而志在降龍伏虎」、「輕舉而思以駕鳳驂螭」、「吞精嚥華以翕日月」、「步罡履斗以窺星辰」、「依卦爻之序而朝屯暮蒙」、「售黃白之術而燒茆弄火」、「希慕長生不死」、「馳志白日飛昇」等等「荒唐」、「迂怪」之事，皆「外心性以為道」，非黃帝老子之所謂道也。

4. 運氣以學道，大失黃帝、老子之本意，只不過是「鼓脹之徒」。

5. 與佛徒一樣不婚娶、無後嗣，斷棄倫屬，墮失綱常，使天地不得而位、萬物不得而育，並且沒有社會責任（世間責），詳於一般人難以知曉的「不可使知之道」，只能「專與上智者」講說，失之一偏。

對於道教徒林兆恩也提出了一些建議：

1. 對莊子之學若能「逆其寓言之微」，則老子之道將益昌明；若「習其無端涯之詞」，則老子之道將益晦暗不明。

2. 所謂的「蓬島之旨」（追求天堂、仙境的方法）事實上應非求諸於海外，而是應求之於自身之內心。同時修行也應不離日用之間，率循常行之道，不荒唐、不枯槁。

3. 若能如孟子所謂「無暴其氣」，則不必運氣而氣自能運。

4. 學老氏之學應學其「清靜功夫」，勿流於荒唐、迂怪。

5. 學老子之學，須知有吾心自有老子（清靜本體）。

另外，對道教的「忍嗜欲」、「絕聲利」的修持功夫，林兆恩則表示肯定。

林兆恩對三教的批評雖難免有其主觀、曲解之處，但是其中許多的觀點和建議，對三教修行觀念、修行工夫的改進與提昇，也確實具有積極、正面的意義。

二、「三教合一」論

林兆恩「三教合一」論所謂之「合」，主要是「歸本於」的意思。而所合之「一」，主要有二層意義：一是指「超然的本體」（道）；一是指「孔子之儒」。因此「三教合一」就是三教歸本於「道」與「孔子之儒」。林兆恩的「三教合一」論是建立在對「超然的本體」（道）的深切體悟、對「道」與「教」的本末區別和相互間重要關係的理解，以及對「孔子之儒」的高度尊崇等基本觀點之上。

（一）本源之道

《孟子正義·滕文公上》「夫道一而已矣」章云：

> 或問林子之道。林子曰：余之道，未有儒未有道未有釋之先之道也。
> 願聞其旨。林子曰：譬之樹然，夫樹一也，分而爲三大枝，曰儒、曰道、
> 曰釋，儒之一大枝，復分爲二小枝，有專主尊德性者，有專主道問學者，
> 各自標門，互相爭辯，則亦何異於道流釋流？是其所非，非其所是，而喋
> 喋不已也；釋之一大枝，復分而爲五小枝者，五宗也，各自標門，互相爭
> 辯，則亦何異於儒流道流？是其所非，非其所是，而喋喋不已也，自是枝
> 而復枝，葉而復葉，紛紛籍籍，是是非非，蓋有不可得而勝數者矣。然而

> 唐虞三代之時，有儒乎否也？有道乎否也？有釋乎否也？而人始生之時，
> 知有儒乎否也？知有道乎否也？知有釋乎否也？故儒道釋者，枝也，而未
> 有儒未有道未有釋之先者，根也。或問根，根矣，而未始有根之先，可得
> 而言乎？林子曰：仁也。又問仁，仁矣，而未始有仁之先，可得而言乎？
> 林子曰：無聲無臭，是亦一太虛矣，雖欲言之，惡得而言諸，夫豈終無可
> 得而言邪？

> 林子曰：天之所以爲天者，則曰維天之命，於穆不已而已矣，外此復
> 何言哉？文王之所以爲文者，則曰於乎不顯，文王之德之純而已矣，外此
> 復何言哉？又問：不顯之德。林子曰：舜之所謂玄德也。或曰：舜之玄德，
> 文王不顯之德，豈其所謂未有儒未有道未有釋之先之道歟？林子曰：然。

林兆恩認爲「道」是宇宙、生命的本源。唐虞三代之時，此「道」一體流行於天地間，並無所謂儒釋道之分；人本此「道」而生，在初生之時，也不知有儒釋道之教之分。所以「未有儒未有道未有釋之先」的「道」是宇宙、生命的根源，而儒釋道三教則是「道」的分枝。此外，林兆恩又以「仁」、「玄德」、「不顯之德」和無聲無臭的「太虛」來形容此一本源之道。其中「仁」在林兆恩的思想當中也等義於「性」、「心」等本體別名。而知「道」、見「性」、明白此「本體」，則爲林兆恩「三教合一」論的主要目標與宗旨，《論語正義‧憲問篇》〈下學上達〉章：

> 林子乃爲之談三教之所以合一者，惟在見性，方爲入門。

此處林兆恩談到其倡「三教合一」的目的，主要是希望藉此幫助人們明白「本性」、「本體」，以爲心性之學的入門。

（二）道與教之分別與源流關係

林兆恩在《中庸正義》〈修道之謂教〉章，論述了「道」與「教」的本末與先後關係，以及三教教化之根本所由，他說：

> 道也者，所以本乎其教也；教也者，所以明乎其道也。但世人不識道
> 與教之分也，故以教爲道焉，豈非所謂教三而道亦三邪？殊不知儒氏以其
> 道而儒之以教人也，而非儒自儒以爲道也；道氏以其道而道之以教人也，
> 而非道自道以爲道也；釋氏以其道而釋之以教人也，而非釋自釋以爲道也。

林兆恩認爲「道」是「教」的根本源頭；而「教」的功用，則是爲了明「道」。但是一般世人不知「道」與「教」有別，因此往往把「教」誤以爲就是「道」。林兆恩認爲宇宙間眞道只有一個。如果「教」即是「道」，則「教」有三種「教」，豈不是說「道」亦有三個「道」？三教其實都是根源於同一個「道」，只不過各自以「儒教」、

「道教」以及「佛教」的法門來教化眾生。

林兆恩除了就本源與分枝劃分「道」與「教」的不同之外，也就「教」之所以有別於「道」的教法特質來說明「道」與「教」以及三教之間的不同。《孟子正義‧滕文公上》「夫道一而已矣」章，說：

> 夫道一而已矣，而教則有三，故孔子之教，聖教也；老子之教，玄教也；釋迦之教，禪教也。亦自有立本，亦自有入門，亦自有極則。然而孔子之必以立本為先者，所謂世間法，民可使由也，若老子之入門，釋迦之極則，是皆所謂出世間，而不可使知也，不謂之體天弘化，各有司存，而其道則未始不一也。

林兆恩認為孔子之教，是屬於聖門的教法；老子之教，是屬於玄門的教法；釋迦之教，是屬於禪門的教法。三教皆分別有立本、入門與極則三階段的修行進程。而孔子之教主要以世間法為先，即先教以「民可使由之道」；道釋二教所重視的則為入門和極則的修行工夫，屬於「不可使知」的出世間法。三教聖人不過是在體道之後，本此道以教化世人，各有各的方法與貢獻，各化有緣。但是所本之道則是同一且唯一。

除了要認清「道」與「教」為本源與末枝的分別外，林兆恩也認為「道」與「教」具有其不可分割的意義和重要性，世人必須對「道」與「教」的本末源流有整體性、連貫性的瞭解，才能體認「道統三教」與「三教合一」的意義。《中庸正義》「修道之謂教」章說：

> 夫教裂之而三也，若不知孔老釋迦之教之所以三，則無以識其一，而為道之至。夫道渾然而一也，若不知孔老釋迦之道之所以一，則無以統其三，而為教之大。既識其一，復統其三，大矣哉、至矣哉！此儒釋道之所同，而孔老釋迦之能事畢矣。《中庸》曰：「惟天下至誠，為能盡其性。」誠之有未至者，性之有未盡也。而盡人之性，盡物之性，以參天地、以贊化育，乃吾性之分量，至誠之極功也。未至乎此，而曰教曰道者，則是教其所教，而非其教之大也；道其所道，而非其道之至也。

林兆恩認為三教是由「道」所分裂出來的，若不知世間何以有三教之分的由來，就無法明白三教之道是「一」的道理，進而修行此「道」到達最高境界；若不知三教之道是「一」的道理，則無法統合三教，而成就最大的教化功用。能明曉三教之「一」，又知所統合三教，則是三教共同的目標，也完成了孔老釋迦所希望達到的最大成就。林兆恩進一步說明所謂的成就「教之大」和「道之至」，是指幫助人們本持至誠之心，盡人之性、盡物之性，進而參贊天地之化育，達到「至誠之極功」。若不能引導人們

達到這些理想境地，則所謂的「教」和「道」就不能稱之爲「大教」和「至道」。在這章的最後兆恩又再次闡述「道」與「教」的源流關係與彼此間相互連貫、相輔相成的重要性，他說：

> 教本於道，道本於性，余於是而知能性吾之性以爲性，則孔老釋迦之道，可得而道，斯其爲道也至矣；道吾之道以爲道，則孔老釋迦之教，可得而教，斯其爲教也大矣。

林兆恩認爲，「教」根源於「道」；「道」根源於「性」〔註26〕。因此如能回復吾人至善之性，則孔老釋迦之道，就得以更加受到實踐力行，達到至高的道體境地，成就「道之至」；如能回復吾人固有的道體，則孔老釋迦之教，就得以更加受到傳佈施行，成就「教之大」。

（三）對「孔子之儒」的高度尊崇

由於林兆恩對「孔子之儒」〔註27〕有著高度的尊崇，對儒家綱常倫理之教有深切的價值感和使命感，因此其「三教合一」的主張，也包含統合三教，使之皆遵行儒家的綱常倫理之教的意義，也可說是「三教歸儒」。《論語正義‧微子篇》「斯人之徒」章說：

> 兆恩所云三教合一者，以合今之和尚、道士，而三綱之，而五常之，而士而農而工而商，以與儒者爲一、孔子爲一也。

林兆恩指出，其所謂的「三教合一」主張，乃是統合和尚、道士等釋道之徒，使其與儒者一樣，共同遵行儒家綱常倫理的道德規範。

（四）以「本末先後」爲三教合一的法則

對於「三教合一」，林兆恩有其主觀之法則，即以「教之所當先」、「人之所本有」者，爲合一的首要準則。《論語正義‧子張篇》「有始有卒」章：

> 或問林子之教。林子曰：余惟酌裁三氏之教，而後先之爾。故人倫日用，教之所當先也，既知教之所當先矣，然後方可語之以人之所本有，既知人知所本有矣，然後方可語知以人之所本無。然而三教果可得而一之乎？林子曰：教之所當先者先之，而先其所不得不先也；教之所當後者後之，而後其所不得不後也。本末兼統以無遺，始終條理而不紊，不矯不異，無是無非，太初太朴，渾渾熙熙，此余三教之大都，合一之本旨也。

〔註26〕在林兆恩的思想當中，性即是心，心即是本體、道體。所以雖說「道本於性」，其實性、道是一。

〔註27〕林兆恩有其個別理解的「孔子之儒」，詳見筆者下文之探討。

林兆恩表示，其平日對門徒所講授的內容，是經由審慎酌裁三教的精義之後，選擇當中爲三教所須先重視、實踐的道理，爲講授的優先順序。而「人倫日用」即是「教之所當先」的課題。在明瞭「教之所當先」的課題之後，再講授「人之所本有」的課題，最後才講授「人之所本無」的課題。對於「三教合一」的施行亦有其法則，即「教之所當先者先之」、「教之所當後者後之」，即三教之「合一」是三教皆同樣以「教之所當先」者爲修行實踐的先務，其次才講求「教之所當後」的修行課題。如此的「三教合一」方式「本末兼統」、「始終條理」，最後使三教之徒皆能歸返於「不矯不異，無是無非，太初太朴，渾渾熙熙。」的太虛本體境界，這就是林兆恩「三教合一」的本旨所在。

三、「歸儒宗孔」說

林兆恩「三教合一」論的另一種意義是指「三教歸儒」，可見其對「儒」的高度尊崇與重視，本節探討其「歸儒宗孔」的主張，一併探討其所理解和尊崇的「儒」。

（一）《四書正義》對「儒」的定義

1. 指「為人所需」者

《論語正義》「女爲君子儒無爲小人儒」章，林兆恩談到了他對「儒」的特殊解釋：

> 通天地人曰儒，而一體乎萬物者也。故儒也者，需也，從人從需，爲人所需者，儒也。栖栖皇皇，席不暇暖，孔子以其心之聖，爲人所需而儒也，豈特孔子以其心之聖，爲人所需而儒哉？三皇以其皇，爲人所需者皇而儒也；五帝以其帝，爲人所需者帝而儒也；三王以其王，爲人所需者王而儒也。亦豈特皇帝王以其心之聖，爲人所需而儒哉？天以其無不覆幬爲人所需，天亦儒也；地以其無不持載爲人所需，地亦儒也。由此觀之，儒也者，合天地皇帝王而一之者也。

林兆恩認爲「儒」的精神境界是貫通天地人，而與萬物爲一體的。他並就「儒」字的文字結構來解釋「儒」的意思，認爲「儒」是「從人從需」，因此本義是「爲人所需」。所以凡是「爲人所需」者皆可稱爲「儒」。兆恩並舉孔子、三皇、五帝、三王以及天地爲例，說明這些這些人物與天地，都是「爲人所需」者，因此皆可稱爲「儒」。最後兆恩甚至將「儒」的層級範圍提昇到至高的地步，認爲「儒」是「合天地皇帝王而一之者」，即綜合「天、地、皇、帝、王」爲一體者稱之爲「儒」。林兆恩此一對於「儒」的說法，似乎過度「神化」、「聖化」了「儒」的地位和定義。但是若僅就「爲人所需」者而言，此部分的定義，對於強調「儒」的社會功能和存在價值，

倒是十分具有創見和意義。

2. 指「孔子之儒」

林兆恩所謂的「儒」，除了上述的定義之外，也特指林兆恩心中所理解的「孔子之儒」。《論語正義》「女爲君子儒無爲小人儒」章：

> 或問：既曰歸儒又曰宗孔者，何也？林子曰：以群三教者流，而歸之於孔子之儒也。又問：曷歸孔子之儒也？林子曰：釋歸於儒也；道歸於儒也；儒亦歸於儒也。夫既儒矣，而曰儒歸於儒者，何也？豈不以世之儒者，雖學仲尼而不知有心身性命之學邪。然其君臣父子之際，序列既詳，則固可以群二氏者流共之，而使由之矣。

> 或問：孔子之儒，固三教者流之所當宗矣，而其所從入之門也，於斯朱陸二子何先？林子曰：余惟直欲上宗孔子之儒已爾，而不知其他也。余嘗考朱元晦之學，蓋得之伊川矣，其曰日格一件，豈堯舜所謂不遍物之知者哉？又嘗考陸子靜之學，蓋得之禪伯矣，其曰學不貴存，豈孔子所謂能守之仁者哉？余固曰：儒歸於儒，以歸於孔子之儒也。

林兆恩謂其「三教歸儒」即三教歸之於「孔子之儒」，可見其所謂「儒」是特指「孔子之儒」，而「孔子之儒」指的是孔子「心身性命之學」的「儒」，以及講求「綱常倫理」之「儒」。另外，有人問林兆恩其所學的「孔子之儒」，是由朱熹之學或陸九淵之學先入手？林兆恩答覆說自己所學的儒學是直接「上宗孔子」，而「不知其他」，表明自己的學承，既非承自程朱「理學」系統，也非承自陸王「心學」系統，而是以自己的本心直接與孔子的「心性學問」相貫通，所契悟而得的「德性之知」。對於程朱之學「日格一件」之說，林兆恩批評其有失堯舜「不遍物而知」之旨；對於陸九淵之學，林兆恩認爲是「得之禪伯」，而其「學不貴存」之說，林兆恩則認爲有失孔子「仁能守之」之旨。可見林兆恩認爲後世儒者皆有所偏失，於是提出「儒歸於儒」之說，強調所謂的「歸儒」並非歸於「後儒」或「宋明之儒」，而是直接歸於「孔子之儒」，只有「孔子之儒」才是無所偏失的。因此非惟道、釋之徒，後世的儒者亦當歸於「孔子之儒」。

（二）「歸儒宗孔」的因由與意義

關於「歸儒宗孔」的因由與意義，林兆恩於《論語正義・述而篇》「得見有恆者斯可矣」章說：

> 仙者山人也，飄然雲外而山處矣；佛者弗人也，無有高下、無有男女等相，殆非人之所能爲也。故在世間，惟當以孔子爲宗者，以儒者需人也，

爲世所需也。在家而仰事俯畜、士農工商者，世所需也；居官而上爲朝廷、下爲百姓者，世所需也。若出世間而爲仙爲佛，固古人有行之者，由是而仙也、而佛也，夫豈不可？如或不能仙、不能佛，而世間之所謂人道者，則俱棄之矣，且不可以爲人，若余所云在世間而出世間以爲聖人也，豈無謂哉？余嘗稽之古矣，三皇則以皇而聖人也；五帝則以帝而聖人也；三王則以王而聖人也；周公則以相而居東也，而聖人也；孔子則以窮而歷聘也，而聖人也。縱不能爲聖人，亦且可以爲君子；又縱不能爲君子，亦且可以爲善人；又縱不能爲善人，亦且可以爲有恆之士；又縱不能爲有恆之士，亦且人道不虧，不離父母、不棄妻子、不爲世間之一大罪人也。此余歸儒宗孔，立本之教，其所由設乎。

林兆恩認爲道教之仙與佛教之佛，二者皆爲出世之修養境界，非常人所能爲。常人居處世間，當以孔子之儒爲宗，因爲儒者所爲所行之事，諸如在家仰事俯畜、士農工商；居官而上爲朝廷、下爲百姓等事務，皆爲世所需也、爲人所需，符合世間人的需要。兆恩反對人們因求仙做佛而背棄人道，認爲寧可鼓勵人們學做聖人，即使最後無法達到聖人境界，至少經過心性修養逐步提昇的過程，可以使人成爲君子、善人，至少也能不虧人道、不背綱常人倫，「不爲世間之一大罪人」。基於林兆恩根深柢固的儒家綱常倫理觀，促使其力倡「歸儒宗孔」的主張。

另外，《論語正義‧泰伯篇》「民可使由」章也記載了二位人士對林兆恩「道一教三」說的支持肯定，並請教其所以主張「三教歸儒」的原因：

乙巳之春，有二方生來訪林子，於武夷之止止菴。林子與之語者終日，喜而謂林子曰：林子所談，可謂得三氏之微矣，而曰道一教三，則雖聖人復起，莫之能違也。然子何不令三氏歸道、歸釋，而獨曰歸儒者，寔我二人之有所未解焉。

林兆恩回答說：

儒之道莫盛於孔子，今以孔子之儒，所可使由者言之，衣冠以正、瞻視以尊，動容以禮，而諸凡所以理身者，無不備於孔子儒矣；父子以仁、兄弟以序、夫婦以別，而而諸凡所以理家者，無不備於孔子儒矣；君之使臣也以禮、臣之事君也以忠，内統萬民得以順治，外撫蠻貊又且威嚴，而諸凡所以理天下者，無不備於孔子儒矣。上而天文，下而地理，中而人事；教民稼穡與夫蠶桑，而諸凡有切於民生日用之常者，亦無不備於孔子之儒矣。蓋自唐虞夏商周之世，在上則有堯舜禹湯文武之爲君，在下則有皋夔稷契伊周之爲相，悉以宣著儒者之教於其先，由是而漢而唐而宋，以及今

> 日在上而爲君爲相者之所推行，在下而爲師爲儒者之所紀輯，又以發明儒
> 者之教於其後，是孔子之儒，其來尚矣。而子以爲天下萬世有能外於孔子
> 之儒者乎？若夫道釋之教，而載之丹書梵經者，皆孔子所謂不可使知之道
> 也，余曷嘗以道釋之教爲非哉？第以出世間法難與世間人道也。

由林兆恩的回答，可以看出其「歸儒」主張，主要是歸所謂「孔子之儒」。林兆恩表
示因爲諸凡所以理身、理家、理天下的道理以及切於民生日用之常的所有學問，無
不完備於孔子之儒，並且唐虞夏商周以來的聖君賢相也莫不推行孔子之儒教，因此
天下萬世無法缺乏孔子儒教的指導規範。這裡林兆恩所謂的「孔子之儒」似乎已成
爲中國文化創造的總代表，無所不能。在文末，林兆恩指出了其主張「歸儒宗孔」
的另一點原因，即道釋之說多爲「不可使知之道」（出世間法），常人不易瞭解，而
孔子之儒所說的多爲「可使由之」的世間法，常人較易瞭解接受與實行，在使一般
人易知、易行、易接受並且切合日用的考量下，林兆恩極力主張「歸儒宗孔」。《論
語正義・雍也篇》「中人以上」章，有與此處相同的說明：

> ……此余之所以歸儒宗孔者，蓋寔欲以世間法，以與世間人道，庶不
> 叛於孔子之教，易知而易從爾。既易知矣、既易從矣，然後方可以曰利曰
> 命曰仁，語之未晚也。豈非聖人有漸之教邪？

林兆恩認爲先由孔子之教的「世間法」入手以教化眾生，再授與「出世間法」，採用
如此的「漸教」方式，較易渡化世間人，因此主張三教歸宗「孔子之儒」。

林兆恩主張「歸儒宗孔」的另一個原因是「社會、人文的整體關懷」。《中庸正
義》「天地位焉」章，林兆恩深有所感地表示：

> 嗟乎！嗟乎！聖人遠矣，而二氏者流，誰與綱常之？綱常墜地，誰與
> 扶植之？天地而誰與位之？萬物而誰與育之？疲癃殘疾而誰與生之？鰥
> 寡孤獨而誰與養之？此余三教歸儒之旨。雖曰：徒托空言，而夙夜惓惓，
> 每不能自已於懷也。

除了主觀的使命感，憂心道釋二教之徒沒有聖人的引領扶植而背離綱常倫理之外，
林兆恩也關懷有關「天地化育的宇宙人生問題」以及「疲癃殘疾與鰥寡孤獨的生養
照顧問題」，這些都是孔子及儒家所關懷的問題，因此林兆恩力倡「歸儒宗孔」，選
擇「孔子之儒」作爲三教的歸宗與標竿。

（三）「歸儒宗孔」的主要依循典籍

林兆恩倡導三教「歸儒宗孔」，在思想行爲的指導規範上主要的依循典籍是孔曾
思孟之書，即《四書》。《孟子正義・梁惠王下》「幼學壯行」章說：

夫君子之道，孰有先於孝親忠君，幼學壯行，而士而農，而工而商者
乎？而余之所以倡明三氏者，蓋欲以此立本之要務，而爲日用之所當行
者，以變今之學之非，以復古之道之是，此其所以有歸儒之教，而必先之
以孔曾思孟之書也，而又況孔曾思孟之相授受，而世出世法，則咸備焉者
乎。

林兆恩力倡三教「歸儒宗孔」主要在「變今學之非」、「復古道之是」，期望三教人士
都能實踐「君子之道」、做好「立本之要務」，即：「孝親忠君」、「幼學壯行」，於士
農工商四業各守本分、各盡其職，使政治社會安定有序，人民生活安康無憂。而這
些道理都見諸於「孔曾思孟之書」當中；另外有關「入世法」、「出世法」也詳備於
「孔曾思孟之書」當中。因此，林兆恩推展「歸儒宗孔」之教，首先即以「孔曾思
孟之書」作爲三教人士在思想行爲指導規範上的依循典籍。

四、《四書正義》對其他「三教論」的批評

林兆恩除了有個人的「三教觀」和「三教論」之外，對於三教在歷代發展的過程、
事蹟以及三教人物的思想等等也有所研究〔註28〕，其著作之一的《三教會編》即爲一
探討三教發展要事的「史論」之作。《孟子正義・滕文公上》「夫道一而已矣」章摘錄
了《三教會編》當中，林兆恩對於宋代以來若干人士的「三教論」，所作的評論：

　　林子曰：《平心論》嘗曰：「儒以正設教，道以尊設教，佛以大設教。」
余則以爲正而未有不尊，尊而未有不大者也。宋孝宗〈原道〉辨曰：「以
佛治心，以道治身，以儒治世。」余則以爲治世而未有不本於治身，治身
而未有不本於治心者也。若李士謙之所謂「佛日也，道月也，儒五星也。」
張商英之所謂「儒療皮膚，道療血脈，佛療骨髓。」亦豈知三教之道，同
歸而一致哉？近世有好持論自奇者，謂一日之間，能寂滅者釋也，能虛無
者道也，能事事者儒也。豈不以三教之道，合之一人之身，隨時而爲儒，
隨時而爲道，隨時而爲釋？余則以爲三教之道，混於一身之內，無適而非
儒，無適而非道，無適而非釋，蓋能寂滅便能虛無，能虛無便能事事也。

在這段論述當中，林兆恩舉了劉謐、宋孝宗、李士謙、張商英以及林兆恩之前
某人（姓名不詳）等五種「三教論」〔註29〕的說法，並對這些「三教論」提出個人

〔註28〕林兆恩於其《三教會編》中對於三教聖人之誕生與傳道經過、佛教傳入中後，在歷
　　　　代的弘法情形、三教人物的生平事蹟、三教人物的思想、歷代王室對三教的態度…
　　　　等等，皆有敘述和評論，可以看出林兆恩曾下過一番工夫去了解三教的思想、歷史。
〔註29〕或可稱「三教功能論」。事實上這些「三教論」多爲有關「三教調和」觀點的論述文
　　　　章，原非只是一句話。但林兆恩皆摘選其中論析三教功能的精句作評論。

的觀點。

（一）劉謐《三教平心論》的「三教論」

劉謐為南宋理宗時的人士，著有《三教平心論》〔註30〕，說明三教立教先後之序並闡明三教同具教化世人去惡歸善的功用，故應並重，不可或缺。《三教平心論》當中有謂：「儒以正設教，道以尊設教，佛以大設教。」其意大概是指三教各有各的設教宗旨、功能，儒教主張「正心」；道教主張「尊道」；佛教則主張「廣大虛空」之理。

對於劉謐《三教平心論》的「三教論」，林兆恩有不同的看法。他認為「正而未有不尊，尊而未有不大。」「心正」則必然「尊道」；「尊道」則必能悟本體「廣大虛空」之理。林兆恩此說的意思是指三教所談的理、所追求的目標都是一樣的。

（二）宋孝宗〈原道論〉的「三教論」

南宋的孝宗皇帝對三教抱持並重的態度，曾著有〈原道論〉一文〔註31〕，分析三教的價值功用，認為：「以佛治心，以道治身，以儒治世斯可也。」林兆恩針對宋孝宗此一「三教功能論」也表示其不同的意見，他認為：「治世而未有不本於治身，治身而未有不本於治心。」儒釋道三教皆各具有「治心」、「治身」、「治世」的功能。

（三）李士謙的「三教論」與張商英的「三教論」

李士謙字子約，隋朝趙郡平棘人。《隋書·隱逸傳》載有李士謙答客問有關三教優劣的問題，其說法為：「佛，日也；道，月也；儒，五星也。」顯然李士謙對於三教也是有其優劣等第的分判。按其說似乎以佛為高，道次之，儒為下。

張商英是北宋徽宗時的宰相，篤信佛教，著有《護法論》〔註32〕。《護法論》一書表面上雖主張三教一致，實則主要為佛教「護法」，藉由三教優劣之比較，評定佛教為三教中最優者。張商英以身體病痛的療效功能作為比喻說：「儒療皮膚，道療血脈，佛療骨髓。」對於「人的身心之病」儒教的治療只可及於表面，道教的治療僅能到血脈，佛教的療治則可深入到骨髓。可見張商英的三教觀是一種「功能比較論」，認為佛教最優，其次為道教，再次為儒教。

可以看出李士謙與張商英二人的「三教論」都是佛一，道二，儒三的「三教等第論」。對此二人的觀點，林兆恩亦提出批評：「亦豈知三教之道，同歸而一致哉？」林兆恩認為三教無分高下，皆同歸於「道」；三教之道是一致的。

〔註30〕見《大正藏》卷52。
〔註31〕見《大正藏》卷48，〈釋氏稽古略〉。
〔註32〕見《大正新修大藏經·史傳部》卷52。

（四）時人的「三教論」

另外，林兆恩也提及當時（近世）某人的「三教論」：「一日之間，能寂滅者釋也，能虛無者道也，能事事者儒也。」大意是說，人在一天當中，即可以分別成就「儒」、「釋」、「道」三種不同工夫、境界。當下能「寂滅」，就是「釋」；當下能「虛無」，就是「道」；當下能「成就事功」，就是「儒」。林兆恩認為此一「三教論」的意思在說明「三教之道，合之一人之身，隨時而為儒，隨時而為道，隨時而為釋。」若人能匯集三教的道理於自身，則隨時都可因實踐而達到三教中的任一境地。

對於這一種說法，林兆恩仍有不同看法，他說：「余則以為三教之道，混於一身之內，無適而非儒，無適而非道，無適而非釋，蓋能寂滅便能虛無，能虛無便能事事也。」林兆恩認為三教的道理，若能「融合」於一身當中，則時時刻刻都能同時成就三教的工夫境界。因為能做到寂滅的工夫，自然能夠做到虛無的工夫；能夠做到虛無的工夫，自然能夠成就事功，三種工夫境界是一體而同時完成的。

由上述林兆恩對其他「三教論」的評論，可以讓我們更加瞭解「林兆恩三教論」的意涵和特質，簡單而言即：

（1）三教的「道」是一致的、相同的。

（2）三教的義理彼此是互融互涵的。

（3）三教平等，其道同歸於一。

（4）三教的道理融合於每個人自身當中，能實踐此「合一之道」，則時時刻刻皆得以同時成就三教。

就以上所歸納的林兆恩「三教論」的意涵和特質來看，林兆恩似乎可以稱為一具有「絕對平等互融觀點」和「超越觀點」的「三教合一」論者。他的「三教互融互涵為一」與「三教同歸於超越的本體一」的「三教合一」論，和其他「原教本位」、「三教併合」的「三教合一」論有很大的不同。

第三節　《大學正義》提出的幾點見解

《大學》是宋明理學家重要的思想根源所在，許多理學思想都因《大學》引發的爭論與激盪而產生，若干關於《大學》內容的分析與詮釋方面的問題，至今仍令學者爭論不休，例如對「大學」一詞的釋義、對《大學》經、傳分界的看法以及對「格物致知」的解釋。這方面林兆恩亦沒有缺席，有關這方面的問題，林兆恩有其獨特的見解，保存於其《大學正義》當中，茲論述如下：

一、對「大學」一詞的釋義

（一）漢、宋、明以來「大學」釋義的性質轉變

　　有關《大學》當中所謂的「大學」一詞的解釋，今所能見最早者爲東漢鄭玄的說法，唐孔穎達《禮記正義》引鄭玄《三禮目錄》〔註33〕所云曰：「大學者，以其記博學可以爲政也。」鄭玄講述此說之時，《大學》尚未獨篇單行，而爲《禮記》當中所輯錄的一篇文章，鄭玄也以禮書當中的一篇通論視之，認爲「大學」即「博學」之意，而「博學」是爲了從事政治、治理百姓的需要。

　　自唐代韓愈開始，《大學》日漸受到重視，至北宋已有單篇之流傳。二程兄弟對《大學》尤爲表彰，認爲《大學》乃是「孔氏之遺書，初學入德之門。」〔註34〕朱熹於《大學章句》中則認爲：「大學者，大人之學也。」再由《朱子語類》所載朱熹所論述的小學與大學的區別，「小學是直理會那事；大學是窮究那理，因甚恁地。」、「小學是事，如事君，事父，事兄，處友等事，只是教他依此規矩做去。大學是發明此事之理。」〔註35〕可以看出對「大學」名義的解釋，就內容性質的範疇而言，漢宋已有不同，宋儒對「大學」的名義在內容性質上的界定，已由漢儒的「禮學」範疇轉向「理學」的範疇了。

　　到了明代，王陽明對「大學」一詞的解釋，仍承續了朱熹以來的傳統說法，將「大學」解釋爲「大人之學」〔註36〕，但就王陽明〈大學問〉當中所說的「大人者，以天地萬物爲一體者也。」；「大人之能以天地萬物爲一體也，非意之也，其心之仁本若是。」；「……故夫爲大人之學者，亦惟去其私欲之蔽，以自明其德，復其天地萬物一體之本然而已耳。非能於本體之外而有所增益之也。」數言看來，顯然王陽明的「大學」一詞釋義，已是「心學」的趨向了。

（二）林兆恩謂之「心身性命之學」

　　基本上，林兆恩對《大學》的篇名解釋，其內容性質較接近「心學」的範疇。他在《大學正義》「大學之道」章中說：

> 學之道一也。而謂之大學者，何也？以至善而明明德，而親民，而家而國，而天下，而萬世，悉皆我之度內也。此其所以不以一身之學以爲學，而以天下萬世之學以爲學者，大學也。

〔註33〕今亡佚。
〔註34〕見朱熹《大學章句》篇首。
〔註35〕二語並見《朱子語類》卷七，〈學一·小學〉。
〔註36〕參見林安梧：〈王陽明的本體實踐學──以「大學問」爲核心的哲學考察〉一文，台灣師大編：《陽明學學術討論會論文集》，頁107。

又說：

> 心身性命之學大矣，所以統乎三綱者也，所以植乎五常者也，所以善
> 乎其士其農其工其商者也。若必曰俯仰無累、昏嫁既畢，而後得以遂此心
> 身性命之學焉，則是學也，乃無所用於世，而爲三綱五常、士農工商之蠹
> 也已，豈其合內外、兼德業，而爲聖賢大學之道邪？

又謂：

> 在明明德，在親民者，人己合一之學也。在明明德，在親民，在止於
> 至善者，內外合一之學也。無人無己，無內無外，故曰：大學之道。

林兆恩認爲「大學」所要學的，並非「一身之學」，而是「天下萬世之學」，也就是
天下之人以及萬世之民都需要學習的學問。如此廣大久遠的學問，都當作是自己份
內事來學習，因此謂之「大學」。而此「大學」所要學的學問，乃是統括三綱之道、
根植於五常之德、有助於善盡爲士爲農爲工爲商本分的「心身性命之學」的大學問。
此一「心身性命之學」既講求自我內心的「明明德」，又講求入世「親民」，因此可
說是「人己合一之學」；而「明明德」、「親民」的最終目的則是讓自己的精神心境歸
止於內心的至善之地，因此也可說是「內外合一之學」。簡單地說此一「心身性命之
學」也就是「合內外」、「兼德業」，而「爲聖賢」的「大學之道」。

由此看來，林兆恩的「大學」篇名釋義，雖具「心學」的傾向，但似乎並非承
繼「王學」一系的說法，乃是自成一說，別具特色的。

二、對《大學》經、傳之分的看法

（一）朱熹首將《大學》分經、傳

《大學》原爲一單篇文章，並未有「經」、「傳」之分。區分《大學》爲「經」、
「傳」兩部分始自朱熹。朱熹《大學章句》云：

> 經一章，蓋孔子之言，而曾子述之；其傳十章，則曾子之意，而門人
> 記之也。

朱熹在《大學》研究史〔註37〕中的創舉有二：一是提出《大學》分經、傳的說
法。二是撰作〈大學補傳〉。二者〔註38〕對後世的《大學》研究影響深遠。朱熹將
《大學》原文區分經傳的想法，得自二程的啓發。二程可說是《大學》改本的肇端

〔註37〕指從漢代開始以至今日，歷代學者研究《大學》的學術成果與歷程。
〔註38〕至於朱熹刪改、更動《大學》原文的舉措，所謂「改本」的作法，由於朱熹之前已
　　　　有程明道開其端，故朱熹的《大學》改本作法，此處不列爲朱熹的「創舉」。

人物，二程的《大學》改本，除了更動《大學》原文的文字段落次序〔註39〕與更改部分文字〔註40〕外，對後世研究《大學》者最大的影響是：首先將「三綱、八目」列為《大學》通篇文字的結構主體，並據此進一步將《大學》原文中，歸屬於「三綱、八目」之釋義的文字部分，釐析、區別出來。〔註41〕自此，《大學》原文經二程的釐析，基本上可分為「三綱、八目」以及「三綱、八目」之釋文二類文字。朱熹的《大學》經傳之分，即受上述二程的《大學》「綱目」及「綱目釋文」的啟發，進而認為《大學》「三綱、八目」的部分應屬於孔子親作的「經文」，至於「三綱、八目」的釋文，也就是「經」的釋文，則應屬於「傳」。《大學》經傳初步劃分之後，朱熹接著針對「傳」的部分進一步加以改訂〔註42〕，於是「傳」的部分再經朱熹細分而有十章。自此以後朱熹的《大學》改本，隨著其《四書章句集注》的流傳，而影響深遠，後世常見的《大學》文字，通常是朱熹的《大學》改本，而此一改本其實已非《大學》原貌了。

前述有關朱熹改本當中「經」與「傳」所屬的文字段落：

1. 自開頭「大學之道在明明德」至「其所厚者薄而其所薄者厚，未之有也。」為「經」的部分；

2. 自「康誥曰」至「此謂國不以利為利，以義為利也。」為「傳」的部分。

因此一般採用《四書章句集注》或朱熹《大學》改本的學者，慣稱「康誥曰以下」為《大學》之「傳」。

（二）林兆恩的《大學》經、傳分界

林兆恩對於《大學》經傳文字分界的說法，異於朱熹《大學章句》中的分法。林氏於〈大學統論〉中說：

> 世相傳大學之道以下，謂之聖經，孔子之言也；所謂誠其意者以下，皆是賢傳，曾子釋之之辭也。

又謂：

> 世相傳以「所謂誠其意者」以下，是曾子之傳；余以「此謂知本，此謂知之至也。」以下是曾子之傳。讀《大學》者當自知之。

〔註39〕有關二程改本中文字更動移置的情形，詳見李紀祥：《兩宋以來大學改本之研究》，臺灣學生書局，1988 年 8 月。

〔註40〕伊川的改本，首將《大學》中的「親民」二字改作「新民」。

〔註41〕詳見李紀祥：《兩宋以來大學改本之研究》，臺灣學生書局，1988 年 8 月。

〔註42〕此一部分即朱熹《大學》改本的主要內容，改訂的情形詳見李紀祥：《兩宋以來大學改本之研究》。

　　由〈大學統論〉當中的這兩段文字，我們可以瞭解：

　　1. 林兆恩謂：「世相傳以『所謂誠其意者』以下，是曾子之傳。」可見林兆恩所謂「世相傳」的《大學》文本，必定非朱熹的《大學》改本。

　　宋明儒者闡釋《大學》的著作當中，有採用朱熹「《大學》區分經傳」之概念者；有主張《大學》不應分經傳者。而採用朱熹「《大學》區分經傳」概念的宋明儒者中，大多沿用朱熹所區分的經、傳內容，即「傳」的部分是始自「康誥曰」以下。

　　目前可知《大學》的闡釋著作當中，完成年代與林子同時或早於林子，其採用朱熹「《大學》區分經傳」之概念，但是對於《大學》經、傳的分界，有別於朱熹之說，以「所謂誠其意者」為「傳」的開頭者，僅有明人王道〔註43〕的《大學億》〔註44〕一書。明人王道在其《大學億》一書中，將古本《大學》分為經一章、傳八章，自「大學之道在明明德」至「此謂知之至也」為「經」的部分；自「所謂誠其意者」至「此謂國不以利為利，以義為利也。」為「傳」的部分。〔註45〕

　　不知林兆恩所謂「世相傳以『所謂誠其意者』以下，是曾子之傳。」的《大學》文本，是否即王道的《大學億》？或許林兆恩所謂「世相傳……」者，也可能是王道一派的《大學》研究學者所提出的主張。諸此皆不得而知。

　　從這裡可以看出林兆恩顯然未採用朱熹《大學》改本的經傳區分內容，但是對於朱熹「《大學》區分經傳」的概念卻已隱然接受。

　　2. 林兆恩謂：「余以『此謂知本，此謂知之至也。』以下是曾子之傳。」可見林兆恩對《大學》經傳的文字分界，也另有其看法，他認為「此謂知本，此謂知之至也。」以下的文字才屬於《大學》之「傳」。此說的提出，在《大學》的研究史上，也是深具意義的。它涉及了學者在研究《大學》時所採用的《大學》版本，以及藉由該版本以理解《大學》文字條理、經傳理路系統所獲致的不同經典詮釋成果。

（三）林兆恩《大學》經、傳分界的意義

　　在探討林兆恩《大學》經、傳分界的意義之前，筆者擬先探討林兆恩《大學正義》所採用之《大學》版本，因為二者有其關聯性。

1. 林兆恩《大學正義》所採用之《大學》版本：古本《大學》

　　《大學》原為《禮記》四十九篇之一，篇次第四十二。現存最早之《禮記》注

〔註43〕王道（1476～1532），字純甫，號順渠，山東武城人，明武宗正德六年（1511）進士。見黃宗羲：《明儒學案》卷四十二〈甘泉學案六・文定王順渠先生道〉。

〔註44〕見臺北市：國立中央圖書館製作，王道(1487～1547)撰：《大學億二卷》（縮影資料），據明萬曆己酉（三十七年）朱延禧南京刊本《王文定公遺書》攝製。

〔註45〕參見李紀祥：《兩宋以來大學改本之研究》，臺灣學生書局，1988 年 8 月。

釋爲東漢鄭玄注本。唐代孔穎達撰《五經正義》，《禮記》以鄭注爲尊，用皇侃疏，
此即後世《十三經注疏》之《禮記注疏》。故現存最早之《大學》注釋見於《禮記注
疏》，而此中之《大學》習稱「注疏本《大學》」。

　　宋代以後，《大學》始有單行本出現。據傳最早將《大學》自《禮記》中抽出並
加以釋義的是司馬光，《宋史·藝文志》即載司馬光著有《大學廣義》及與他人合著
之《大學解義》各一卷，惜二書今皆亡佚。至二程以爲《大學》本文有錯簡，乃分
別爲《大學》作定本，見錄於《二程全書》。南宋時朱熹推尊二程之說並加以己意對
《大學》予以分章、補傳，而爲《大學章句》〔註46〕一書，後與所著之《論孟集注》、
《中庸章句》合爲《四書章句集注》。

　　元代以後，朱熹《四書》大行，學者習《大學》遂多採朱熹《章句》，於是注疏
本幾懸而不用。至明代中葉，王陽明始倡議恢復古本《大學》〔註47〕。在〈答羅整
菴少宰書〉中，王陽明對朱熹《大學章句》之分章、補傳提了出質疑：

　　　　來教謂某大學古本之復，以人之爲學，但當求之於內，而程朱格物之
　　說，不免求之於外。遂去朱子之分章，而削其所補之傳。非敢然也。學豈
　　有內外乎？大學古本乃孔門相傳舊本耳。朱子疑其有所脫誤而改正補緝
　　之。在某則謂其本無脫誤，悉從其舊而已矣。失在於過信孔子則有之。非
　　故去朱子之分章而削其傳也。〔註48〕

　　因此《大學》自陽明起，恢復了古本的刊刻、流傳。雖然陽明在當時被斥爲「背
朱」，但是陽明則反問：「無乃重於背朱，而輕於叛孔已乎？」意謂朱子的作法違背
了孔子的原意，故寧可「反叛朱子」。〔註49〕明代中葉以後，隨著王學的盛行，治
古本者日眾，而有與朱子《章句》爭席之趨勢。

　　可見林兆恩之時，研治《大學》的學者所採用的版本，已有古本與朱子《章句》
本之不同。則林兆恩《大學正義》究係採用何種版本？此一問題可從下列幾點分析
中得到答案。

　　（1）就林兆恩的思想傾向而言，其思想似乎比較傾向心學，與程朱理學大異其
趣。

　　（2）林兆恩主張以直接閱讀本文而不依賴注釋的方式研讀《四書》。其〈道一

〔註46〕 朱熹《大學章句》序：「河南程氏兩夫子出，而有以接乎孟氏之傳，實始尊信此篇，…
　　　　爲之次其簡編，…猶頗放失，…亦竊附己意，補其缺略，以俟後之君子。」
〔註47〕 即注疏本《大學》原文。
〔註48〕 見王陽明《傳習錄·答羅整菴少宰書》
〔註49〕 同註48。

教三〉一文當中記載：

> 漢唐宋以來，訓釋四書者多矣。敢問何者爲正？林子曰：余惟直誦孔、曾、思、孟之者已爾，而不知其他也。

（3）就《大學正義》的內容本身查看，《大學正義》所詮釋的經傳部分不包含朱子的"格物補傳"。文中對朱子《大學章句》表現出強烈的批評與反對的態度。林兆恩在〈大學統論〉中說：

> ……兄以爲信兄之心，以信曾子之傳，而信孔子之經乎？抑或信朱子之註，而反曾子之傳，以信孔子之經乎？

於《大學正義》「傳」章，林兆恩也表示：

> 孔子之經，既不可離，而曾子之傳，其可違乎？故兆恩寧稍悖朱子之註，而毋寧少違曾子之傳者，正謂此爾。蓋道，公道也，孔曾思孟所相授受之道，而非朱子一人之私也。

此外，林兆恩在《大學正義》中，對程朱"格物致知"之說也表示質疑與批評〔註50〕。

（4）《大學正義》「其所厚者薄」章之後，緊隨的章次爲「此謂知本」章及「此謂知之至也」章，就《大學》文字接續次序而言，與古本《大學》相同〔註51〕，而異於朱熹《大學》改本的文字接續次序〔註52〕。

（5）林兆恩對「舊本」《大學》抱持著信守的態度。《大學正義》「此謂知本」章，林兆恩於文末表示：

> 「此謂知本」至下「此謂知之至也」，皆舊本也。舊本豈錯簡耶？讀者詳之。

由上列五點研判，林兆恩所採用、講論的《大學》版本絕非朱子《大學》改本，而是「舊本」《大學》（古本《大學》）。

2. 林兆恩《大學》經、傳分界的意義

由上述的探討，筆者研判林兆恩所採用的《大學》版本爲古本《大學》，而其對於《大學》經、傳的分界，自然是根據古本《大學》的內容，加以劃分。筆者認爲林兆恩「『此謂知本，此謂知之至也。』以下是曾子之傳。」的《大學》經、傳劃分

〔註50〕關於這一部份筆者另有探討。

〔註51〕古本《大學》：「…其本亂而末治者，否矣。其所厚者薄而其所薄者厚，未之有也。此謂知本，此謂知之至也。」

〔註52〕朱子《大學章句》認爲《大學》經文「其所厚者薄，而其所薄者厚，未之有也。」以下經文「舊本頗有錯簡」，於是朱熹便「因程子所定，而更考經文。」重新整理安排經文的文字次序。據朱子《大學》的改本，則《大學》「其所厚者薄，而其所薄者厚，未之有也。」之後接續的文字爲「康誥曰：『克明德』…」。

方式，具有下列的意義：

（1）說明了林兆恩仍是受到朱熹《大學》改本的影響；從而也可看出朱熹《大學》改本對後世學者的深遠影響力。

林兆恩的《大學正義》除了沿襲朱熹「《大學》區分經傳」之概念外，對於朱熹所區分的經、傳內容，事實上仍是採取了「選擇性接受」或「部分接受」的態度。因為朱熹所區分之《大學》經、傳，在「經」的部分，朱熹《大學》改本仍按照古本《大學》的文字內容，未予更動，即自「大學之道在明明德，……」至「其所厚者薄，而其所薄者厚，未之有也。」這一段文字，朱熹《大學》改本與古本《大學》完全相同。林兆恩《大學正義》認為古本《大學》內容當中，「『此謂知本，此謂知之至也。』以下是曾子之傳。」則「此謂知本」之前的「其所厚者薄，而其所薄者厚，未之有也。」以上的文字自屬於「經」的部分，而這一部份是朱熹所釐析出來的。所以儘管林兆恩對朱熹的《大學章句》抱持強烈批評與反對的態度，但終究仍是受到朱熹《大學》改本的影響。這也說明了朱熹《大學》改本對後世學者的深遠影響力。

（2）林兆恩的《大學》經傳區分之說，為後世學者有關《大學》義理系統的釐析與探討，提供了的一條新路徑和新角度。

若採取朱熹的「《大學》區分經傳」之概念，假設《大學》在撰作時，確有「經」「傳」之分，則林兆恩採用較接近《大學》原貌的古本《大學》作「經」「傳」的區分，反較朱熹率由己意刪訂的《大學》改本可信。

此外，林兆恩的《大學》經傳區分方式，就古本《大學》通篇文意結構查看，亦合理通達，即「此謂知本，此謂知之至也。」之後為闡釋經文之作。「此謂知本，此謂知之至也。」在闡釋經文末段「自天子以至於庶人壹是皆以脩身為本。其本亂而末治者，否矣。其所厚者薄而其所薄者厚，未之有也。」之意旨。而其後之釋文則逐次返歸前述之經文，一一闡釋其義。〔註53〕可以說林兆恩的《大學》經傳區分之說，為後世學者關於《大學》義理系統的釐析與探討，提供了一條新路徑和新角度。

三、「格物致知」說

林兆恩於《大學正義》「致知在格物，物格而後知至。」章當中，專門探討「格

〔註53〕李紀祥於《兩宋以來大學改本之研究》中認為，不管《大學》是否為一人或二人之作；《大學》之體例是否確分「經」、「傳」，「經」、「傳」之分仍具其意義在。即「經、傳之分的意義，在其顯示《大學》可以分成為兩個部分，前一部分，鋪設概念與大綱，後一部分則解析與引證此大綱中所提揭者。」李說，亦適用於林兆恩所區分的《大學》「經」與「傳」。

物致知」說，占《大學正義》一書三分之一的篇幅。此外，林兆恩另有〈格物正義〉一文存於《林子全集》及《林子分內集三教分摘便覽》二套集子當中〔註54〕，可見林子對「格物」論別有一套見解。

（一）宋明理學中的重要主題：「格物致知」說

司馬光是最早就「格物致知」作專文論述的學者。他的〈致知在格物論〉可以看出在宋代之初，「格物致知」已成為儒學探討的重要主題。

（二）歷代學者的「格物」說

有關「格物致知」的解釋，在林兆恩之前，即有許多歷代學者根據個人的理解、體悟作闡釋，茲舉要簡述於下：

1. 東漢鄭玄對「格物致知」的解釋

> 格，來也。物，猶事也。其知於善深，則來善物；知於惡深，則來惡
> 物。言事緣人所好來也。〔註55〕

現存最早的《大學》注釋見於鄭玄的《禮記注》〔註56〕，《禮記鄭注》認為《大學》「格物致知」的「格」是「來」（招致）的意思；「物」是「事」（事物）的意思，因此鄭玄所謂的「格物」應是「招致事物」的意思。而鄭玄所謂的「致知」應是「知致」的意思。又鄭玄認為，一個人如果深切地追求「善」的知識學問，就會招致「善」的事物；一個人如果深切地追求「惡」的知識學問，就會招致「惡」的事物。人會招致何種事物，都視人所喜好的事物而定。按照鄭玄的這些說解，則《大學》的「格物致知」應作「知致物格」，即所知所好招致相關事物而來。

2. 唐代李翱的「格物致知」說

唐代的李翱和韓愈可說同是宋明理學的先驅人物，他們提出「道統」說、首倡《大學》的誠意正心、修齊治平的政治哲學、力闡《中庸》、《孟子》的思想……，都對後來的宋明理學有很大的影響。對於《大學》的「格物致知」論，韓愈似乎並沒有特別注意到它的重要，也沒論及，但是李翱在其《復性書》當中，則曾對「格物致知」論提出他的看法：

> 物者，萬物也；格，來也、至也。物至之時，其心昭昭然明辨焉，而
> 不應於物者，是致知也，是知之至也。

李翱將「格物致知」之「格」解作「來」、「至」；「物」解作「萬物」；「格物」即是

〔註54〕見林國平《林兆恩與三一教》，頁27。
〔註55〕見（東漢）鄭玄：《禮記鄭注》，台北：學海出版社，1981年9月，頁792。
〔註56〕《大學》原為《禮記》之第四十二篇，現存最早的《禮記》注釋為鄭玄的《禮記注》。

「物至之時」。而「致知」，則解作「其心昭昭然明辨焉，而不應於物」。因此其「格物致知」的意思是指當面對所接觸的萬事萬物時，能以自己靈明的心知，明辨覺察，而不被外物所迷擾，以保持心性的清明。

3. 北宋司馬光的「格物致知」說

司馬光是最早就「格物致知」作專文論述的學者。他在〈致知在格物論〉〔註57〕當中說：

> 人之情，莫不好善而惡惡、慕是而羞非。然善且是者蓋寡，惡且非者實多，何哉？皆物誘之也、物迫之也。……〈大學〉曰：「致知在格物」，格猶扞也、禦也。能扞禦外物，然後能知至道矣。

司馬光認為，雖然人原本在性情上是喜好善事，嚮往正直的行為；厭惡惡事，以做不正直的行為為羞恥。但是終究善行少而惡行多，主要是由於受到外物的引誘迫使。於是他引《大學》「致知在格物」之說，並據以提出「扞禦外物」的見解。此處，司馬光認為《大學》的「格」是「扞禦」（抵擋防禦）的意思，而「格物」即「扞禦外物」，也就是抵擋防禦外在事物的誘惑和脅迫。他認為如果能夠如此，則「物莫之能蔽」，自然能夠「知至道」（知道至高至大的道理），也就是「致知」。能「知至道」，自然就會「依仁以為宅，遵義以為路，誠意以行之，正心以處之，修身以帥之，則天下國家何為而不治哉？」。〔註58〕

4. 北宋程明道的「格物致知」說

北宋二程兄弟，繼韓愈、李翱之後，大力推崇《大學》，把它當作是「孔氏之遺書，而初學入德之門」〔註59〕，並開始以之開示學生。對於「格物致知」，二程也將之視為進德修業的重要工夫，因此都曾加以探討解說，程明道的解釋如下：

> 致知在格物。格，至也。或以格物為正物，是二本也。〔註60〕
>
> 致知在格物。格，至也。窮理而至于物，則物理盡。〔註61〕
>
> 致知在格物。物來則知起，物各付物，不役其知，則意誠不動。意誠自定，則心正，始學之事也。〔註62〕

〔註57〕見（宋）司馬光 (1019～1086) 撰：《溫國文正司馬公集》，卷七十一。

〔註58〕見司馬光〈致知在格物論〉。

〔註59〕見 朱子《大學章句》引程子語。

〔註60〕見《二程集》〈河南程氏遺書〉卷十一，明道先生語一，師訓。

〔註61〕見《二程集》〈河南程氏遺書〉卷二上，二先生語二上。又見《宋元學案》〈明道學案〉。

〔註62〕見《二程集》〈河南程氏遺書〉卷六，二先生語六。就語意、思想傾向研判當屬明道之語。

明道認爲，「致知在格物」之「格」是「至」的意思；而「格物」即「至於物」。「致知在格物」即將所窮究而得的理性之「知」，投注於所接觸到的事物當中，客觀地瞭解事物之理，則事物之理得以明盡。若此時仍能客觀地看待事物，心知不受牽動影響，則能維持意念的眞誠，使心定、心正。如此看來，明道的「格物致知」說是主張「致知」于「格物」，「致知」與「格物」是同時進行的一件事，是理的「一本」（一體）流行。

5. 北宋程伊川的「格物致知」說

伊川的解釋與明道有別，他的見解如下：

> 致知在格物，非由外鑠我也，我固有之也。因物而遷，迷而不悟，則天理滅矣，故聖人欲格之。〔註63〕

> 格，猶窮也；物，猶理也。猶曰窮其理而已矣。窮其理，然後足以致知，不窮則不能致也。〔註64〕

> 今人欲致知，須要格物。物不必謂事物然後謂之物也，自一身之中，至萬物之理，但理會得多，相次自然豁然有覺處。〔註65〕

> 或問：「格物須物物格之，還是格一物而萬物皆知？」曰：「怎生便會該通！若只格一物，便通眾理，雖顏子亦不能如此道。須是今日格一件，明日格一件，積習既多，然後脫然有貫通處。」〔註66〕

> 明善在乎格物窮理。〔註67〕

伊川認「格物致知」的「格」是「窮」（窮究）的意思；「物」是「理」的意思。「格物」即窮究事物的道理。而伊川所謂的「知」仍屬於「德性之知」，因此他說：「明善在乎格物窮理。」至於所格的「物」或「理」則不限於外界的事物，也包括自身的行爲以及德性倫理。「格物」的方法則是「今日格一件，明日格一件，積習既多，然後脫然有貫通處。」也就是採用「累積眾理」的方法。

6. 南宋朱熹的「格物致知」說

朱熹也認爲「格物致知」是《大學》裡最重要的工夫，他曾說：「《大學》首三句說一箇體統，用力處卻在致知、格物。」〔註68〕後來朱熹在重訂《大學》章句時，

〔註63〕見《二程集》〈河南程氏遺書〉卷二十五。
〔註64〕見《二程集》〈河南程氏粹言〉卷一，論學篇。
〔註65〕見《二程集》〈河南程氏遺書〉卷十七。
〔註66〕見《二程集》〈河南程氏遺書〉卷十八。
〔註67〕見《二程集》〈河南程氏遺書〉卷十五。
〔註68〕見《朱子語類》卷第十四，大學一，經上。

認爲《大學》「格物致知」的傳釋部分應有闕文，故而爲之作「補傳」〔註69〕。因此朱熹的「格物補傳」可說就是其「格物致知」說，茲摘引其文如下：

> 所謂致知在格物者，言欲致吾之知，在即物而窮其理也。蓋人心之靈，莫不有知；而天下之物，莫不有理；惟於理有未窮，故其知有不盡也。是以大學始教，必使學者即凡天下之物，莫不因其已知之理，而益窮之，以求至乎其極。至於用力之久，而一旦豁然貫通焉，則眾物之表裡精粗無不到，而吾心之全體大用無不明矣。此謂物格。此謂知之至也。

朱熹在《大學章句》經一章的注文當中也解釋說：

> 致，推極也。知，猶識也。推極吾之知識，欲其所知無不盡也。格，至也。物，猶事也。窮至事物之理，欲其極處無不到也。……物格者，物理之極處無不到也。知至者，吾心之所知無不盡也。

朱熹認爲「格物致知」的「格」是「至」的意思；「物」是「事」的意思；「致」是「推極」的意思；「知」則是「識」、「知識」的意思。「格物」是「即物而窮其理」、「窮至事物之理」，而且是窮盡事物之理到「極處」；「致知」則是「致吾之知」，使吾人心之所知達到徹底詳盡的地步。另外，在《朱子語類》當中，也記載著許多朱熹對於「格物致知」的看法：

> 《大學》致知、格物，所以求仁也。〔註70〕

> 格物、致知、誠意、正心、修身五者，皆『明明德』事。格物、致知，便是要知得分明；誠意、正心、修身，便是要行得分明。若是格物、致知有所未盡，便是知得這明德未分明。〔註71〕

由此看來，朱熹與伊川的「格物致知」說一樣，所追求的「知」，在本質傾向上，主要是「德性之知」。

7. 明代王陽明的「格物致知」說

王陽明「格物致知」說的提出，可說是基於對朱熹「格物致知」說的實踐挫折〔註72〕以及自身在歷經生命困頓流離的遭遇〔註73〕後，所獲得的體悟。他認爲：

> 所謂致知格物者，致吾心之良知於事事物物也。吾心之良知，即所謂天理也，致吾心之良知之天理於事事物物，則事事物物皆得其理。致吾心

〔註69〕見朱熹：《大學章句》。
〔註70〕《朱子語類》卷第六，性理三，仁義禮智等名義。
〔註71〕《朱子語類》卷第十四，大學一，經上。
〔註72〕陽明年輕時奉行朱熹「格物窮理」之說，曾格竹至病倒，終不得其理。
〔註73〕陽明三十五歲遭貶謫貴州龍場，三十七歲悟得「格物致知」之義。

之良知者，致知也；事事物物皆得其理，格物也。〔註74〕

　　致知必在於格物。物者，事也。凡意之所發，必有其事。意所在之事，謂之物。格者，正也，正其不正以歸於正之謂也。正其不正者，去惡之謂也；歸於正者，爲善之謂也。夫是之謂格。〔註75〕

王陽明所謂的「格」是「正」（端正、糾正）的意思，是「正其不正以歸於正」；「物」是「事」的意思，凡「意念所在之事」皆謂之「事」。因此「格物」的意思是指「端正意念所在的事事物物」。「致知」指「致吾心之良知」，使「事事物物皆得其理」。而「格物致知」即「致知在格物」、「致知於格物」的意思，即「致吾心良知之天理於事事物物，則事事物物皆得其理。」也就是彰顯、實踐吾人內心之良知天理於所思所見所行的事事物物當中，使事事物物皆合乎天理，皆得其正。

（三）林兆恩的「格物致知」說

　　林兆恩也和宋明諸儒一樣，將「格物」說視爲《大學》當中的首要工夫，他說：

　　格物乃《大學》頭腦工夫，物格而知斯至矣。若韓昌黎文章士也，論聖學而遺格致，其亦大失聖經之旨者乎。（《大學正義》「致知在格物，物格而後知至。」章）

林兆恩在闡揚「格物致知」說時，特別舉了韓愈爲例，認爲韓愈雖貴爲古文大家，但是對於《大學》的論述，卻遺漏了「格物致知」說，因此韓愈關於《大學》的論述〔註76〕，也漏失了《大學》宗旨。林兆恩所以論及韓愈論述《大學》的疏漏，主要是在強調「格物致知」說的重要性。關於林兆恩的「格物致知」說，主要見於《大學正義》「致知在格物，物格而後知至。」章〔註77〕，茲就該章所論列述於下：

1. 對歷代學者「格物」論的批評

　　林兆恩對「格物」說有其個人認爲確切的見解，因此對於歷來的「格物」說，有所批評：

〔註74〕見《王陽明全集》卷二，語錄二，《傳習錄》（中）〈答顧東橋書〉。

〔註75〕見《王陽明全集》卷二十六，續編一，〈大學問〉。

〔註76〕韓愈是首先重視《大學》思想價值的儒者，在其〈原道〉一文當中，韓愈引述《大學》的內容說：「傳曰：『古之欲明明德於天下者，先治其國；欲治其國者，先齊其家；欲齊其家者，先修其身；欲修其身者，先正其心；欲正其心者，先誠其意。』然則古之所謂正心而誠其意者，將以有爲也。…」就韓愈引述的文字來看，顯然韓愈是跳過了《大學》「欲誠其意者，先致其知。致知在格物。」一段而未予論述。

〔註77〕另見林兆恩〈格物正義〉，存於《林子全集》及《林子分內集三教分摘便覽》二套集子當中。

（1）對歷來「格物」說的總評

《大學正義》「致知在格物，物格而後知至。」章，記載林兆恩的弟子曾向其詢問有關歷來「格物」說的疑惑：

> 漢鄭氏曰：「知謂知善惡吉凶之所終始也；格，來也；物，猶事也，言事緣人之所好來也。」〔註78〕司馬溫公曰：「格猶扞也、禦也。能扞禦外物，而後能知至道也。」〔註79〕朱子曰：「格，至也；物猶事也。窮至事物之理也。」〔註80〕王陽明曰：「格其不正以歸於正」〔註81〕，而夫子則曰：「格其非心」，豈其自漢以來儒者之說，亦皆非與？

林兆恩回答說：

> 學也者，心學也。外心以爲學，非學也。昔有少年與鄰之婦比，其父恥之，獄之於家，俾不得比。雖不得比，而彼少年之心，一鄰人之婦也，晝不能餐，夜不能寢，竟困於思以死。夫心本虛也，虛而靈也，故曰：「靈臺」。以鄰人之婦而入其靈臺而主之，孟子所謂其小者奪之也。此豈非其所謂非心而爲心之物乎？故格之也者，格也，格之而不爲其所奪也。

林兆恩此處所言之「學」，是指包含《大學》在內的儒家學問。林兆恩認爲儒家之學屬於心學，凡是往心外所追求的，都不是儒家之學。林兆恩此說事實上意指歷來的「格物」說，凡是主張往心外格物的，都不是眞正的儒家之學，也就是非《大學》「格物」說的眞正意涵。

（2）對司馬光「格物」說的批評

《大學正義》「致知在格物，物格而後知至。」章：

> 此所謂格者，非扞格之格也，《書》所謂格其非心之格也。

對於司馬光「扞禦外物」的說法〔註82〕，林兆恩並不贊同，他除了批評此一說法之外，也以對比的方式，說明自己對「格物」的理解，他說：

> 司馬溫公扞禦外物之說，余嘗非之。或曰：扞禦固非矣，而格去者是與？林子曰：人惟與物相爲周旋也，而外物安得而扞禦之？若余所謂格去者，非格去其外物也，乃格去其非心也。然則物無美惡與？林子曰：溫公

〔註78〕見《禮記鄭注・大學篇》
〔註79〕見（宋）司馬光 (1019～1086) 撰：《溫國文正司馬公集》，卷七十一〈致知在格物論〉
〔註80〕見朱熹《大學章句》
〔註81〕見王陽明〈大學問〉
〔註82〕有關司馬光的「格物致知」說，本文〈歷代學者的「格物」說〉有所說明。

> 扞禦之說，在物而不在心；若余格去之義，在心而不在物，而物之美惡非
> 所論也。〔註83〕

林兆恩認為：人生在世，難免都會與事物有所接觸，因此無法完全避免或排除外物的接觸，因此司馬光「扞禦外物」的作法是不可行的；而司馬光「格物」說所要格的「物」為「外物」，也不是其所主張要格的「心」。

（3）對程伊川「格物」說的批評

二程兄弟對「格物」說的看法，彼此在見解上是有所不同的。〔註84〕對於程伊川的「格物」說，林兆恩並不表贊同，《大學正義》「致知在格物，物格而後知至。」章：

> 然所謂格物者，非謂今日格一物、明日格一物之謂也。
>
> 然則程伊川所謂今日格一件，明日格一件也，亦非與？林子曰：此頤不及家兄處也。

由這段言談中可以看出，林兆恩似乎不只反對伊川的「格物」說，對伊川的思想、學說也頗有輕貶之意。

（4）對朱熹「格物」說的批評

「致知在格物，物格而後知至。」章：

> 朱子之釋格物也，有曰：「即凡天下之物，表裏精粗，而益窮之，以求至乎其極。」載觀《或問》，有曰：「一草一木，亦皆有理，不可不察。」又曰：「凡有聲色貌象，而盈於天地之間，皆物也。莫不各有當然之則，而不容已。」又曰：「或考之事為之著，或察之念慮之微，或求之文字之中，或索之講論之際，自其一物之中，莫不有以見其所當然而不容已，與其所以然而不可易者。」由此觀之，豈非多識以為學，而徧物以為知邪？……孔子曰：「賜也，女以予為多學而識之者？非也。」孟子曰：「堯舜之知，而不徧。」此堯舜孔孟之公案也。
>
> 宋儒有言曰：「君子恥一物之不知」。夫天下之物，可謂眾矣，安能以一物不知為恥，而益窮之至於其極邪？況其表也、裏也、精也、粗也，悉能格之而無不到邪？又況一草一木之細而必察之，今日格一件、明日格一件，將何為耶？其將以一草一木、表裏精粗，而有益於心性之大，而為作聖之功邪？程明道所謂弄精魄者是也。設言堯舜以遠志為小草也，仲尼以梗梓為豫章也，不謂一草一木之不知乎？則堯舜仲尼顧乃以為恥，而天下

〔註83〕見林兆恩《大學正義》「致知在格物，物格而後知至。」章。
〔註84〕有關二程的「格物致知」說，本文〈歷代學者的「格物」說〉有所說明。

後世，遂謂堯舜仲尼爲非聖人也，必不然矣。

　　朱子嘗有言曰：「向來以察識端倪爲格物致知，實下手處，以故闕卻平日涵養一段工夫。」又答何叔京曰：「使道可以多聞博觀而得，則世之知道者，爲不少矣。」又答呂子約曰：「孟子言學問之道，惟在求其放心，而程子亦言心要在腔子裏。今一向躭著文字，令此心全體都奔在冊子上，更不知有已，便是箇無知覺不識痛癢之人。」又答陸象山曰：「邇年日用工夫，頗覺有力無復向時支離之病。」凡若此類，載之《朱子全集》甚多，王陽明亦嘗摘其要而爲〈朱子晚年定論〉云。

　　或曰：窮至事物之說，可盡廢乎？林子曰：何可廢也。士者盡其爲士之道而已矣，而諸凡有事於士者，不可不知也；仕者盡其爲仕之道而已矣，而諸凡有事於仕者，不可不知也。至於天下之物，而不關於士與仕者之實用也，不惟不暇知，而亦不能徧物而盡知矣。

林兆恩在這些論述當中，批評朱熹的「格物」說是「多識以爲學」、「徧物以爲知」。他認爲朱熹所謂的「察理於天下之物，乃至一草一木；窮究其極至表裏精粗無不到的地步。」這樣的「格物」作法是「弄精魄」，對心性的涵養提升毫無幫助，並且也是不可能做到的事。同時，林兆恩也進一步引用《朱子全集》中的話，說明朱熹後來對自己的「格物」作法也有所省悔，如：察識事物的端倪，但卻缺少平日涵養自心的工夫；道實際上是不可「多聞博觀」而得；心一味外放，而沈溺於文字堆中，不知找回自己的本心；以往追求學問之道有「支離之病」。對於朱熹晚年對自己學說的省悔、修正，林兆恩也舉王陽明所作的〈朱子晚年定論〉作旁證。

　　但是林兆恩也未完全否定朱熹的「窮至事物之說」。他舉士者（讀書人、知識份子）和仕者（從政官員）爲例，認爲諸凡有關於善盡士者或仕者職責本分的知識學問也必須徹底研究明瞭。其餘不相關於實用的知識，林兆恩認爲則是「不暇知」也「不能徧物而盡知」。

　　※筆者按：另外，林兆恩對王陽明的「格物」說，亦不表贊同。惟此一看法在《大學正義》中未明白表示，而另見於其《孟子正義》中，茲附錄於下：

　　林子曰：大學之道，格其心之非也；大人之道，格君心之非也。格其心之非也，而平天下之機在我矣；格君心之非也，而定國之機在我矣。若必於物而正之，是其所正者物而非心也，豈大學之學，平天下之要道邪？（《孟子正義》「惟大人格君心之非」章）

王陽明解「格物」爲正物（事），但其所欲正之事物爲「意念所在之事」，也可說是正「心之物」。因此陽明之「正物」仍是「正心」。於此林兆恩似乎未明辨瞭解，而

對「正物」說有所曲解。由於對陽明「格物」說的曲解，林兆恩並不肯定其價值，甚至認爲陽明「格物」說的提出，不過只是爲了與程朱之說爭勝罷了。《林子三教正宗統論》第五冊〈擬撰道釋人倫疏稿〉即說：

> 今世之所謂格物者，特程朱之餘緒耳。而陽明之致良知也，又不過欲與程朱相爲雄長爾。

2. 林兆恩的「格物致知」解

本文有關林兆恩的「格物致知」解，全見於《大學正義》「致知在格物，物格而後知至。」章

（1）對「格物」之「格」的解釋

◎ 格者，格去之義。

筆者按：林兆恩認爲「格物」之「格」是「格去」（去除）的意思。

（2）對「格物」之「物」的解釋

① 此所謂物者，非事物之物也，《記》所謂「人化物」之物也。

筆者按：《禮記・樂記》：「人生而靜，天之性也；感於物而動，性之欲也。物至知知，然後好惡形焉。好惡無節於內，知誘於外，不能反躬，天理滅矣。夫物之感人無窮，而人之好惡無節，則是物至而人化物也。人化物也者，滅天理而窮人欲者也。」《禮記》所謂的「人化物」，是指人心隨外物而遷化，受物慾所支配。此處林兆恩所謂《禮記》「人化物」之物，即指人的「心之物」（人心中的物慾）。

② 物一也。自其物而言之，則謂之物；自其心之不能忘乎其物者而言之，則謂之欲。心之欲者，心之物也。

筆者按：此處林兆恩所謂的「物」是指「心之物」或言「心之欲」。

③ 沙礫，物也；珠玉，物也。珠玉、沙礫，均足以翳其目也。楊龜山曰：「人性上不容添一物」，豈必其物之不美者，而後謂之物哉？而諸凡有翳我之知，而非人性上之所本有者，皆物也。故楊子以物於義而翳其知也；墨子以物於仁而翳其知也；孝已以物於孝而翳其知也；尾生以物於信而翳其知也。仁、義、孝、信豈非珠玉邪？即珠玉而足以翳其知焉，亦沙礫也。

筆者按：此處林兆恩所謂的「物」是指凡非人性所本有，而足以障蔽其德性真知者皆謂之。兆恩舉楊朱的「爲我」、「貴己」之義〔註85〕、墨子「兼愛」之仁〔註

〔註85〕《韓非子・顯學》稱陽朱「義不入危城，不處軍旅，不以天下大利，易其脛一毛。」
〔註86〕墨子主張兼愛，認爲愛無差等。孟子曾以儒家的觀點批評楊墨行爲極端，有害人倫。
《孟子・滕文公下》：「楊氏爲我，是無君也；墨氏兼愛，是無父也。」

86〕、孝己的「愚孝」〔註 87〕、尾生的「愚信」〔註 88〕爲例，認爲這些人物的行爲雖然表面上有仁、義、孝、信的美名，但事實上卻不是恰當合宜的行爲，這些人的「仁、義、孝、信」適足以障蔽其德性眞知，因此是「珠玉而足以翳其知焉，亦沙礫也。」如此的「珠玉」也是必須格去的「物」。

（3）對「格物」的解釋

①　若余所謂格去者，非格去其外物也，乃格去其非心也。

筆者按：此處林兆恩解「格物」爲「格去其非心」，亦即格去非本然之心。

②　夫心之所由以放者，物物之也。故求其放心者，格物也。

筆者按：兆恩此處言「物物之」指外物使心外放逐物。故其謂「格物」爲「求其放心」，乃求因外放逐物而失的本心。

③　主敬者，存心也；存心者，格物也。而其所謂格物者，豈其與物相爲讎敵，而反動其心邪？故主敬以存心，而不逐於物者，格物也。……主敬以存心，則物安得而引之，而又奚待於格矣。

筆者按：此處兆恩指出「格物」的工夫要領在「主敬以存心」，以敬愼的態度存養心性，而不追逐外物。而「主敬以存心」，則心不爲物所牽引；心中無物，自然無需「格物」。

④　楊氏曰：「人性上不容添一物」，始而格之，以至於無所於格，以復其何思何慮之本體者，《大學》格物之旨也。

筆者按：此處兆恩引楊龜山的話，說明人性本光明純潔，不沾染絲毫外物。而《大學》格物之旨，即在恢復此光明純潔的本性、不假思慮的虛靈本體。

⑤　心本虛也，而又安有物之可格乎？學而至於無物之可格矣，豈非誠則無事，而爲聖人之極功邪？

筆者按：兆恩認爲「格物」最高的工夫境地是到達「無物可格」的地步。若能恢復純潔光明的虛靈本體，自然「無物可格」。

⑥　格物也者，格乎其心之物也。故不遷怒、不貳過者，格物也；無伐善、無施勞者，格物也；非禮勿視、非禮勿聽、非禮勿言、非禮勿動者，格物也。

筆者按：兆恩認爲「格物」是格「心之物」，上述兆恩曾謂凡足以「翳其知」者皆爲「物」，而遷怒、貳過、伐善、施勞、非禮而視、非禮而聽、非禮而言、非禮而

〔註 87〕孝己爲殷高宗武丁之子，至孝。然武丁不仁，惑後妻之言，放之而死。

〔註 88〕尾生，春秋魯人，一說即微生高。《史記·蘇秦傳》：「信如尾生，與女子期於梁下，女子不來，水至不去，抱柱而死。」

動等皆足以障蔽吾人之德性真知，故格之者為格物也。

⑦ 日惟與物相為周旋而不動其心者，乃真格物也。

筆者按：此處兆恩謂「真格物」，也就是「格物」的真正工夫境界為「日惟與物相為周旋而不動其心」，即吾人恢復純潔光明的虛靈本體之後，無慾無求、自然無為，即使每天與外物接觸，也「不動其心」。

⑧ 非惟於外物而格去之者，而非聖人之格物也；亦且於心之著乎其物也，而格去之者，而非聖人之格物也。或問：何謂也？林子曰：敬之而已矣。故敬主乎中，而者，上也；心著乎物而始格之者，抑末矣。

筆者按：此處兆恩謂聖人「格物」的工夫不在「心著乎物而始格之」，而在心尚純淨未溺於物時，即秉持敬慎的態度存養心性，使「物無不格」。

⑨ 或問曰：物交物之物，格之可也。若有物有則之物、萬物皆備之物，豈其不善，而悉格之可乎？林子曰：子以余格物之旨，將格其物之物乎？抑格其心之物乎？今且以近易者為子言之。夫利之利於人也大矣，然而亡身亡家亡國亡天下者，豈其利有不善邪？利之者不善也。故格也者，格其不善之利心也。

筆者按：此處兆恩謂「格物」為「格其不善之利心」，即格去不好的、不正當的求利之心。

⑩ 物，物也；格亦物也。格其格則物格矣。故物辟之寇也，格辟之兵也。寇殲而兵不農者，格亦物也。

筆者按：此處兆恩指出「格物」工夫的更高境界為「無為」、「無我」之境，連即使是任何思慮、工夫都要摒除，回復至所謂「何思何慮之本體」。

（4）對「知」的解釋：

◎ 知即知止之知，知至善也，知止乎至善也。知譬之鏡也；物，塵也。故格其塵則鏡明矣；格其物則知至矣。

筆者按：此處兆恩解「知」為「知止」之知、「知止乎至善」之知，亦即「德性真知」。

（5）對「致知」的解釋：

◎ 致也者，致也。而致之之義，譬物之初無有也，而今始致之者，致也。至也者，至也。而至之之義，譬人之適他邦而今始至者，至也。夫致知也，知至也。豈其知也，致之而後至耶？故知也者，虛靈知覺，我之所自有也，而亦何待於致？本在內而非外也，抑豈其從外而至者至耶？致而無所於致者，致也。至而無所於至者，至也。無所於致，無

所於至，而曰致曰至者，蓋借致至二字之義，以發明之，而非眞有所
於致、眞有所於至也。

筆者按：此處兆恩解「致知」爲「致之」而後「知至」。兆恩認爲心之「虛靈知
覺」是人人所本有的。故悟覺此本有之知，則「知」實無需致，只是在悟覺此本有
之知之前，尚須藉此「致」、「至」二字，使人恢復本有之知的「工夫」與「進路」。

（6）對「格物致知」的解釋：

① 心猶日也，知猶照也。物之蔽乎其心，而心不能知，猶雲之蔽乎其日，
而日不能照也。故雲散則日無不照矣，物格則心無不知矣。

筆者按：此處兆恩解「格物致知」爲去蔽心之物，以復心之知。

② 物格而知即至，乃一時事也。故不曰「先」，而曰「在」。

筆者按：兆恩認爲「格物」與「致知」是當下同時進行與完成的。所以《大學》
言「致知在格物」，而不曰「致知先格物」。

③ 心本無物而定而靜而安也。而格物以至乎至善者，乃所以復其無物而
定而靜而安之本體也。

筆者按：此處兆恩解「格物致知」爲「格物以至乎至善」，以「復其無物而定而
靜而安之本體」，即格物以到達至善的境地，以恢復虛無本體。

④ 物不格，則不能知堯舜之中；物不格，則不能知孔子之一；物不格，
則不能知聖功之蒙；物不格，則不能知退藏之密；物不格，則不能知
至善之止。

筆者按：此處兆恩解「格物致知」爲格物以知「堯舜之中」、「孔子之一」、「聖
功之蒙」、「退藏之密」、「知至善之止」，這些所謂的「知」都是指吾心之本體而言。

⑤ 《大學》之所謂格致者，格此聲色臭味而知自致矣。老子之所謂虛無
者，無此聲色臭味而心自虛矣；釋氏所謂寂滅者，滅此聲色臭味而心
自寂矣。故釋之寂滅、道之虛無、儒之格致，其旨一也。

筆者按：此處兆恩解「格物致知」爲「格此聲色臭味而知自致」，亦即格除外在
感官刺激對本心的誘惑，以恢復本心靈明之知。兆恩認爲老子所謂的「虛無」工夫、
釋氏所謂的「寂滅」工夫與儒家的「格物」工夫，其主旨都是在消弭外在感官刺激
對本心的誘惑。

⑥ 人性上本無一物，而曰格物者，豈其本無之物，而有待於格耶？人性
上本有眞知，而曰致知者，豈其本有之知而有待於致耶？

筆者按：此處兆恩解「格物致知」爲格此「人性上本無之物」，致此「人性上本
有之眞知」。

⑦ 心本無物，而渾然而粹然而至善也。心若爲物所引而化於物焉，便不
　渾然、便不粹然、便不至善。故在止於至善者，忘物也；致知在格物
　者，以復吾心至善之本體也。

筆者按：此處兆恩解「格物致知」爲心忘乎物，以「止於至善」、「復吾心至善之本體」。

林兆恩的「三教合一」論與「歸儒宗孔」說爲《四書正義》的思想主軸，而其「心學」思想、本體說與心性說亦爲《四書正義》重要的思想內涵。這些思想內涵以及林兆恩在《大學正義》當中，所提出的關於《大學》經、傳區分的看法與其對「格物致知」說的見解，皆是《四書正義》別具特色之處。

第五章　結　論

　　透過《四書正義》內容的分析與研究，可以看出無論是在思想內涵方面或是在詮釋方法與詮釋觀點方面，《四書正義》都具有其獨特風貌，此獨特的風貌正是其價值所在。

第一節　《四書正義》的影響與價值

一、《李氏說書》改竄自《四書正義》

　　在探討《四書正義》的影響與價值之前，筆者擬先提出本文於撰寫過程中，附帶得到的一項發現：《李氏說書》是改竄《四書正義》而成之偽書。

　　《李氏說書》，署名李卓吾（李贄）〔註1〕著，清代朱彝尊的《經義考》、黃虞稷的《千頃堂書目》皆有登錄。國立編譯館主編之《新集四書註解群書提要附古今四書總目》亦有登錄此書，並有王鵬凱先生針對此書所作的摘要說明：

> 是編爲答諸生問，分章逐句說解孔曾思孟之書，每句說解，必云：「李
> 子曰」或「卓吾曰」，故以《李氏說書》名。其說書主心性之說，如編中
> 云：「孔子之心、曾子之心，我之心也。以我之心，而通於曾子之心，以
> 曾子之心而通於孔子之心，此釋經釋傳之大義也！」而鄙視章句訓詁，其
> 云：「若忘心性之大而惟索之陳辭故紙者，此章句之儒，見聞之小耳。」
> 又每及三教之說，如云：「仲尼之時中也，黃帝老子之清靜也，釋迦之寂
> 定也，悉皆本之于心者端也。」則是書宗旨純乎心性之說，不免蹈明末狂

〔註1〕李贄（1527～1602），初名載贄，號卓吾，福建泉州晉江人，生於明嘉靖六年，卒於明萬曆三十年。明代哲學家、文學家。

禪之習。〔註2〕

筆者在閱讀此篇摘要說明時，覺得當中所引述的「卓吾」之語，與《四書正義》所述頗爲相似，於是便查索《四書正義》，發現摘要當中所引述的「卓吾」之語竟與《四書正義》當中的林子之語相同。如：「孔子之心、曾子之心，我之心也。以我之心，而通於曾子之心，以曾子之心而通於孔子之心，此釋經釋傳之大義也！」與《大學正義・大學統論》所言相同；「若忘心性之大而惟索之陳辭故紙者，此章句之儒，見聞之小耳。」與《論語正義・爲政篇》「異端」章所言相同。

爲此，筆者認爲有必要就《四書正義》與《李氏說書》加以核對，以明眞相，於是至中央研究院傅斯年圖書館借閱《李氏說書》〔註3〕，經筆者檢閱之後，大致確定《李氏說書》是改竄《四書正義》而成之僞書。茲就查考、核對之所見說明如下：

一、中央研究院傅斯年圖書館收藏的《李氏說書》共六卷，爲（明）王敬宇刊本，首頁署名：「卓吾先生李氏說書」。

二、《李氏說書》本文之前有題「如眞道人」之序文，文中所云：「心性之大，自有精深之《易》，雖卦爻之未畫，今亦可得而畫也；自有疏通之《書》，雖典謨之未陳，今亦可得而陳也；自有敦厚之《詩》，雖風雅之未詠，今亦可得而詠也。至於謹嚴之《春秋》、和序之《禮》《樂》，亦皆具於心性之內，則《春秋》今亦可得而筆削，《禮》、《樂》今亦可得而興起也。」與《論語正義・憲問篇》「有德者必有言，有言者不必有德。」章所言相同。

三、《李氏說書》內文首頁右下角標示：「泉州卓吾李載贄編輯；莆田龍江林兆恩閱著」。何以稱李載贄編輯？又稱林兆恩閱著？此條文字至少透漏出《李氏說書》與林兆恩有關之訊息。

四、《李氏說書》之內容，於所說各書之前例有〈統論〉，如《李氏說書・大學》有〈大學統論〉、《李氏說書・中庸》有〈中庸統論〉、《李氏說書・論語》有〈論語統論〉、《李氏說書・孟子》有〈孟子統論〉與《四書正義》體例相同。

五、各書之〈統論〉、章名與內文部分幾乎與《四書正義》完全相同，惟改「林子曰」爲「卓吾曰」或「李子曰」。僅《李氏說書孟子》「大人不失赤子之心」章與《孟子正義・離婁下》「大人者不失其赤子之心」章名、內容不同，而《李氏說書孟子》「大人不失赤子之心」章所云則多摘錄自李贄〈童心說〉一文，如：「若失卻童

〔註2〕見國立編譯館主編：《新集四書註解群書提要附古今四書總目》頁50。
〔註3〕《李氏說書》目前僅中央研究院傅斯年圖書館善本室有收藏，爲（明）王敬宇刊本，該館已製成光碟供查索。

心，便失卻眞心；失卻眞心，便失卻眞人。人而非眞，全不復有初矣。」

六、《李氏說書‧中庸》「致廣大而盡精微」章與《中庸》「致廣大而盡精微」章，章名、內容相同。該章謂「余《心鏡指迷》篇……」，經查《心鏡指迷》確爲林兆恩所作，收錄於《林子三教正宗統論》與《林子全集》當中，而李卓吾並未有此著作。

七、《李氏說書》內文當中有關師生答問的部分，提問之諸生如「劉生獻策」、「朱生逢時」、「兆居生」、「孟仁生」……等等皆爲林兆恩弟子，無一例外；而所問所答亦皆與《四書正義》同。

由以上對《李氏說書》與《四書正義》查考、核對的結果，可以證實《李氏說書》乃是改竄《四書正義》而成之僞書。考諸李卓吾與林兆恩二人之著作、傳記與相關史料，皆未有二人曾經接觸的記載。至於爲何改竄？改竄、僞造者爲何人？則已不可考，筆者推測可能是晚明書商，爲牟利而冒用李氏之名，將《四書正義》改竄爲《李氏說書》，又以李卓吾與林兆恩二人思想頗有相近之處〔註4〕，讀者不易有疑。

《李氏說書》出現於晚明，其署名「李卓吾」所作，以李氏名氣之大，此書自然更易爲士人所注意與研讀，並且流傳廣遠。而書中的思想亦因此或多或少對當代及後世產生影響。就四書學方面而言，晚明張岱〔註5〕的《四書遇》即採用了《李氏說書》的觀點，《四書遇‧中庸》「大哉」章云：

> 世爲陸象山者，則曰「我尊德性」；爲朱晦庵者，則曰「我道問學」。
>
> 昔有兄弟兩分其遺貲，諸凡棹椅之屬，悉中裂而半破之。雖曰無不均之嘆，，兩不適於用矣！豈不惜哉！

張岱的這一段文字未說明出處，事實上亦非張岱之己見，而是出於林兆恩《中庸正義》「君子尊德性而道問學」章〔註6〕，本爲林兆恩爲倡導「尊德性與道問學並重」觀念所講述的譬喻。張岱此文所見、所引述的來源未必爲《四書正義》，以其《四書遇》屢引李卓吾之語來看，當爲《李氏說書》。另外，《四書遇‧論語》「溫故」章云：

> 李卓吾曰：井不及泉，謂之井可乎？鐘不能聲，謂之鐘可乎？若記問之學不足爲人師者，以其言人之言，無所得乎其心也。諺曰：「讀書至老，

〔註4〕林兆恩與李卓吾皆有「三教合一」與「三教歸儒」的主張。

〔註5〕張岱（1597～1684），浙江山陰人，生於明神宗萬曆二十五年，卒於清聖祖康熙二十三年。張岱年歲約晚林兆恩（1517～1598）81年。

〔註6〕《中庸正義》「君子尊德性而道問學」章：「林子曰：世之爲陸象山之學者，則曰我之學在於尊德性也；世之爲朱文公之學者，則曰我之學在於道問學也。昔有兄弟而兩分其遺貲者，諸凡椅卓盥盆衣履之屬，悉中裂而半之，雖曰無不均之嘆，而其父之所遺者，兩不適於用矣！豈不惜哉！」

一問便倒。」其亦所謂井不泉而鐘不聲者與？

張岱所引用這一段李卓吾之語，見於《李氏說書・論語》「溫故而知新可以爲師矣」章，事實上它原本爲《論語正義》當中林兆恩之語。〔註7〕

據《新集四書註解群書提要附古今四書總目》所載，日本尊經閣藏有明代天啓年間刊本《鼎鐫林纘緒先生家傳讀書故事評釋大全》六卷，該書卷首題作《李氏說書》，內容大部分與署名李卓吾所作之《李氏說書》相同，稍加入己意。全書改「卓吾曰」爲「林子曰」。〔註8〕則該書又據《李氏說書》改竄，爲二手的剽竊之作。

從另一個角度來看，《四書正義》之遭改竄爲《李氏說書》；《李氏說書》之受引用與「再造」，也說明了原作思想價值受到肯定與重視，以及其影響之深遠。

二、《四書正義》的價值與啓示

或謂林兆恩之學爲姚江學派，由本文的探討和瞭解，可知兆恩之學，乃近於王學，或言深受王學影響，然與王學則又有所不同，其「心學」較之王學更鮮明而積極地提倡「三教合一」思想，具有更開闊的宗教文化融合精神。另一方面，兆恩的思想亦與左派王學學者如何心隱、顏山農、李卓吾等批判禮教與傳統的思想，有很大的差別。大抵林兆恩雖以心學爲宗，但對傳統禮教與三綱五常之道，則本著儒家人文教化與安定社會秩序的觀點予以肯定，這一方面《四書正義》所作的倡導，對社會秩序與人心的安定有一定的貢獻。

另外，《四書正義》藉由《四書》義理的闡釋，強調中國的學問是「有體有用」之學，呼籲人們重視心性的修養與積極入世造福群眾，這一方面，《四書正義》可說宏揚了《四書》所蘊涵的儒家「己立立人」、「兼善天下」與「盡心知性」、「參贊天地化育」的精神，適時扭轉當時讀書人視《四書》爲科考之工具，無視其中義理啓示的態度。而《四書正義》的「心學」、「心法」觀點，也提供「經書的字面背後隱藏著不傳的意蘊，有待解讀。」〔註9〕的思考角度。

就《四書正義》的詮釋觀點而言，雖與傳統解釋的角度、解釋的意義不同，但這卻是爲僵化的四書學，提供新出路與新方向，使《四書》獲得新的生命。

〔註7〕《論語正義・爲政篇》「溫故而知新可以爲師矣」章：林子曰：井不及泉，謂之井可乎？鐘不能聲，謂之鐘可乎？若記問之學不足爲人師者，以其言人之言，無所得乎其心也。諺曰：「讀書至老，一問便倒。」其亦所謂井不泉而鐘不聲者與？

〔註8〕見國立編譯館主編：《新集四書註解群書提要附古今四書總目》頁245，王鵬凱先生之摘要說明。

〔註9〕語見王汎森：〈道咸年間民間性儒家學派——太谷學派研究的回顧〉，收錄於《新史學》5卷4期，頁141～162，1994年12月。

　　《四書正義》也是是晚明三教合一思想與四書學風尙的縮影，透過它，我們可以瞭解晚明四書學的趨向。同時，《四書正義》的思想，亦是林兆恩思想的縮影，從當中我們也可以瞭解林兆恩的主要思想內涵。而《四書正義》中所呈現的林兆恩講學態度及著作旨趣，亦給我們留下啓示：對於儒家經典的研究，除了章句訓詁之外，對於精神心靈層次的充實提昇以及本體道德的實踐與彰顯，也是教者與學者重要的課題。

第二節　《四書正義》的缺失

　　任何一部著作，都有本身的價值，然亦難免有其缺點所在，《四書正義》亦是如此。筆者認爲它的缺點有下列二方面：

一、引文不精確

　　林兆恩的引文多憑記憶所得，故所引文字與原文偶有出入，所謂的引文出處亦偶有錯誤：例如：《論語正義・子罕篇》「無我」章云：

　　　　關令尹曰：「人以無知無爲者爲無我，雖有知有爲，亦不害其爲無我。

　　譬如火也，燥動不停，未嘗有我。」君子觀火，亦知其所以爲學矣。

林兆恩本章主要在闡論「無我」的修養工夫與境界，但是其所引用的文字與原文略有出入，原文尹喜所說的這句話應爲：

　　　　人無以無知無爲者爲無我，雖有知有爲，不害其爲無我。譬如火也，

　　躁動不停，未嘗有我。〔註10〕

句首「人無以無知無爲者爲無我」，林兆恩誤作：「人以無知無爲者爲無我」。字句文字的出入有時會影響到整體的文義，因此通常必須要求準確。雖然就此處的文義而言二者的意義差別不大，「人無以無知無爲者爲無我」似爲勸說之語，謂人勿以爲「無知無爲」即是無我的境界；「人以無知無爲者爲無我」似爲批評之語，意謂一般人都認爲「無知無爲」即是無我的境界。

　　又如：《論語正義・堯曰篇》「允執其中」章云：

　　　　或問：莫非仁也之旨。林子曰：芽而條，條而華，姑且未論，而其實

　　矣之中，一實一仁也。程子曰：「天體物而不遺，猶仁體事而無不在也。」

此章林兆恩引程子的話，說明「仁」遍在於萬事萬物當中，事實上此一段引文，並

〔註10〕見（周）尹喜撰，（宋）陳顯微註：《關尹子評註・六七篇》，臺北市：中國子學名著集成編印基金會，1978年。

非程子之語，而是張載之語。〔註11〕

又《論語正義・顏淵篇》「克己復禮爲仁」章云：

> 《家語》孔子適周，問禮於老子。老子曰：「良賈深藏若虛，君子盛德容貌若愚。吾所以告子，若此而已。」孔子出，謂弟子曰：「鳥，吾知其能飛；魚，吾知其能游；獸，吾知其能走。至於龍，吾不知其乘風雲而上天。吾今日見老子，其猶龍乎。」林子曰：老子所云良賈深藏句，似若答非所問，與禮之旨若不相涉入。然而孔子贊之如是其至者，何也？殊不知此乃孔子所謂復禮之微旨也。

此章林兆恩引《孔子家語》當中老子勉勵孔子的話，說明老子所謂的「良賈深藏若虛，君子盛德容貌若愚」即孔子「克己復禮」的寓意。事實上老子的這一段話並不見諸《孔子家語》，而是出自《史記・老子韓非列傳》。

可見林兆恩在引文時，主要是藉用其概念、意涵，闡釋、表達所要講論的義理、思想，並不注重訓詁、考證以及嚴格的學術研究態度。

二、以儒家本位的立場要求道、釋之徒「婚娶」

道、釋之徒雖出家修行，若於心性處眞修實煉，必不至有害社會，甚至有助社會安定。然林兆恩卻以儒家本位的立場要求道、釋之徒「婚娶」（夫之婦之），例如：《孟子正義・梁惠王下》「文王發政必先」章云：

> 今之僧尼道士，散處於寺觀之中者，雖曰不饑不寒矣，然乃於不父不子，不夫不婦，而是甘焉者何與？不謂之失其本心哉？此兆恩之所以不忍，而思有以先之也。或問何以先之？林子曰：父之子之，夫之婦之，所謂文王先之也。

又如《論語正義・微子篇》「斯人之徒」章云：

> 漢唐宋以來，道釋昌熾，內有怨女、外有曠夫，偏陰偏陽，乖氣致異，此治之所以不唐虞三代也。如無志於唐虞三代之治則已，如有志於唐虞三代之治，若不群道釋者流，而三綱之、五常之、士之、農之、工之、商之，其將何以復返太和元氣於宇宙間邪？

林兆恩完全站在儒家思想的觀點批評道、釋之徒，認爲其出家修行、不婚不娶是違反儒家「三綱五常」之道，是「失其本心」；且認爲漢唐宋以來，國家社會之治所以不如唐虞三代，乃是因爲道釋昌熾，不婚不娶，導致「內有怨女、外有曠夫，偏陰偏陽，乖氣致異」，因此必須「群道釋者流，而三綱之、五常之」，使皆婚娶，如此

〔註11〕見《宋元學案・橫渠學案》。

才能「復返太和元氣於宇宙間」。林兆恩的觀點，未必得其實，社會之亂，未必皆因道釋不婚導致；且其強迫道釋婚娶的主張，似強人所難，宗教有其本身的戒律和修行觀，似應予以尊重。

雖然《四書正義》存有若干美中不足之處，但瑕不掩瑜，就其所具有的價值和影響而言，仍相當值得肯定與重視。

附錄一：林兆恩生平簡表

紀　　年	歲　數	事　　　略
明武宗正德 12 年 丁丑（1517）	1 歲	兆恩出生於福建省興化府莆田縣亦柱巷林萬仞府。林家爲書香門第，世代爲宦。祖父省吾公林富與王陽明同朝爲官，相知相善。
明武宗正德 15 年 庚辰（1520）	4 歲	王陽明訪林富，林富令孫子兆恩拜見，陽明謂兆恩相貌非凡，日後福量必超過其祖父。
明世宗嘉靖元年 壬午（1522）	6 歲	兆恩入小學，每讀書數行，須數十遍方能認識。林富對其才貌不相稱，感到失望。
明世宗嘉靖 8 年 己丑（1529）	13 歲	兆恩外出每施金濟貧，母初責其妄費，答曰：「天道惡盈，胡不以吾之有餘，補人之不足。」母乃深許而器重之。又兆恩途遇鄉里有道之士輒慕敬之。
明世宗嘉靖 11 年 壬辰（1532）	16 歲	兆恩才智始開顯，文筆流暢，詞采華美，撰有《博士家言》。林富驚奇之，復悉心教導。
明世宗嘉靖 13 年 甲午（1534）	18 歲	督學潘潢閱兆恩試卷文章頗爲讚賞，評爲「見理之文」，拔置高等補邑弟子員，成爲諸生。 娶仙游主事鄭主敬女爲妻，踰年妻歿。
明世宗嘉靖 16 年 丁酉（1537）	21 歲	兆恩續娶縣令陳杰孫女爲妻。
明世宗嘉靖 19 年 庚子（1540）	24 歲	督學田汝成校莆，首拔兆恩，並命其作「擬古」諸書。秋，兆恩赴福州應省試，落選而歸。
明世宗嘉靖 22 年 癸卯（1543）	27 歲	郡節推章檗頗讚賞兆恩文稿，遂印製《林生文略》傳世。秋，兆恩再往福州應省試，再度落榜。
明世宗嘉靖 23 年 甲辰（1544）	28 歲	兆恩父林萬仞病逝。兆恩與兄弟三人遵父遺囑，將千金債券全數還給債務人，免除其債欠。林家德行遠近皆稱頌之。

明世宗嘉靖 25 年 丙午（1546）	30 歲	兆恩至江西拜見羅洪先，求寫叔父林萬潮之墓誌銘，日後二人常有書信往來。 八月，兆恩第三度前往福州應省試，族人高度期盼，兆恩亦充滿自信，不料再度名落孫山。 兆恩決定放棄科考，專心致力於心身性命之學的探求，自此開始四處尋師訪道，出入三教，如痴如狂。 某日兆恩自稱「得遇明師，授以真訣」，又「得孔子託夢授以《魯論》微旨、老子以玄理通解之、釋迦牟尼以空理啟悟之。」於是兆恩開始倡言三教之道。
明世宗嘉靖 27 年 戊申（1548）	32 歲	莆田道士卓晚春登門拜訪，兆恩與之一見如故，遂成莫逆之交，自此二人經常相與論道、縱飲行歌，人稱「卓狂林顛」。
明世宗嘉靖 28 年 己酉（1549）	33 歲	六月某夜與卓氏於囊山寺靜坐，恍見一衣褐婦人攜子求救，次日清晨遇小孩持二雀，一母一子，兆恩若有所悟，買而放生。自此兆恩每遇生命，輒買以放。
明世宗嘉靖 29 年 庚戌（15）	34 歲	兆恩長兄林兆金登進士，族人慶賀並勸兆恩復事舉業，兆恩固辭。有道士盧某善辟穀來訪，兆恩與之學數月後辭之曰：此不過煉形使清，大道之旨原不在此，故不再為之。時邑博王武陽好講學，兆恩與之論心聖，武陽頗讚服。
明世宗嘉靖 30 年 辛亥（1551）	35 歲	兆恩雖倡明三教之道而未收徒。其友黃州對兆恩之說心悅誠服，首拜兆恩為師，開兆恩倡教收徒之始。隨後黃大本、蕭應麟與胞弟兆居、族弟兆誥、兆瓊等相繼授業。 兆恩開始以「艮背法」為群眾治病，並藉機語以三教心性之學（心法），使之能誠意信道修心。其心法頗見療效，醫人無數。兆恩謂其然曰：「心法所以能癒人之病者，蓋以人之病皆本於心，心病則身病，心不病則身不病。」有《治病迂見》數十條傳世。
明世宗嘉靖 31 年 壬子（1552）	36 歲	兆恩向官府請求取消其秀才學籍，督學朱衡因愛才而不允。兆恩遂焚青襟於督學門前，以明志。朱衡大怒欲拘捕之，郡守董士衡進言曰：「此人真為道，不為名也。」朱衡始息怒。 八月，羅洪先來函，兆恩回信闡述三教同源之說，並以「作天地間第一等人物」相期許。
明世宗嘉靖 32 年 癸丑（1553）	37 歲	督學朱衡命邑博以作文招攬兆恩，兆恩辭之；復召兆恩著儒服講學，兆恩以山林隱者力辭，朱衡以罪罰為由強之，兆恩無奈乃屈從之，於榕城西面僧舍講論儒學。 秋，兆恩弟子黃大本、木子壽等數十人將平日各自從師所聞之記錄編輯刪訂成書，名為《林子》。

明世宗嘉靖 33 年 甲寅（1554）	38 歲	兆恩自號心隱子，彙集舊稿，著《明經堂》、《宗孔堂》、《崇禮堂》、《非非三教》、《疏天文稿》、《山人》等集。 兆恩自隱修於山林，即以禮自重。雖當道顯貴，未事先約請則不見；若爲召見則必不前往。對前來請見者，兆恩亦必分庭爲禮，求無愧於孔孟家風。 郡邑官員聞兆恩德行學養，咸折節造廬請教。郡守董士衡最早禮敬請益，既而郡丞文某、郡卒來日新、推官孫某、大尹賀某皆以賓禮請教。汀守陳華山亦來函問道。
明世宗嘉靖 34 年 乙卯（1555）	39 歲	八月，兆恩母李氏病重，乃終日奉伺於母側，不脫衣冠。十月，李氏病逝。 十二月倭寇進逼莆田城，莆地防守告急。時值嚴冬，又多夜雨，守城將士苦不堪言，兆恩遂屢送酒、粥、錢、米慰勞將士，鼓舞士氣。
明世宗嘉靖 35 年 丙辰（1556）	40 歲	時瘟疫流行，莆地多人病亡，貧者無力置棺安葬，兆恩於是變賣田產，購製棺木施予之。此後，兆恩更是賑災濟貧義舉不斷。
明世宗嘉靖 37 年 戊午（1558）	42 歲	春，兆恩於莆田東岩山宗孔堂講五禮，著《四代禮祭圖說》、《射禮冠禮儀節》、《崇禮堂》。 時遠近聞風前來拜師受業者蒸蒸雲集，若干莆士大夫妒而謗之。 四月，倭寇數千圍攻莆田城。形勢危急。時廣東兵恰路過莆田，兆恩倡議諸縉紳與廣東兵訂立契約，若廣東兵能擊退倭寇就給予千金獎賞。廣東兵見有重賞欣然答應，於是戮力擊退倭寇，解除城危。隨即遂索賞金，諸縉紳以廣東兵退倭後復入莆肆掠居民財物，拒付賞金。兆恩出面協調並自掏百金予之，廣兵未能滿足，怒執兆恩至演武場毆打，逼迫兆恩帶領廣兵至諸爽約縉紳家索謝。兆恩神色不變，從容謂之曰：「昔與汝等許盟千金，以圖安此城也。今倭夷既退，汝等復肆遍掠，是亂之也，烏可哉？吾寧死不忍爲也。」諸縉紳聞之，感激兆恩之言，急忙籌集賞金付予廣兵，廣兵始釋放兆恩。事後兆恩全身腫痛，養傷於床，仍詠歌如常。督學湖庭蘭探訪見之，嘆服曰：「此眞道人也，非勘破生死關頭者，不能如此。」莆田城民感念兆恩義舉，致贈「一奔全城」彩帳表彰之，按院官員樊獻科也致贈兆恩「尙義」匾額。
明世宗嘉靖 38 年 己未（1559）	43 歲	楚人何心隱（梁汝元）造訪林府，稱許兆恩三教合一論，並語兆恩曰：「昔儒、道、釋三大教門，孔子、老子、釋迦已做了，今只有三教合一，乃第一等事業、第一大教門也，茲又屬之先生。我即不能爲三教弟子，願爲三教執鞭焉。」 著《醒心詩》。

明世宗嘉靖 39 年 庚申（1560）	44 歲	五月摘注《醒心詩》。 時倭寇續於莆田城外侵掠，村民紛紛進城避難，多人飢病交迫、就地而寢，兆恩屢遣弟子賑以錢、米、草蓆。 又捐款三十金賑濟地方學校生員，使貧士得以舉炊。
明世宗嘉靖 40 年 辛酉（1561）	45 歲	冬，倭寇再度侵迫莆城，同時瘟疫流行，死者相枕，棺難遍施。兆恩作《收屍歌》奠祭，並命弟子林兆居、吳三樂等七十餘人為男女死者分別禮葬，共葬二千二十餘具屍。 十二月，著《常明教》。學者咸稱兆恩為常明先生。
明世宗嘉靖 41 年 壬戌（1562）	46 歲	正月，命弟子續於莆城內外收屍火葬五千餘具。 三月，莆城瘟疫猖甚，人心惶惶，鬼怪之說紛起，兆恩開導民眾認知鬼魅乃人心不正，精神恍惚之幻影，並親書正氣句聯「道高龍虎伏，德重鬼神欽」予民眾，以安定人心。 五月，莆地屍骸遍暴南北諸洋，兆恩再命僧道十餘人前往收屍火葬，約萬餘具。 六月，著《三教會編》。 八月，戚繼光於莆田林墩大敗倭寇，莆地人民倡議建造祠堂紀念其功績。兆恩積極響應，首先捐田三十畝，並公告募款，建成戚公祠。 著《防倭管見》，但當時縉紳不從其議，故書無流傳。 十一月二十九日夜半，倭寇攻陷莆田城，兆恩從北門逃出，部分入城倭寇慕兆恩德名而未得見，乃瞻拜兆恩像，並樹旗於兆恩居處，令勿侵犯。故全城陷難，獨兆恩居處無恙。
明世宗嘉靖 42 年 癸亥（1563）	47 歲	倭寇既退，莆城內外屍骨遍地，兆恩乃變賣田產，命弟子等十八人往收屍火化，葬於南北河尾二山，約有四千餘具。 二月，刊刻《三教會編》。 三月，兆恩再以賣田所得之金，命朱禹、雍文命等九人往崎頭收屍火葬，共八百餘具。
明世宗嘉靖 43 年 甲子（1564）	48 歲	春，續命許夢筆、吳夢龍等十人前往仙遊收屍，約八百餘具。 郡守易道譚調任興化，赴任途中，聞興化積屍盈野，暫停福清，不敢蒞任。及聞兆恩收屍洒道，方敢入城。遂下令縣學查勘兆恩所行義舉，教授劉任銳就兆恩平生義舉一一撰文呈報，並讚之曰：「是誠振古之人豪，非直一鄉之善士也。」易道譚於是拜訪兆恩，虛心請教，並致贈匾額「清修」。 督學耿定向上疏朝廷，薦舉兆恩為「山林隱逸」，南京御史林潤亦欲薦拔之，惜明朝無隱逸之科，故弗果。 夏，著《心聖直指》。 秋，戚繼光將軍體病，至兆恩處求治。兆恩癒之，此後戚公戎事稍暇，輒來訪道，必竟日而去。後二人常有書信往來。 十一月，著《詩文浪談》。

明世宗嘉靖 44 年乙丑（1565）	49 歲	著《本體教》、《夏語》、《倡道大旨》、《原宗圖說》、《聖學心要》、《玄宗大道》、《性空宗旨》、《歌學解》。
明世宗嘉靖 45 年丙寅（1566）	50 歲	兆恩製巾名三綱巾，履名五常履。衣則前三幅、後五幅，名三綱五常衣。以三綱先生自號。時李廷春贈句曰：「平生心事蒼天鑒，萬古綱常赤手扶。」 四月，著《道釋人倫疏稿》。 六月，著《述聖篇》。
明穆宗隆慶元年丁卯（1567）	51 歲	二月，著《刃綱拾言》、《三山拾言》、《說夏篇》、《玄鏡銘》、《心身性命圖說》、《何思何慮解》、《存省規條》。 八月，編輯生平著作，總其稱爲《聖學統宗》。捐資助建孔廟，並撰文告倡導。 兆恩平日講學，未嘗收受束脩，又多捐金抗倭賑民，至此自家生計陷入困頓。八月應門徒之請，始向受業者收取贄儀。
明穆宗隆慶 2 年戊辰（1568）	52 歲	往建陽、福州傳教。 著《心鏡指迷》
明穆宗隆慶 3 年己巳（1569）	53 歲	八月，刻印《心聖直指》、《非三教》、《歸儒宗孔》。
明穆宗隆慶 4 年庚午（1570）	54 歲	六月，命弟子余芹至金陵傳教，並管理書籍、建造義冢。
明穆宗隆慶 5 年辛未（1571）	55 歲	著《宗孔邇言》、《三教歸儒一覽》、《三教合一大要十條》、《六美條答》、《原教》、《三綱卦》、《初學篇》、《信難篇》。
明穆宗隆慶 6 年壬申（1572）	56 歲	著《道業正一篇》、《宗孔堂》、《樵陽教言》
明神宗萬曆元年癸酉（1573）	57 歲	著《豫章答語》、《豫章續語》。
明神宗萬曆二年甲戌（1574）	58 歲	命劉獻策輯《經傳釋略》，後更名爲《四書正義》。並撰疏文秉告上天。
明神宗萬曆三年乙亥（1575）	59 歲	著《三教正宗》。
明神宗萬曆 4 年丙子（1576）	60 歲	著《心本虛篇》、《心本虛直指》、《先衍》、《心聖教言》。
明神宗萬曆 5 年丁丑（1577）	61 歲	著《絲銀喻》、《七竅答問》、《易解俚語》。又命劉獻策標摘《四書正義》。 十月，著《導淮迂談》。
明神宗萬曆 6 年戊寅（1578）	62 歲	五月，廣東新安傳教，隨後前往浙江。 九月，自杭州返莆田。 再刻印《心聖直指》以示諸生。
明神宗萬曆 7 年己卯（1579）	63 歲	郡倅許培之贈「南劍儒宗」匾額。 十二月，著《九序摘言》。

明神宗萬曆 8 年 庚辰（1580）	64 歲	夏，往武夷，著《機說別傳》。往寧化傳教，後轉往福州。
明神宗萬曆 9 年 辛巳（1581）	65 歲	春，著《正宗要錄》。 八月，著《心經釋略概論》、《常清靜經釋略》。
明神宗萬曆 11 年 癸未（1583）	67 歲	著《夢中人》、《道一教三》、《無遮大會》、《真我昌言》、《欲仁篇》。
明神宗萬曆 12 年 甲申（1584）	68 歲	兆恩再編平生所著書八十七集，分為元、亨、利、貞、乾、坤六函，總其名為《聖學統宗非非三教心聖集》。所謂「聖學統宗」，指以歸儒宗孔為本旨；所謂「非非三教」，指以三教之非者非之。 夏，著《元神實義》。 兆恩弟子黃芳等於莆田首建三教祠堂。
明神宗萬曆 13 年 乙酉（1585）	69 歲	涵江孔廟祭田被富豪兼併，兆恩從孔氏裔孫孔時中之請，捐金贖回。 九月，按院楊四知因前召見兆恩，為兆恩所拒，忿而下令焚毀三教堂及林子書版，並欲以「惑世誣民」之罪上書懲辦，幸賴督學王世懋為兆恩辯護，稍息其怒，乃收回奏疏，僅焚宗孔堂匾額與《聖學統宗》書版。 十一月，著《無生篇》。 多，命游思忠、張洪都至金陵倡教，翻刻林子諸集。
明神宗萬曆 14 年 丙戌（1586）	70 歲	隱居北山，著《山中報札》、《煉丹詩五章并小引》。 命陳大道標摘《續四書正義》六卷。又命朱有開、陳大道編輯《聖學統宗》，後更名《林子編摘》。 兆恩從弟槐門初登進士，自京返鄉即拜師兆恩，謂同年袁了凡曾語之，其早歲讀書疑義未解處，多於三教（林子）集中，閱之豁然而解，乃當空五拜，呼林子為三教老師云。
明神宗萬曆 15 年 丁亥（1587）	71 歲	仍隱居於北山，令門徒砌放生池。 門徒開始尊稱林兆恩為三一教主。
明神宗萬曆 16 年 戊子（1588）	72 歲	正月，刻印《彌勒尊佛經》。 六月，著《道德經釋略》。謂其疏釋《四書》、《道德經》、《常清靜經》、《心經》、《金剛經》者，以此數經不易不變，為三教之階梯，後世所宜誦法。 命陳大道分摘林子諸集而類編之，題名為《林子分內集・三教分摘便覽》，共 10 冊。又編輯《分摘拾餘》3 冊 12 卷、《三教經解》10 冊（包括《林子四書標摘正義》六卷、《林子四書標摘正義續》6 卷、《道德經釋略》6 卷、《常清靜經釋略》1 卷、《心經釋略》1 卷、《心經概論》1 卷、《金剛經統論》4 卷）、《三教原編》10 冊（包括《三教會編》9 卷、《先衍》1 卷、《三教經略》1 卷、《儒經》1 卷、《醒心詩》1 卷、《林子舊稿》3 卷、《林子續稿》7 卷、《疏天文稿》2 卷、《醒心詩摘註》1 卷、《夏語註釋》4 卷、《三教合一大要》1 卷、《頌章》1 卷）。以上四函共 33 冊，林兆恩著作大致於此底定。

明神宗萬曆 17 年 己丑（1589）	73 歲	翰林官員袁宗道、王圖、蕭雲舉、吳應賓以及太學生吳用先遙拜林兆恩爲師，而就近私淑於兆恩弟子汪可受。 袁宗道致書問道於兆恩，兆恩回覆，謂須從心上做工夫，復語之以「艮背行庭」之心法。太史蕭雲舉致書問求放心之法、王圖致書問息妄念之法，兆恩均回覆詳答之。
明神宗萬曆 18 年 庚寅（1590）	74 歲	是年大旱，飢民無數，兆恩佈施米穀數百石、金百餘兩賑濟災民與貧戶。撫院趙參魯聞其德，贈以「壺山高士」匾額。 太使吳應賓致書問三教合一之旨，南陽太守林敬晃致書問採藥功夫，兆恩均回覆詳答之。
明神宗萬曆 19 年 辛卯（1591）	75 歲	禮部主政俞士章致書兆恩問性命之旨及長生不死之說，兆恩回函詳答之。
明神宗萬曆 20 年 壬辰（1592）	76 歲	二月，兆恩命弟子張洪都編輯《四書標摘正義》，並將《林子分內集》中有關內容補入，改名爲《林子四書正義》20 冊。 四月，捐金百餘兩修建常泰里漁滄溪橋。 六月，按院陳子貞書文告，褒揚兆恩「業詩書而志甘泉石，守道義而恩及里閭。」並贈以「高風勁節」匾額。
明神宗萬曆 21 年 癸巳（1593）	77 歲	春，按院因倭寇頻頻來襲，擬於東岩山設火器局，故向兆恩購地，兆恩以國家需用，乃無償獻地。開府許孚遠特贈「義先保障」匾額，表彰其義行。 七月，命弟子張洪都摘編《三教本旨》三卷，上卷《三綱五常》；中卷《心身性命》；下卷《在世出世》。 十一月，著《道統中一經》。口授《太虛先天圖》、《太極後天圖》、《天地人圖》、《天圓地方圖》予弟子盧文輝。
明神宗萬曆 22 年 甲午（1594）	78 歲	三月，歲歉民飢，兆恩捐銀七十兩，呈送府縣賑之。又捐穀一百石，充實東廂龍坡社義倉。 五月，藏於福州李章園亭中之所有林子書版，因火災而全數焚毀。 十月，命弟子蔡經俊倡教於金陵，並建三教祠於南京國子監前。 十二月，禮部移文購天下遺書，郡縣徵求兆恩之書甚切，兆恩以書版被火所毀，遂命盧文輝重新刪訂編梓生平著作，標其名爲《林子三教正宗統論》共 36 冊。
明神宗萬曆 23 年 乙未（1595）	79 歲	李章、王興等人復刻《林子全集》於閩省。
明神宗萬曆 24 年 丙申（1596）	80 歲	七月，兆恩四方門徒於其八十歲誕辰，先期祝賀，概有八千餘人。
明神宗萬曆 25 年 丁酉（1597）	81 歲	兆恩命弟子盧文輝摘其所著精要，編成《三一教主夏午尼諸經纂要》4 卷，以便信徒觀覽。又著《經訓》1 卷。 十二月，兆恩病重，雖平時熟悉者來訪亦多不憶其姓名。
明神宗萬曆 26 年 戊戌（1598）	82 歲	正月十四日寅時，兆恩去世。 張洪都、朱逢時、林至敬等人復刻《林子分內集》於莆田。

本表參考《林子本行實錄》、《林子行實》以及林國平先生〈林兆恩生平事蹟年表〉製作。

附錄二：相關文本圖例

（一）民國七年版《林子四書正義》

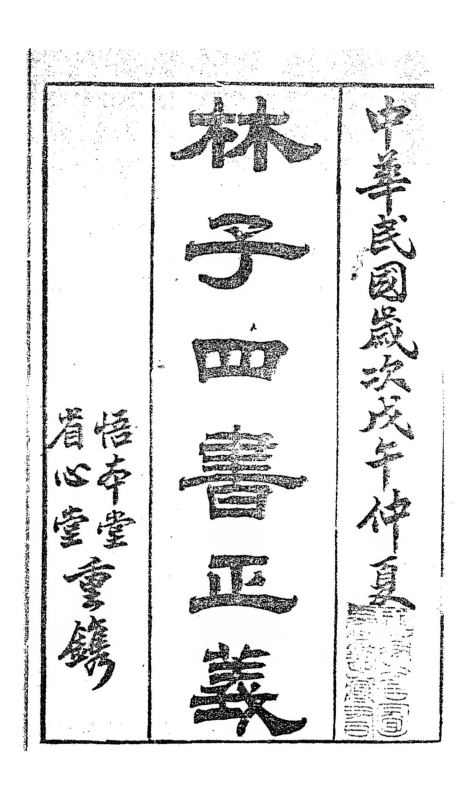

（二）林子全書《四書正義序·鹿談》

鹿談

時有談秦之鹿者謂天下爲鹿也可謂善諭矣林子曰仲尼亦有鹿矣或問何謂也林子曰仲尼失其鹿而萬世共逐之自春秋以來至於今二千有餘歲矣未聞有高材疾足而能得是鹿者學庸七篇得鹿之骨而駸駸焉入於髓者尚矣周濂溪程明道庶幾乎骨矣楊龜山羅豫章李延平肉矣若邵康節者皇王帝霸之褒貶雪月風花之品題不謂鹿之具體乎然終少皇皇之志朋來之樂其亦不膾不脯不登樽俎於清廟之間矣載觀文

林子四書正義　序　一

中子嘗鹿之肉矣惜乎思決其骨咽之而未能卽下如以其辭則亦貌鹿之形也近代諸儒若陳白沙志於仲尼之鹿者而能嘗其肉矣或問朱陸林子曰夫陸象山者其呦呦於梵宇之下乎而朱晦庵則思欲悉鹿之皮毛肉骨而嘗之矣

林子四書正義　序　二

龍江兆恩

（三）林子全《四書正義·跋》

跋

四書正義凡　卷而缺典報札附於其後矣獻
策嘗竊謂吾
師龍江先生所撰著聖學統宗諸集皆前人之所
未嘗道而補其缺典爲報札所陳豈虛也哉先
生曰二氏之不三綱不五常不士不農不工不
商皆孔子所不及知所不及爲之事也自漢以
來儒者疏註皆非孔子之心皆非曾思孟所共
明孔子之微旨也不謂之聖人之心矣是則

林子全□〔孟子下跋〕

先生之所懼焉獻策等不自揣分謹將聖學統
宗諸集□而錄之標而釋之
釋孔曾思孟之心也性天靈虛明中庶几以心
感心是爲得之謂孔曾思孟之書釋孔曾思
所同然可也是謂聖學統宗諸集乃發前人之
未曾發可也是難以孔曾思孟之書釋聖學統
孟之書而其實則以孔曾思孟之書釋聖學統
宗諸集也要之心同則道同道同則筆之於書
度之今古無不同爲獻策既標而摘之而復問

跋

以歸儒宗孔及非三敎者非他也今以孔子之
固在於距楊墨而先生之心又在於非三敎矣
今之三敎者流卽戰國之時之楊墨也非孟子
能言距楊墨者聖人之徒也爷有能言以非三
敎也其不謂之聖人之徒耶出弟以
禮以忠等若干語自漢以來儒者疏註以旣明
爲卽有未明則自有能辨之者門人劉獻策謹

林子全集〔孟子下跋〕五

跋

或問
三敎先生倡明三氏而必以孔曾思孟之書爲敎
者非非所謂摹三氏者流以歸儒以宗孔與請問
何以謂之歸儒何以謂之宗孔標答之曰二氏
者流皆流之於荒店枯槁矣而不知有三綱四業
之大也儒門有流難知有三綱四業矣而不知
有心身性命之學也其曰宗孔者非他也葢欲
有以三綱之四業之而世間之而世間之問之
者殆十之二三至於子思之中庸又就不曰世
間法矣而所開出世間法矣而所開出世間法
命不可以爲士若孔子之論語曾子之大學孟
子之七篇執不曰世間法殆十之七八先生之
以示人奧然則先生非不以六經爲敎也標復
以六經爲敎何不以六經爲敎也六經之大旨
嘗謂中庸一書曷以是孔子之親筆或子思錄之
問法矣而所開出世間法
非他也葢欲有以心身之性命之而出世間之
也故不三綱不四業不可以爲人不心身不性
答之曰先生非不以六經爲敎也六經之大旨

林子全集〔孟子下跋〕

而孔曾思孟旣已傳而明之矣况六經之微詞
奧義又惡能得孔曾思孟之大聖大賢而悉其
微詞而探其奧義者乎如有能悉其微詞而探
其奧義乃先生所願見其人而不可得已然
六經之微詞奧義亦皆先得我心之所同然者
我惟求之我心之所同而以孔曾思孟之書
相印證是亦足矣則必以心爲宗而孔曾思
而探其奧詞以困弊我之精神者乎此先生
所以設科以度世也則必以心爲宗而孔曾思
孟之書爲敎者以此也門人陳標謹跋

林子全集〔孟子下跋〕六

（四）林子三教正宗統論《孟子正義》內文

真人府張道陵之後也道陵漢和帝時人孫子傳至于今不絕是道家之一倫屬。余又見其人矣釋迦釋氏之祖也妻耶輸氏多羅睺羅林子曰豈惟釋迦及於維摩詰傳大士羅及諸所稱禪也則亦有而昏而嗣者是釋氏之倫屬余嘗聞其語矣若今之茶馬司所轄諸國省西僧之酋也室家俱有嗣續相傳是釋氏之倫屬。余又見其人矣今之和尚道士。率以不昏不娶爲高豈今之和尚道士清淨

寂滅反有過於黃帝老子釋迦也哉
林子曰不孝有三。無後爲大縱能作佛且不可以無後況甘心於無後而又無作佛之心予然而學佛者繁多庸流而釋氏之旨安能頓悟乃於男女之大欲卽能斷而棄之豈人之情哉必不然矣是故袈裟昌而倫屬滅非釋迦之罪不然矣是學釋迦者之罪也

東夷之人也
或問釋迦不生於夷與林子曰玄德之舜至

德之文王華人得而夷之乎
大人者不失其赤子之心
林子曰犬人而赤子者寂然不動也赤子而大人者感而遂通天下之故也或曰赤子之心寂然矣何爲乎其不能感而通邪林子曰赤子之寂然者猶反舌而無聲也春至能言豈非所謂大人感之而遂通邪
林子曰吾有知乎哉大人之赤子也
林子曰余嘗卽耳目而例論之。赤子遠耳赤

子之目赤子之心一也及壯且老亦此赤子之耳。亦此赤子之目。亦此赤子之心而未嘗改乎其初也故率其性而未有不聞焉其目之性。而未有不見焉。率其心之性而不知不覺者。自然而然也豈其學聞學見而後能聞能見學知學覺而後能知能覺邪
君子深造之以道欲其自得之也
林子曰深造卽易之退藏於密也其曰道卽不動心有道之道也道卽法也行法俟命之

（五）林子三教正宗統論《中庸正義》內文

客者王之辟之臣而執其命焉則天地之性
其能尊乎不尊故不存天地之性非不存也
特為氣質之性所掩而不尊耳而所謂孔門
傳授心法者真有不可不知也
林子曰世之為朱文公之學者則曰我之學
在於尊德性也世之為陸象山之學者則曰
我之學在於道問學也昔有兄弟而兩分其
遺貲者諸凡椅卓盆衣履之屬悉中裂而
半之雖曰無不均之嘆而其父之所遺者兩

不適於用矣豈不惜哉
林子曰世之誦六經而不知有所謂心法者
性雖就有道之人而問焉而學焉何章何句
而切於吾之德性者何章何句而為吾之心
法者既致叩之復繹思之果有契乎吾心之
同然乎否也果不謬於六經之微旨乎否也
故不知而耻問於人焉不可也不能而耻學
者則亦無所見矣譬昏夜無燭而有求於室中
於人焉不可也

林子曰德性者天之所以與我吾心之聖人
也若外德性以為學則其所學者非真學也
學雖博亦奚益哉若外問則其所
問者非切問也問雖審亦奚益哉故道問學
也者正所以尊德性也
林子曰問學所以尊德性也廣大也精微也
高明也中庸也故也新也厚也禮也皆所謂
德性也而致之盡之極之道之溫之知之敦
之崇之豈非所謂問學以尊之邪然廣大而

不精微不可也高明而不中庸不可也溫故
而不知新不可也敦厚而不崇禮不可也
致廣大而盡精微
余心鏡指迷篇謂鏡之厚也不能分而其大
之圍又不及尺懸之廣野之中而天地山川
盡皆包涵於其中而且有千萬里之遠焉何
其廣大也也贖髮之白且黑亦莫不畢照而無
有纖毫能遁其情者抑何其精微也兊吾心
之鏡至虛至靈非銅非鑄非着於物者乎而

（六）《林子四書正義‧大學統論》內文

四書正義

莊田林兆恩龍江甫著

門人黃大任全閱校

門人陳□標全編輯

張洪都

李　章

大學統論

時有訪林子於豫章之北沙寄室與林子談大學適有客至而林子未之答也林子乃遺之書曰區區之所知區區之所信者孔子之經曾子之傳也今且爲兄詳之世相傳大學之道以下謂之聖經孔子之言也所謂誠其意者以下皆是賢傳曾子釋之之辭也曾子既已釋之而又奚待後人而復釋之也若後人欲復釋之釋曾子之

四書正義二　大學統論

壹

（七）《李氏說書》序與內文

卓吾先生
李氏說書

王敬宇藏板　翻刻者必治

李氏說書序

夫說書何書也說孔曾思孟之書也孔曾思孟之書何書也孔曾思孟所著之書所以立言以教天下萬世者豈有外於吾心之中吾心之中吾心之一哉如有能明吾心之中之一以說孔曾思孟之書豈其不得孔曾思孟之真實

義耶夫秦孔曾思孟之書固在也而後世有孔曾思孟者出焉為豈有在於曾思孟之書者哉易曰書不盡言不盡意而天下後世必欲求孔曾思孟之意於其言求孔曾思孟之言於其書者何與殊不知心性之大自有精深之易雖卦爻之未畫今亦可得

而畫也自有疎通之書雖典謨之未說今亦可得而說也自有敦厚之詩雖風雅之未咏今亦可得而咏也至於謹嚴之春秋和序之禮樂亦皆具於心性之內則春秋今亦若得而筆削禮樂亦可得而起也若怂其心性之大而惟索之陳籍故紙者此章

句之儒見聞之小耳又安能得孔曾
恩孟之所謂中所謂一曠世相感以
續其道統之傳邪是為序
如真道人題

傳以叛道者而非他也蓋曾子之傳得傳於孔子
而萬古不能易也若遠曾子之傳卽離孔子之經也
孔子之經其可離乎故余寧稍悖朱子之
傳其可達乎故余寧稍悖朱子之註而毋寧少違曾
子之傳者正謂此爾蓋道公道也孔曾思孟所相授
愛之道而非朱子一人之私也

李氏說書大學

大學統論

泉州　卓吾　李載贄　編緝
莆田　龍江　林兆恩　閱著

時有訪卓吾於豫章之北沙寄室與李卓吾談大學
適有客至而李子未之荅也卓吾乃遺之書曰區區
之所知區區之所信者孔子之經曾子之傳也今且
為兄詳之世相傳大學之道以下皆是賢傳曾子釋之
言也所謂誠其意者以下皆是賢傳曾子釋之辭

李氏說書大學統論

李氏說書中庸

中庸統論

泉州　卓吾　李載贄　編緝
莆田　龍江　林兆恩　閱著

卓吾曰中也者中也堯舜所允執之中也易曰河出
圖洛出書聖人則之故河圖以偶起數而虛其中者
伏羲之中也洛書以奇起數而實其中者大禹之中
也至於釋氏之空中也豈非其中之無定在而本
本太虛也耶老氏之守中也豈非其中之有定在而

李氏說書中庸統論

大人不失赤子之心

或問不失赤子之心，卓吾曰：在予童心說矣。夫赤子之心，童心也；童心者，真心也。絕假純真，最初一念之本心也。若失却童心，便失却真心；失却真心，便失却真人。人而非真，全不復有初矣。赤子者，人之初也；赤心者，心之初也。夫心之初曷可失也，然赤心胡然而遽失也？蓋方其始也，有聞見從耳目而入，而以為主于其內而赤心失。其久也，道理聞見日以益多，則所知所覺日以益廣，於是又知美之名之可好也，而務欲以揚之，而赤心失矣；知不美之名之可醜也，而務欲以掩之，而赤心失。夫道理聞見，皆自多讀書識義理而來也。古之聖人，曷嘗不讀書哉，然縱不讀書，赤心固自在也；縱多讀書，亦以護此赤心而使之勿失焉耳，非若後世反以多讀書識義理而反障之也。夫學者既以多讀書識義障其赤心，既障其赤心矣，又何用多著書立言以障學人為耶？赤心既障，於是發而為言語，則言語不由衷見而為政事，則政事無根柢著

而為文辭，則文辭不能達。非內含以章美也，非篤實生輝光也，欲求一句有德之言，卒不可得，所以者何也？赤心既障，而以從外入者聞見道理為之心也。夫既以聞見道理為心矣，則所言者皆聞見道理之言，非赤心自出之言也。言雖工，於我何與，豈非以假人言假言，而事假事、文假文乎？蓋其人既假，則無所不假矣。由是而以假言與假人道，則假人喜；以假事與假人道，則假人喜；以假文與假人談，則假人喜。無所不喜，則無所不假，滿場是假，矮人何辯也。然則雖有天下之至人，其湮沒于假人，而不盡見於後世者，又豈少哉。又何也？天下之至人，未有不本於赤心為者也。嗚呼，吾又安得真正大聖神人赤心未曾失者，而與之為大人哉。

李氏說書

李氏說書 中庸

微言乎否也故不知而耻問於人焉不可也不能而
耻學於人焉不可也譬昏夜無灼而有求於室中者
則亦無所見矣
卓吾曰德性者天之所以與我心之聖人也若外
德性以為學則其所學者非真學也學雖博亦奚益
哉若外德性以為問則其所問者非切問也問雖審
亦奚益哉故道問學也者正所以尊德性也
致廣大而盡精微
余心鏡指迷篇謂鏡之厚目不能分而其大之圖又
不及尺懸之廣野之中而天地山川盡皆包涵於其
中而且有千萬里之遠焉何其廣大也嶺髮之白且
黑亦莫不畢照而無有纖毫能遁其情者抑何其精
微也况吾心之鏡至虛至靈非銅非鑄非着於物者
乎而其所以廣大而精微者又當何如邪
極高明而道中庸
卓吾曰心之高明則聖人也而旱暗則非其初矣
心之廣大心之聖人也而狹小則非其初矣
卓吾曰由乎中而用之猶所云聰明睿智皆由中出

李氏說書 中庸

之則誠矣誠其則直矣此蓋去其本無起
囚之曲以復其所本有之直之誠者而非他也余故
曰致而去之之義也故人生之直中庸之所謂誠也
囚生之囚中庸之所謂曲也
誠者自成也
孟仁生問誠宇之義卓吾曰老子所謂其中有信者
是也豈不以恍恍惚惚窈窈冥冥之中信有是物
有是象信有是精邪又問何以謂之自成也卓吾曰
天地得誠以成覆載之能鬼神得誠以成屈伸之用
萬物得誠以遂其生生化化而成其性
誠者物之終始
逢時生問物之終始卓吾曰未嘗之一非中非不中
而中無不貳之一非一非不一無不窮
也中無不包也何者非中何者非誠皆中則皆誠
也一無不繞則物亦何者非一何者非誠皆一則皆誠
也然則物之所以終所以始者其能有外於誠乎故
曰不誠無物此君子之所以誠之為貴也
卓吾曰性無內外合內外而一之者性也誠無終始

引用及參考書目

（一）專書類

1. （明）林兆恩：《四書正義纂》五冊，萬曆刊本，年月不詳，日本尊經閣藏書，台北：漢學研究中心影印。

2. 《李氏說書》，（明）王敬宇刊本，中央研究院傅斯年圖書館善本室藏書。

3. （明）林兆恩：《林子四書正義》，民國 7 年悟本堂、省心堂重刻本，大陸福建省圖書館藏書。

4. （日）內野台領著，鄭明東譯：《四書通論》，台北：正中書局，1970 年 6 月。

5. （日）荒木見悟著：《明代思想研究》，東京：創文社，1972 年 5 月。

6. （明）李贄：《四書評》，上海人民出版社，1975 年。

7. （唐）實叉難陀譯：《華嚴經》八十卷，台北：新文豐出版社，1976 年。

8. 錢穆：《宋明理學概述》，臺灣學生書局，1977 年 4 月。

9. （東漢）鄭玄：《禮記鄭注》，台北：學海出版社，1981 年 9 月。

10. 黃公偉：《道教與修道秘義指要》，台北：新文豐出版公司，1982 年 1 月。

11. 新文豐出版社影印大正新修《大藏經》，第九冊華嚴部（上），台北：大藏經刊行會，1983 年 1 月修訂版。

12. 蘇鳴東：《天道的辨正與眞理》，高雄：鑫巨書局，1983 年 3 月。

13. 文山遯叟蕭天石：《大學中庸貫義》，台北：自由出版社，1983 年 1 月。

14. （宋）程頤、程顥：《二程集》，台北縣：漢京文化事業公司，1983 年 9 月。

15. （明）高攀龍撰、陳龍正編：《高子遺書》十二卷，景印文淵閣四庫全書：第 1292 冊，臺北市：臺灣商務印書館據國立故宮博物院藏本影印，1983 年。

16. （宋）張載：《張載集》，台北縣：漢京文化事業公司，1983 年 9 月。

17. （明）林兆恩：《林子三教正宗統論》，台北養興堂翻印，1984 年。

18. （明）陳衷瑜：《林子本行實錄》，台北：養興堂翻印，1984。

19.（宋）趙順孫：《四書纂疏》，臺北市：文史哲出版社，1984 年 2 月。

20.（明）李贄：《焚書／續焚書》，台北縣：漢京文化事業公司，1984 年 5 月。

21.（明）張岱：《四書遇》，浙江古籍出版社，1985 年 6 月。

22.（清）黃宗羲：《明儒學案》、《宋元學案》，《黃宗羲全集》第三冊至第八冊，浙江古籍出版社，1986 年 1 月。

23. 謝仲明：《儒學與現代世界》，台北：臺灣學生書局，1986 年 2 月。

24. 高令印、陳其芳：《福建朱子學》，福建人民出版社，1986 年 10 月。

25.（周）尹喜撰，（宋）陳顯微註：《關尹子評註》，臺北市：中國子學名著集成編印基金會，1978 年。

26.（明）王陽明講；徐愛等錄：《王陽明傳習錄及大學問》，臺北市：黎明文化公司，1986 年。

27.（宋）黎靖德編：《朱子語類》，台北：華世出版社，1987 年 1 月。

28. 秦家懿：《王陽明》，台北：東大圖書公司，1987 年 7 月。

29. 勞思光：《新編中國哲學史》，台北：三民書局，1987 年 11 月。

30.（日）佐野公治：《四書學史の研究》，日本東京：創文社，1988 年 2 月。

31. 黃兆漢：《明代道士張三丰考》，臺灣學生書局，1988 年 2 月。

32. 李紀祥：《兩宋以來大學改本之研究》，臺灣學生書局，1988 年 8 月。

33. 王熙元：《論語通釋》，臺灣學生書局，1988 年 8 月。

34. 嚴北溟：《中國佛教哲學簡史》，台北：木鐸出版社，1988 年 9 月。

35. 李師威熊：《中國經學發展史論》（上），台北：文史哲出版社，1988 年 12 月。

36. 台灣師大編：《陽明學學術討論會論文集》，台灣師大人文教育研究中心，1989 年 3 月。

37. 鄒永賢：《朱子學研究》，廈門大學出版社，1989 年 5 月。

38. 林國平：《林兆恩與三一教》，福建人民出版社，1992 年 2 月。

39. 釋聖嚴：《明末佛教研究》，台北：東初出版社，1992 年 2 月。

40. 張豈之：《（新）中國思想史》，台北：水牛圖書公司，1992 年 11 月。

41. 馬西沙、韓秉方：《中國民間宗教史》，上海人民出版社，1992 年 12 月。

42.（明）王守仁撰：《王陽明全集》，上海古籍出版社，1992 年 12 月。

43. 于化民：《明中晚期理學的對峙與合流》，台北：文津出版社，1993 年 2 月。

44. 林慶彰編：《中國經學史論文選集》（上）（下），台北：文史哲出版社，1993 年 3 月。

45. 葛榮晉：《中國哲學範疇導論》，台北：萬卷樓圖書公司，1993 年 4 月。

46. 鍾彩鈞主編：《國際朱子學會議論文集》（上下冊），中研院文哲所，1993 年 5 月。

47. 杜繼文、魏道儒：《中國禪宗通史》，江蘇古籍出版社，1993 年 8 月。

48. （宋）邵雍：《皇極經世書》，鄭州：中州古籍出版社，1993 年 9 月。

49. 鄭志明：《中國善書與宗教》，台北：臺灣學生書局，1993 年 9 月。

50. 《十三經注疏》，台北：藝文印書館，1993 年 9 月。

51. 劉樹勛主編：《閩學源流》，福建教育出版社，1993 年 12 月。

52. 王耀華：《福建文化概覽》，福建教育出版社，1994 年 1 月。

53. （日）松川健二編：《論語の思想史》，日本東京：汲古書院，1994 年 2 月。

54. 王健：《中國明代思想史》，收錄於《百卷本中國全史》，北京：人民出版社，1994 年 4 月。

55. 何其敏：《中國明代宗教史》，收錄於《百卷本中國全史》，北京：人民出版社，1994 年 4 月。

56. 陳來：《宋明理學》，台北：洪葉文化公司，1994 年 9 月。

57. 趙子富：《明代學校與科舉制度研究》，北京燕山出版社，1995 年 2 月。

58. 王邦雄等：《中國哲學史》，台北：國立空中大學，1995 年 8 月。

59. 司馬雲杰：《大道運行論》，山東人民出版社，1995 年 12 月。

60. 葉國良等編：《經學通論》，台北：國立空中大學出版，1996 年 1 月。

61. 林慶彰、蔣秋華主編：《明代經學國際研討會論文集》，台北：中研院文哲所，1996 年 6 月。

62. 嵇文甫：《晚明思想史論》，北京：東方出版社，1996 年 9 月。

63. 劉支平主編：《福建宗教史》，福建教育出版社，1996 年 11 月。

64. （宋）朱熹：《四書章句集注》，台北：大安出版社，1996 年 11 月。

65. 閔智亭、李養正等主編：《中國道教大辭典》，台中：東久企業（出版）有限公司，1996 年 11 月。

66. 何綿山：《閩文化概論》，北京大學出版社，1996 年 11 月。

67. 劉蕙孫：《中國文化史述》，北京：文化藝術出版社，1997 年 1 月。

68. 劉宗賢：《陸王心學研究》，山東人民出版社，1997 年 7 月。

69. 侯外廬等主編：《宋明理學史》，北京：人民出版社，1997 年 10 月。

70. 《四庫全書存目叢書》編纂委員會編：《四庫全書存目叢書》，台南：莊嚴文化事業公司，1997 年 10 月。

71. 侯外廬等主編：《宋明理學史》，北京：人民出版社，1997 年 10 月。

72. 卿希泰主編：《中國道教史》，台北：中華道統出版社，1997 年 12 月。

73. 陳榮捷：《王陽明傳習錄詳註集評》，台北：臺灣學生書局，1998 年 2 月。

74. 邱進之：《老子的智慧》，台北：漢藝色研文化事業公司，1998 年 3 月。

75. （宋）釋普濟撰：《五燈會元》，3 冊，台北：文津出版社，民 75。

76.（日）大槻信良：《朱子四書集註典據考》，臺灣學生書局，1976 年 4 月。

77.（宋）司馬光 撰：《溫國文正司馬公集》八十卷，臺北市：臺灣商務印書館，據上海商務印書館縮印常熟瞿氏藏宋紹興本影印，1965 年。

78.（清）焦循：《孟子正義》，北京：中華書局，1998 年 12 月。

79. 史次耘：《孟子今註今譯》，臺北市：臺灣商務印書館，1995 年 9 月。

80. 許凌雲：《中國儒學史》（隋唐卷），廣州：廣東教育出版社，1998 年 6 月。

81. 張清泉：《北宋契嵩的儒釋融會思想》，台北：文津出版社，1998 年 7 月。

82. 吳立民主編：《禪宗宗派源流》，北京：中國社會科學出版社，1998 年 8 月。

83. 朱彝尊原著：《點校補正經義考》，台北：中研院文哲所籌備處，1999 年 4 月。

84.《四庫禁毀書叢刊》編纂委員會編：《四庫禁毀書叢刊》，北京出版社，2000 年 1 月。

85. 李申：《中國儒教史》（上、下冊），上海人民出版社，2000 年 2 月。

86. 國立編譯館：《新集四書註解群書提要附古今四書總目》（上、下冊），台北：華泰文化公司，2000 年 5 月。

87. 唐大潮：《明清之際道教「三教合一」思想論》，北京：宗教文化出版社，2000 年 6 月。

88. 潘桂明：《中國居士佛教史》（上、下冊），北京：中國社會科學出版社，2000 年 9 月。

89. 張學智：《明代哲學史》，北京大學出版社，2000 年 11 月。

90. 國語四書編輯委員會編：《四書註解存目及存書目錄》，出版年月不詳。

91.（清）紀昀等編：《四庫全書總目》，台北：藝文印書館影印，1969 年。

92. 容肇祖：《明代思想史》，臺灣開明書店，1978 年。

93. 韋政通：《中國思想史》，台北：水牛出版社，1987 年。

94. 勞思光：《新編中國哲學史》，台北：三民書局，1982 年。

95. 趙士林：《心靈學問—陸王心學與生命抉擇》，台北：風雲時代出版社，1993 年。

（二）論文類

甲、學位論文類

1. 王鵬凱：《歷代論語著述綜錄》，台北：政治大學中國文學研究所碩士論文，1989 年 6 月。

2. 陳運興：《儒道佛三教調和論之研究——以憨山德清的會通思想為例》，中壢：中央大學哲學研究所碩士論文，1991 年 4 月。

3. 王麗華：《《大學》之「格物致知」的研究——反省朱子、陽明的「格物致知」義》，台中：東海大學哲學研究所碩士論文，1994 年 5 月。

4. 羅永吉：《四書蕅益解研究》，臺南：成功大學中國文學研究所碩士論文，1995

年 6 月。

5. 林月惠：《良知學的轉折——聶雙江與羅念菴思想之研究》，臺北：台灣大學中文研究所博士論文，1995 年 6 月。

6. 蔡介裕：《前期閩學之研究》，台中：東海大學哲學研究所博士論文，1995 年 12月。

7. 簡瑞詮：《四書薀益解研究》，臺北：東吳大學中文研究所碩士論文，1996 年 6月。

8. 曾素貞：《顏元的四書學研究》，臺北：政治大學中文研究所碩士論文，1996 年 6 月。

9. 范佳玲：《紫柏大師生平及其思想研究》，臺北：東吳大學中文研究所碩士論文，1998 年 6 月。

10. 葉守桓：《王艮思想及其對王學的繼承與轉化》，台中：逢甲大學中文研究所碩士論文，1998 年 2 月。

11. 鍾雲鶯：《民國以來民間教派大學中庸思想之研究》，臺北：政治大學中文研究所博士論文，2000 年 5 月。

乙、期刊論文類

1. 傅武光：《四書學考》，臺灣師大國文研究所集刊第十八期，1974 年 6 月。

2. 鄭志明：〈林兆恩與晚明王學〉，收錄於《晚明思潮與社會變動》，台北：弘化文化事業公司，1987 年 12 月。

3. 林慶彰：〈王陽明的經學思想〉，收錄於《陽明學學術討論會論文集》，臺灣師大人文教育研究中心，1989 年 3 月。

4. 黃俊傑：〈張岱對古典儒學的解釋——以《四書遇》爲中心〉，收錄於中央大學主編：《明清之際中國文化的轉變與延續研討會論文集》，台北：文史哲出版社，1991 年 2 月。

5. 王汎森：〈道咸年間民間性儒家學派——太谷學派研究的回顧〉，收錄於《新史學》5 卷 4 期，頁 141-162，1994 年 12 月。

6. 詹海雲：〈王陽明與論語〉，收錄於《明代經學國際研討會論文集》，台北：中央研究院中國文哲研究所籌備處，1996 年 6 月。

7. 鄭樑生：〈佚存日本的《四書》與其相關論著〉，收錄於國家圖書館館刊，民國86 年第 1 期，頁 139-168，民國 86 年 6 月。